高等院校早期教育（0—3岁）专业系列教材

中国学前教育研究会教师发展专业委员会
上 海 市 人 口 早 期 发 展 协 会 联合组织编写

婴幼儿融合教育

夏宇虹　高春玲　主编

上海教育出版社
SHANGHAI EDUCATIONAL
PUBLISHING HOUSE

丛书编委会

主　任　郭亦勤　马　梅　缪宏才

副主任　贺永琴　蒋振声　袁　彬

编　委（按姓氏笔画排列）

于　喜　王玉舒　王爱军　王海东　方　玥　叶平枝

任　杰　刘　国　刘金华　苏睿先　李春王　李鹂桦

张　静　张凤敏　张立华　张会艳　张克顺　张明红

张怡辰　陈恩清　陈穗清　周　蓓　郑健成　赵凤鸣

徐　健　黄国荣　康松玲　董　放　蒋高烈　韩映红

本书编委会

主　编　夏宇虹　高春玲

副主编　罗小琴　王　晶

编　委（按姓氏笔画排列）

　　　　王亚琨　王伟伟　杨　娜

　　　　张哲宇　曾　慧　潘紫剑

总　序

我国"三孩"政策和相应配套与支持措施的实施,必然带来新生人口的增长。在我国学前教育已经取得显著成果之时,人们对 0—3 岁婴幼儿早期教育的需求与期待明显增强。

中国学前教育研究会教师发展专业委员会针对我国托育事业发展状况与趋势,充分认识到国家、社会、家庭对婴幼儿照护的重视与需求必然推进托育事业的大发展,而婴幼儿照护专业人才的培养、培训,建立一支有素质、专业化的早期教育师资队伍就势必成为关键问题。针对我国高专、高职院校 2009 年开始设置早期教育(0—3 岁)专业,并在 2010 年产生第一个早期教育专业点,随之一些高专、高职院校根据社会需求,迅速开办并推进早期教育专业点建设的情况,教师发展专业委员会于 2015 年、2016 年先后召开了早期教育专业建设研讨会、早期教育课程与教材建设推进会,积极组织全国有关专家学者,与已经开设和准备开设早期教育专业的高专、高职院校相关负责人共同深入研究并制定了早期教育(0—3 岁)人才培养方案,组织华东师范大学、北京师范大学、广州大学、天津师范大学、哈尔滨幼儿师范高等专科学校、福建幼儿师范高等专科学校、贵阳幼儿师范高等专科学校等院校和国家卫生健康委员会(原国家卫计委)有关部门的专业人士及学者,组成了早期教育专业课程与教材建设专家委员会,建立了由部分幼高专和卫生、保健、营养等专业人员组成的早期教育专业教材编写委员会领导小组。2017 年开始组织专家、学者、专业人士围绕早期教育(0—3 岁)专业核心课程进行研究,并编写了系列教材,目前已经由上海科技教育出版社出版发行十余本。

2019 年以来,国家加大了对托育事业与婴幼儿照护专业队伍建设的指导与规范。2019 年 5 月《国务院办公厅关于促进 3 岁以下婴幼儿照护服务发展的指导意见》(国办发〔2019〕15 号)颁发。紧接着在 2019 年 5 月 10 日,国务院以"促进 3 岁以下婴幼儿照护服务发展"为主题,召开了政策例行吹风会。教育部办公厅等七部门在《关于教育支持社会服务产业发展提高紧缺人才培养培训质量的意见》中提出,每个省份至少有 1 所本科高校开设托育服务相关专业。2020 年 5 月,国家卫健委出台《婴幼儿辅食添加营养指南》;10 月,中国疾病预防控制中心就婴幼儿喂养有关问题作讲解;同月,教育部回应政协委员关于早期教育和托育人才培养如何破局,提出在中职增设幼儿保育专业、幼儿发展与健康管理专业,指出将继续推动有条件的院校设置早教专业,扩大人才培养规模,推进"1＋X"证书制度试点。国务院办公厅

2020年12月印发《关于促进养老托育服务健康发展的意见》。国家卫健委在2020年10月12日公开向社会征求《托育机构保育指导大纲(试行)》意见的基础上,于2021年1月12日印发了《托育机构保育指导大纲(试行)》(国卫人口发〔2021〕2号)。各省市也纷纷出台了落实《国务院办公厅关于促进3岁以下婴幼儿照护服务发展的指导意见》的实施细则或办法。这些政策与措施极大地推进了我国托育事业和早期教育师资队伍建设。至2019年,全国高专、高职早期教育专业点有100多个,学前教育专业点约700个,幼儿发展与健康管理专业点约250个。

针对全国院校早期教育专业迫切需要进一步加强专业课程与教材建设的呼声,中国学前教育研究会教师发展专业委员会在早期教育专业启动编写第一批核心课程系列教材并已陆续出版发行的基础上,于2019年组织已经开设早期教育类专业的高等院校教师、研究人员,联合国家卫健委系统的卫生、营养、保健、护理、艺术等专业人士,共同启动了早期教育专业第二批实践、操作类和艺术类教材的编写,由上海教育出版社出版发行。

此次出版的系列教材提供给已经或即将开办早期教育专业的高专、高职院校师生使用,也适用于托育机构教师、社区早教管理和工作人员使用,早教类相关专业(如保育、营养与保健、健康管理等)也可以参考和选择使用,同时也为高校本科、中职与早教相关专业提供参考。由于全国早期教育专业建设与发展存在不平衡,师资队伍力量不均衡,建议根据本院校、本地区实际情况,在早期教育专业人才培养方案的指导下,合理选择确定必修课、必选课、任选课的课程与教材。

从全国来讲,早期教育类专业起步至今仅十余年时间,无论是理论还是实践上,与一些成熟专业相比都存在较大差距。虽然我们从教师发展专业委员会角度力求整合全国最强的力量,给院校早期教育专业建设与发展提供更科学与实用的教材,但是由于教材的一些编者研究深度不够,实践经验不足,能力和水平有限,一些教材不可避免地在某些方面存在问题,请读者批评指正。非常期望在我们推出这两批早期教育专业系列教材的基础上,能有更高水平的专业教材不断产生。

这批教材的主编由高等院校骨干教师和部分省市的骨干医生承担,编者多来自开办或准备开办早期教育专业的高等院校。在此对他们付出的辛勤劳动与贡献表示衷心感谢!对提供各种支持与帮助的领导、老师、朋友们致以诚挚的谢意!

中国学前教育研究会教师发展专业委员会

叶平枝

2021年5月于广州大学

前　言

融合教育不应该仅仅是理想或者理念，更应该是推行的实践。无论从构建和谐社会的宏观角度看，还是从尊重每一个儿童生存权利的微观视角看，实施婴幼儿融合教育都有着积极的意义。

联合国教科文组织发布的《萨拉曼卡宣言》强调：每个儿童都有受教育的基本权利；每个儿童都有独特的个性、兴趣、能力和学习需要；有特殊教育需要的人应当可以进入能接纳他们，并能使用适合他们需要的，以儿童为中心的教育方法的普通学校学习。学前融合教育倡导把有特殊需要的儿童和普通儿童安置在普通学前教育机构中共同学习、游戏和生活，并为有特殊需要的儿童提供适合他们的教育和相关支持服务，让他们和普通儿童一起接受学前教育机构的保教。特殊儿童的教育和康复应始终秉持"早发现、早诊断、早干预"的原则。0—3 岁是人一生发展的起点和基础，很多研究和实践表明，早期的教育和康复对特殊儿童的发展至关重要，如果托育机构能够接纳特殊婴幼儿，开展有质量的早期融合教育，对特殊婴幼儿及其家长而言无疑具有重要意义。

近年来，随着脑科学领域不断取得重大研究进展，以及人口素质的整体提高，0—3 岁婴幼儿的教育越来越受到社会的关注，人们对 0—3 岁婴幼儿托育服务的需求日益强烈。党的十九大报告将"幼有所育"作为保障和改善民生工作的重要内容之一。2017 年的中央经济工作会议明确要求，要针对人民群众关心的问题精准施策，解决好婴幼儿照护和儿童早期教育服务问题。2019 年 5 月《国务院办公厅关于促进 3 岁以下婴幼儿照护服务发展的指导意见》印发，为我国婴幼儿照护服务的发展指明了新的方向，提出了新的要求。2019 年 10 月，国家卫健委颁布了《托育机构设置标准(试行)》和《托育机构管理规范(试行)》，进一步为加强托育机构专业化、规范化建设提供了政策保障。

婴幼儿融合教育倡导通过融合教育为 0—3 岁特殊婴幼儿提供适宜的照护，强调在托育机构为特殊婴幼儿提供高质量的支持。本书有助于早期教育专业学习者了解 0—3 岁婴幼儿融合教育的规律，增强对 0—3 岁特殊婴幼儿教养中基本问题的理解，逐渐形成对早期教育的责任感与使命感。同时，本书有助于学习者形成专业思维，建构早期融合教育学科的逻辑框架，为学习其他专业课程奠定扎实的基础。此外，本书也有助于学习者学会运用理论分析实践问题,提升问题解决能力和实践反思能力。

本书的编写依据早期教育和特殊教育理论,结合国家相关政策,根据早期教育师资的职业需求来构建体系。全书以主题为引导,以案例为辅助。每一章按照了解、掌握、应用三个层次引导学习者循序渐进地学习,使学习者清楚地了解每个章节的相关知识并能够灵活运用。本书的每一章都设置了"教学导航""学习目标"引入板块,帮助学生从整体上把握教学内容。每一章最后设置思考题,进一步帮助学生学习、理解和巩固。

本书可作为早期教育专业本科、专科及学前教育等相关专业的教材和教学参考用书,也可作为学前教育及早期教育工作者的岗位培训教材。

本书由武汉城市职业学院学前教育学院、湖北省职业教育学前教育专业技能名师夏宇虹教授和昆明学院学前与特殊教育学院副院长高春玲副教授担任主编。本书共有九章。第一章由张哲宇撰写;第二章由高春玲和曾慧等老师撰写;第三章由王亚琨撰写;第四章由王伟伟撰写;第五章由杨娜撰写;第六章由潘紫剑撰写;第七章由夏宇虹撰写;第八章由王晶撰写;第九章由罗小琴撰写。夏宇虹、高春玲负责本书的统稿工作,王晶、张哲宇、王伟伟、罗小琴、潘紫剑等也参与了本书的统稿工作。

本书由来自武汉城市职业学院学前教育学院、昆明学院学前与特殊教育学院、天津师范大学学前教育学院、天津市幼儿师范学校、聊城幼儿师范学校、长江职业学院等院校从事学前教育、特殊教育、早期教育教学多年的教师,以及昆明学院附属幼儿园从事学前融合教育的一线教师共同编写。编写人员借鉴了大量有关学前教育的最新研究成果,引用了昆明学院附属幼儿园托育中心、武汉市青山区武钢珈因早教基地、武汉映月儿童心理咨询经营部、天津市残疾人联合会综合服务中心、天津市滨海新区大港特殊教育学校的实践成果。在此特作出说明,并表示由衷的感谢与深深的敬意。

希望本书能满足高职院校早期教育专业培养和0—3岁婴幼儿照护教师培训的需要。书中难免有疏漏和不妥之处,在此请专家、同行和广大读者不吝赐教、批评指正。

夏宇虹　高春玲

目 录

第一章 婴幼儿融合教育概述

☞ **教学导航**

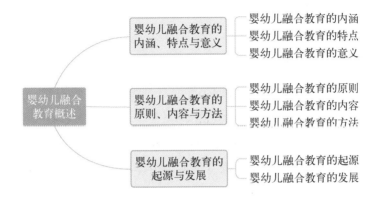

☞ **学习目标**

1. 了解国内外常见的婴幼儿融合教育的方法。

2. 掌握婴幼儿融合教育的内涵、特点、意义、原则等。

3. 将婴幼儿融合教育理论运用到实际工作中。

第一节 婴幼儿融合教育的内涵、特点与意义

"融合教育"概念形成于 20 世纪 90 年代。"融合教育"也称为"全纳教育"。① 融合教育理念强调教师应该接纳所有的学生,在教学过程中禁止任何的歧视与排斥,尽可能使所有学生积极参与教学活动。融合教育理念注重学生间的合作,以此来满足不同学生的不同教育需求。

---

① 本书采用"'融合教育'和'全纳教育'是 inclusive education 思潮的不同翻译方式"这一观点。

一、婴幼儿融合教育的内涵

(一) 相关概念界定

1. 婴幼儿

婴幼儿是婴儿和幼儿的统称,按照心理学的划分,通常认为婴儿期指个体 0—3 岁的时期,幼儿期指儿童从 3 岁到 6 岁或 7 岁这一时期。[①] 从广义上讲,婴幼儿是指 0—6 岁的幼小儿童。从狭义上讲,婴幼儿仅指 0—3 岁的幼小儿童。本书主要从狭义的角度来探讨 0—3 岁幼小儿童的学习、发展与教育。

2. 早期教育和早期照护

(1) 早期教育

早期教育有广义和狭义之分。广义的早期教育是指从出生到小学以前的教育;狭义的早期教育是指 0—3 岁儿童的教育。具体来说,狭义的早期教育是根据婴幼儿的智能发育规律进行的有组织、有目的的丰富环境的活动,以促进婴幼儿的智能发育。[②]

由狭义的早期教育概念可知,早期教育的实施主体和实施场所并不确定。任何促进婴幼儿智能发展的活动,不论是在家中由年长者主导进行的,还是在专业机构的专业人员指导下进行的,都可以称为早期教育。

(2) 早期照护

相较于"早期教育","早期照护"一词近些年在我国各类文件中使用更多。2021 年国家卫生健康委颁布的《托育机构保育指导大纲(试行)》中,大多使用"照护"一词。

根据经济合作与发展组织(Organization for Economic Co-operation and Development, 简称 OECD)的定义,早期儿童教育与照护(early childhood education and care)包括所有正式或非正式的为学龄前儿童提供照顾与教育的各种安排,无论其环境、资金来源、开放时间或具体项目设置如何。除此之外,经济合作与发展组织把为 12 岁以下儿童提供课余时间照顾与教育的服务也包括在早期儿童教育与照护的范围之内。经济合作与发展组织强调幼儿服务中照护(care)与教育(education)的不可分割。[③] 而在我国,早期照护更多的是指为 0—3 岁婴幼儿提供照料与教育的各种安排。

(3) 早期教育和早期照护的区别

早期教育和早期照护的区别在于"教育"和"照护"。早期教育更强调用教育的方式促进

---

① 林崇德. 发展心理学[M]. 北京:人民教育出版社,2012:131,185.
② 鲍秀兰. 0—3 岁儿童教育的重要性[J]. 实用儿科临床杂志,2003(4):243-244.
③ 李莹,赵媛媛. 儿童早期照顾与教育:当前状况与我国的政策选择[J]. 人口学刊,2013,35(2):31-41.

婴幼儿的发展;而早期照护不仅强调教育的作用,也强调对婴幼儿的照料与看护,提倡婴幼儿在获得照料、看护的情况下得到身心的发展。

由此可见,"早期照护"一词涵盖的内容更加全面,也更符合婴幼儿身心发展的规律,突出了"以养为主,以教为辅"的婴幼儿早期发展理念。

3. 特殊教育与融合教育

(1) 特殊教育

特殊教育帮助生理或者心理上有某种缺陷的受教育者排除阻碍其发展的障碍,使其与普通人一样发展。[①]

纵观历史长河,特殊教育经历了三个发展阶段。第一阶段以医学模式为主,侧重于诊断与治疗;第二阶段以心理学模式为主,侧重于测试与分类;第三阶段以社会模式为主,主张每个儿童都有平等的受教育权利。在第三阶段,特殊教育的形式发生了巨大变化,产生了"主流学校"(mainstream school)来进行"一体化"(integration)教育。所谓"一体化"教育,是指将特殊学校的学生统合到普通学校中,使特殊儿童能和普通儿童一起学习和活动。这种做法固然有其先进性,但是存在指导思想上的问题。"一体化"教育的基本立足点还是在"我们""主流学校"和"正常人"上,是"我们"正在统合"他们",是"我们"要同化"他们",因为"我们"是"正常人","他们"是"不正常的人"。因而,"一体化"教育注重的是使特殊儿童适应主流学校的课程,适应主流学校氛围。[②]

(2) 融合教育

融合教育理念的出现从根源上解决了"一体化"教育理念上的问题。

"融合教育"(inclusive education)作为一个新兴的概念,当前并没有一个形成共识的解释。有些学者依然将融合教育当作"一体化"教育来进行,这无疑是错误的。

华东师范大学黄志成教授提出,全纳教育(融合教育)是加强学生参与的一种过程,要促进学生参与就近学校的文化、课程,参与社区的活动并减少学生被排斥。[③]融合教育主要有三种形式:全融合、半融合、反向融合。全融合是指特殊儿童的全部时间都和普通儿童在同一教室内接受保育和教育。半融合是指特殊儿童部分时间和普通儿童一起学习,部分时间在康复训练中心。反向融合是一种特殊的融合模式,1980年始于美国纽约州,指的是在获得允许的条件下,将1至2名普通儿童安排到安置重度多重学前特殊儿童的班级。这些普通儿童从周一至周五,每天上午9点至下午2点,与有特殊需要的儿童一起学习。[④]

---

① 朱宗顺. 特殊教育史[M]. 北京:北京大学出版社,2011:1.

②③ 黄志成. 全纳教育:21世纪全球教育研究新课题[J]. 全球教育展望,2001(1):52-53.

④ 周念丽. 学前融合教育的比较与实证研究[M]. 上海:华东师范大学出版社,2008:25-26.

（二）婴幼儿融合教育的含义

婴幼儿融合教育是早期教育和融合教育相结合的概念。华东师范大学周念丽提出，学前融合教育是指有特殊需要的学前儿童进入普通幼儿园，与普通儿童共同接受保育和教育。[①] 在此基础上加以延伸，婴幼儿融合教育是指有特殊需要的婴幼儿进入普通托育机构，与普通婴幼儿共同接受保育和教育。

婴幼儿融合教育的根本是让每一位婴幼儿都能够以自己的自然状态生活。这不仅需要婴幼儿自己的努力，也需要周围人拥有良好的心态。

二、婴幼儿融合教育的特点

婴幼儿融合教育既有早期教育的特点，也有融合教育的特点，主要表现在四个方面：基础性和启蒙性的统一，生活化与游戏化的统一，个性化与多样化的统一，平等化与差异化的统一。

（一）基础性和启蒙性的统一

0—3 岁是儿童生理发育最迅速的时期，也是个体心理发展最迅速的时期。教育要符合0—3 岁婴幼儿的身心发展规律，为其一生的发展打好基础，不可过于超前。婴幼儿阶段也是人一生的启蒙阶段，是婴幼儿向世界迈出坚定脚步的开始。所以，教育者要做他们的启蒙者，引领他们与人接触，认识世界，促进他们的身心发展。

（二）生活化与游戏化的统一

对婴幼儿而言，卫生习惯、自理能力、与人相处的态度以及生活常识等是他们学习的主要内容。婴幼儿更多的是在生活的过程中进行学习。

婴幼儿的直觉行动思维决定了他们的学习方式不同于中小学生。游戏是最适合 0—3 岁婴幼儿学习的方式。对婴幼儿来说，在生活中与人、事、物发生各种游戏与互动，这种直观的、可操作的内容会让他们的学习充满意义和趣味。

（三）个性化与多样化的统一

针对不同的婴幼儿，应该因材施教，根据其身心发展的独特性进行个别化教育，设定适宜的教学目标，提供适宜的教学内容，使用适宜的教学方法，以个性化的教学方式来帮助每个婴幼儿获得更好的发展。

---

① 王瑶，周念丽. 我国学前融合教育师资建设研究热点及趋势分析[J]. 教育观察，2020，9(8)：5 - 9.

教师的教学内容和教学方法应该足够多样化。教师所教授的内容既要满足普通婴幼儿，让普通婴幼儿取得进步，又要涵盖特殊婴幼儿，不能让特殊婴幼儿感到自己被冷落与排斥。

（四）平等化与差异化的统一

融合教育要求我们平等地对待所有婴幼儿。在融合教育理念下，"正常"与"不正常"的界线被消弭，每一个婴幼儿都是独特的，每一个婴幼儿都是可爱的。特殊婴幼儿不应该受到任何形式的歧视。需要强调的是，所谓平等，不是指平均，不是指给所有婴幼儿提供一样的帮助。对不同的婴幼儿，应针对其特点，提供不同的帮助，体现差异化。

三、婴幼儿融合教育的意义

开展0—3岁婴幼儿融合教育，能提升婴幼儿的自我效能感，提升婴幼儿的儿童心理理论，提高婴幼儿的移情能力。除了对婴幼儿有重大帮助之外，早期融合教育对婴幼儿的家庭，乃至于对社会，都有深刻的意义。

（一）对婴幼儿的意义

1. 提升婴幼儿的自我效能感

自我效能感是一种认为自己有能力实现自己目标的感知。心理学研究表明，能够在学习或工作中取得卓越成绩的人往往都有很高的自我效能感，这种感知大多源自幼年时期获得的各种经验。一般来说，在幼年期体验到的成功越多，或者是感到自己有能力帮助他人时，这种自我效能感会发展得越好。[1]

对普通婴幼儿而言，当他们可以在托育机构中以"小老师"的身份来照顾、帮助身边的特殊婴幼儿同伴时，他们会感觉到自己帮助他人的能力，其自我效能感会得到良好的发展。对特殊婴幼儿来说，他们凭借自己的努力和他人的帮助，能够越来越好地解决自己遇到的问题，将来就能更好地融入社会。

2. 提升婴幼儿的移情能力

移情能力是指在情感上可以与他人产生共鸣的能力。[2]移情能力不是天生的，需要在家庭、社会中逐步培养获得。普通婴幼儿和特殊婴幼儿相处的过程中，双方会在日常生活、学习中试着去了解他人。这能为他们日后"去自我中心化"打下良好的基础，对他们的社会性发展有重要的意义。

---

①②　周念丽.融合保教对正常儿童心理发展的意义[J].幼儿教育，2003(3)：12－13.

(二) 对家庭和社会的意义

1. 对特殊婴幼儿家庭的意义

开展婴幼儿融合教育,对特殊婴幼儿家庭主要有三方面益处。

第一,能在一定程度上减轻特殊婴幼儿家庭的经济负担。家长不用将婴幼儿送去较远的、专设的特殊托育机构,能就近选择,节省了时间和费用。

第二,因为是就近开展早期融合教育,特殊婴幼儿的家长能花更多的时间陪伴自己的孩子,让孩子享受到更多的亲情。这种陪伴有助于特殊婴幼儿的康复。

第三,家长能通过早期融合教育,从专业教师那里学到更多科学的育儿方法,也能尽早、尽快地了解和学习帮助孩子进行康复训练的方法。

2. 对社会的意义

融合教育的发展是长期的,对社会的意义是深远的。开展早期融合教育,能让婴幼儿家庭在日常生活中潜移默化地建立正确的教育理念,使婴幼儿家庭更清楚地了解、认可融合教育的意义和价值,进而更好地提升全社会关注弱势群体的意识,促使社会进步。

第二节　婴幼儿融合教育的原则、内容与方法

开展婴幼儿融合教育需要依据婴幼儿的特点,总结和概括婴幼儿融合教育的经验,这对婴幼儿融合教育内容、方法的选择具有指导意义。婴幼儿融合教育的内容和方法复杂且繁多,对其进行梳理和系统学习,有利于理清思路,更好地照护婴幼儿。

一、婴幼儿融合教育的原则

对婴幼儿进行早期融合教育,应该遵循正向支持原则、活动干预原则、面向全体原则、重在当下原则。

(一) 正向支持原则

正向支持原则要求教师对婴幼儿行为进行全面的功能性评估,在教学过程中为其提供有针对性的行为干预,从而促使婴幼儿养成良好的社会适应行为。[1]

这一原则的本质不是简单地消除婴幼儿的问题行为,而是不断调整教学方法,改善教学

---

[1]　陈莲俊.浅谈学前融合教育的课堂教学原则[J].幼儿教育(教育科学版),2006(7、8):40-43.

环境,提供新的技能,让婴幼儿以合适的行为来替代之前的问题行为。为了达成这一目的,教师需要对婴幼儿进行全面的功能性评估和针对性的行为干预。全面的功能性评估是指多位教师在全方位观察婴幼儿(观察婴幼儿自身情况、师幼互动情况、同伴互动情况等)的基础上,尽可能详细地了解、评估婴幼儿的发展状况,为针对性的行为干预提供完整的信息。针对性的行为干预是指在全面的功能性评估之后,找到问题的诱发因素和影响因素,并根据婴幼儿的个体特征,为其提供个性化的解决措施,对其问题行为进行干预。

(二) 活动干预原则

活动干预原则要求教师以游戏、活动的方式对婴幼儿进行照护,让婴幼儿在与教师的互动中获得发展,掌握基本技能。活动干预原则突出强调教师在婴幼儿早期融合教育中应采用的方法。根据婴幼儿的身心发展规律,更适合婴幼儿的教学方式不是简单的说教,而是游戏与活动。

活动干预原则要求以婴幼儿为主体,教师尽可能给婴幼儿提供不同的选择,鼓励婴幼儿活动,不要因为担心婴幼儿受伤而替婴幼儿包办所有事情。在婴幼儿获得进步后,教师应立即给予积极的回应。特殊婴幼儿因其身心状况,与普通婴幼儿相比,往往缺乏主动性、自主性,需要教师在活动中给予更多的帮助、鼓励与回应。

同时,教师应该加强与家长之间的沟通,让家长知道婴幼儿的发展情况,以便家长在家督促、配合。

小海是一名发育迟缓的婴幼儿,拿勺子吃东西比较费劲。小海来托班已经第三个星期了。前面两个星期,老师为了让小海尽快适应集体生活,对其一日生活完全辅助,有时甚至代替完成。这让小海有了很大的依赖性。根据家长反馈,小海在家好不容易习得的拿勺子的能力在不断退化。显然,老师应改变自己的做法了。[1]

(三) 面向全体原则

面向全体原则要求教师面向全体婴幼儿开展教育活动。教师需要综合考虑婴幼儿的发展适宜性,既要关注普通婴幼儿的需求,也要重视特殊婴幼儿的需求。首先,在教学过程中,教师需要"眼观六路,耳听八方",掌握全班婴幼儿的状况,并且在问题出现的第一时间进行处理,对婴幼儿的反应作出及时回应。其次,教师应该根据权威的婴幼儿能力发展常模判断学习内容的难度,再根据本班婴幼儿的情况对不同难度的内容进行梳理,让每一位婴幼儿都能参与每一次活动。

---

[1]　本案例由云南省昆明学院附属幼儿园托育中心母前茂老师撰写。

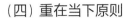

(四) 重在当下原则

重在当下原则要求教师选择合适的内容,制订合适的目标,着眼于婴幼儿当前的发展,不可好高骛远。

首先,活动、训练的内容应贴近婴幼儿的生活,以日常生活中的事件,如洗脸、刷牙、吃饭、喝水、交朋友等为切入点来设计活动。贴近生活的内容能吸引婴幼儿的注意,调动他们的积极性,也能帮助婴幼儿习得更多的生活技能,使他们得到最好的发展。其次,活动与训练的目标应该符合婴幼儿的身心发展规律。目标的设定不宜好高骛远,也不宜低估婴幼儿的能力。融合教育中的婴幼儿各有其特点,各有其需求,教师设立的目标不宜千篇一律,要有针对性。教师要为不同特点的婴幼儿设立不同的目标,帮助他们获得更好的发展。

把握重在当下原则并不意味着不拓展活动和训练的内容。选择少量远离生活的内容,能在一定程度上激发婴幼儿的想象力,让他们对世界充满好奇和美好的幻想。在婴幼儿原有能力的基础上适当拔高目标难度,有利于促进婴幼儿的发展。"重在当下"是基础,"发展未来"是最终目的。

二、婴幼儿融合教育的内容

婴幼儿融合教育的内容涉及婴幼儿身心的各个方面,照护过程中可以根据婴幼儿的特点进行整体把握,真正做到因人而异,因材施教。

(一) 普通婴幼儿

国家卫健委 2021 年颁布的《托育机构保育指导大纲(试行)》中,婴幼儿的保育重点包括营养与喂养、睡眠、生活与卫生习惯、动作、语言、认知、情感与社会性等方面。[①]

1. 营养与喂养

(1) 目标

① 获取安全、有营养的食物,达到正常生长发育水平。

② 养成良好的饮食行为习惯。

(2) 保育要点

① 7—12 个月

继续母乳喂养,不能继续母乳喂养的以配方奶喂养;及时添加辅食;引入新食物时观察婴儿是否有不良反应;不强迫喂食;鼓励婴儿尝试自己进食。

---

① 中国政府网.《托育机构保育指导大纲(试行)》解读、一图读懂[EB/OL]. (2021-01-13)[2022-07-01]. http://www.nhc.gov.cn/rkjcyjtfzs/pgzdt/202101/d7c6314c9f10480d96c99c27c45e13b9.shtml.

② 13—24 个月

继续母乳或配方奶喂养，可以引入奶制品作为辅食，每日提供多种类型的食物；鼓励幼儿自己进食，顺应喂养；培养幼儿用水杯喝水的习惯。

③ 25—36 个月

提供多种类型的食物；引导幼儿认识和喜爱食物，培养幼儿专注进食的习惯和选择多种食物的能力；鼓励幼儿参与协助分餐、摆放餐具等活动。

2. 睡眠

（1）目标

① 获得充足睡眠。

② 养成独自入睡和作息规律的良好睡眠习惯。

（2）保育要点

① 7—12 个月

培养独自入睡的习惯；帮助婴儿采用仰卧位或侧卧位姿势入睡；减少抱睡、摇睡等安抚行为。

② 13—24 个月

固定睡眠和唤醒时间；开展睡前活动；培养幼儿独自入睡的习惯。

③ 25—36 个月

规律作息；引导幼儿自主做好睡眠准备，养成良好的睡眠习惯。

3. 生活与卫生习惯

（1）目标

① 学习盥洗、如厕、穿脱衣服等生活技能。

② 逐步养成良好的生活卫生习惯。

（2）保育要点

① 7—12 个月

及时更换尿布；注重与婴儿互动交流；识别及回应婴儿的需求。

② 13—24 个月

鼓励幼儿及时表达大小便需求，形成一定的排便规律，逐渐学会自己坐便盆；协助和引导幼儿自己洗手、穿脱衣服等；引导和帮助幼儿学会咳嗽和打喷嚏的方法。

③ 25—36 个月

培养幼儿主动如厕；引导幼儿餐后漱口，使用肥皂或洗手液正确洗手，认识自己的毛巾并擦手；鼓励幼儿自己穿脱衣服。

4. 动作

（1）目标

① 掌握基本的大运动技能。

② 达到良好的精细动作发育水平。

（2）保育要点

① 7—12个月

鼓励婴儿进行肢体运动，尤其是地板上的游戏活动；鼓励婴儿自主探索从躺位变成坐位，从坐位转为爬行，逐渐到扶站、扶走；提供适宜的玩具，促进抓、捏、握等精细动作发育。

② 13—24个月

鼓励幼儿进行形式多样的肢体运动，为幼儿提供参加爬、走、跑、钻、踢、跳等活动的机会；提供多种类的活动材料，促进涂画、拼搭、叠套等精细动作发育；鼓励幼儿自己喝水，用小勺吃饭，自己翻书等。

③ 25—36个月

为幼儿提供参加走直线、跑、跨越低矮障碍物、双脚跳、单足站立、原地单脚跳、上下楼梯等活动的机会；提供多种类的活动材料，促进幼儿搭建、绘画、简单手工制作等精细动作发育；鼓励幼儿自己用水杯喝水，用勺吃饭，协助收纳等。

5. 语言

（1）目标

① 对声音和语言感兴趣，学会正确发音。

② 学会倾听和理解语言，逐步掌握词汇和简单的句子。

③ 学会运用语言进行交流，表达自己的需求。

④ 愿意听故事、看图书，初步发展早期阅读的兴趣和习惯。

（2）保育要点

① 7—12个月

引导婴儿对发音产生兴趣，模仿和学习简单的发音；帮助婴儿理解简单词汇；引导婴儿使用简单的声音、表情、动作、语言表达自己的需求；为婴儿选择合适的图画书，朗读简单的故事或儿歌。

② 13—24个月

培养幼儿正确发音，逐步将语言与实物或动作建立联系；鼓励幼儿模仿和学习使用词语或短句表达自己的需求；引导幼儿学会倾听并乐意执行简单的语言指令，积极使用语言进行交流；提供机会让幼儿多读图画书，多听故事，学念儿歌。

③ 25—36 个月

指导幼儿正确地运用词语说出简单的句子;鼓励幼儿用语言表达自己的需求和感受;创造条件和机会,使幼儿多听、多看、多说、多问、多想,谈论生活中的所见所闻;培养幼儿阅读的兴趣和能力,学讲故事,学念儿歌。

6. 认知

(1) 目标

① 充分运用各种感官探索周围环境,有好奇心和探索欲。

② 逐步发展注意、观察、记忆、思维等认知能力。

③ 学会想办法解决问题,有初步的想象力和创造力。

(2) 保育要点

① 7—12 个月

提供视、听、触摸材料,激发婴儿的观察兴趣;鼓励婴儿调动各种感官,感知物体的大小、形状、颜色、材质等;引导婴儿观察周围的事物,模仿所看到的某些事物的声音和动作。

② 13—24 个月

引导幼儿运用各种感官探索周围环境,逐步发展注意、记忆、思维等认知能力;鼓励幼儿辨别生活中常见物体的大小、形状、颜色、软硬、冷热等明显特征;鼓励幼儿在操作、摆弄、模仿等活动中想办法解决问题。

③ 25—36 个月

引导幼儿运用各种感官探索周围环境;启发幼儿观察、辨别生活中常见物体的特征和用途,进行简单的分类,并感受生活中的数学;培养幼儿在感兴趣的事情上能够保持一定的专注力;通过各种游戏和活动,鼓励幼儿主动思考、积极提问并大胆猜想,激发幼儿的想象力和创造力。

7. 情感与社会性

(1) 目标

① 有安全感,能够理解和表达情绪。

② 有初步的自我意识,逐步发展情绪和行为的自我控制。

③ 与成人和同伴积极互动,发展初步的社会交往能力。

(2) 保育要点

① 7—12 个月

满足婴儿情感需求;引导婴儿理解和辨别高兴、喜欢、生气等不同情绪;敏感察觉婴儿情绪变化,理解其情感需求并及时回应;创设温暖、愉快的情绪氛围,促进婴儿交往的积极性。

② 13—24 个月

引导幼儿用表情、动作、语言等方式表达自己的情绪;培养幼儿愉快的情绪,及时肯定和鼓励幼儿适宜的态度和行为;拓展交往范围,引导幼儿认识他人不同的想法和情绪;引导幼儿理解并遵守简单的规则。

③ 25—36 个月

谈论日常生活中幼儿感兴趣的人和事,引导其通过语言和行为等方式表达情绪情感;鼓励幼儿进行情绪控制的尝试,指导其学会简单的情绪调节策略;创设人际交往的机会和条件,使幼儿感受与人交往的愉悦;帮助幼儿理解和遵守简单的规则,初步学习分享、轮流、等待、协商,尝试解决同伴冲突。

(二) 特殊婴幼儿

特殊婴幼儿融合教育的内容也是从营养与喂养、睡眠、生活与卫生习惯、动作、语言、认知、情感与社会性等这些方面展开,并针对其特殊需要开展一定的康复训练。

在身体素质上,多数特殊婴幼儿的身体发展较普通婴幼儿迟缓;在认知活动上,特殊婴幼儿的一些特点更为明显,如反应迟缓、理解能力较差、记忆速度缓慢等,特殊婴幼儿在感受或解决问题时经常碰到障碍,很难沉浸其中;[①]其情感和社会性的发展也落后于普通婴幼儿。因此,特殊婴幼儿的教育要求与普通婴幼儿相比应该设定得低一些。

此外,针对不同的特殊婴幼儿,教育重点也应该有所不同。有视觉障碍的婴幼儿应着重培养认知能力和听觉能力;有听觉障碍、语言障碍的婴幼儿应着重培养语言能力;肢体残障、身体病弱的婴幼儿应着重培养生活与卫生习惯,提升动作协调能力;智力发育迟缓的婴幼儿、有孤独症谱系障碍早期症状的婴幼儿应着重培养生活与卫生习惯,促进动作、认知、情感和社会性的发展;超常婴幼儿、多动症婴幼儿应着重培养情感和社会性发展……

特殊婴幼儿的生长发育既与普通婴幼儿的发展有共性,又有其特殊性。照护过程中应根据婴幼儿的实际发展情况,对教学目标、教学内容进行及时调整,融合普通婴幼儿和特殊婴幼儿的照护内容,帮助所有婴幼儿更好地发展。

三、婴幼儿融合教育的方法

(一) 常用方法

常用的婴幼儿融合教育方法主要包括游戏训练法、语言训练法、代偿训练法、感觉统合

---

① 梁海霞.特殊儿童身心发展研究及家庭教育方法[J].家长,2021(9):86-87.

训练法、任务分析法和模仿学习法。

1. 游戏训练法

受苏联游戏分类的影响,我国幼教工作者通常将游戏分为创造性游戏和规则性游戏两大类。[①]

(1)创造性游戏

① 角色游戏和表演游戏

角色游戏和表演游戏适用于所有婴幼儿。角色游戏和表演游戏要求教师根据教育目标和教育内容设定教育情境,安排婴幼儿来扮演不同的角色。婴幼儿通过与情境中的角色进行互动,完成情境中的任务来进行学习。故事情节可以是婴幼儿自发的,也可以是依据剧本进行的。

② 结构游戏

结构游戏适用于所有婴幼儿,尤其对有孤独症谱系障碍早期征兆的婴幼儿、多动症婴幼儿的康复大有裨益。结构游戏要求教师准备丰富、无害的高结构化材料,让婴幼儿通过抓握、搬弄、简单搭建并不断推倒来展开游戏。婴幼儿在游戏后与教师一同参与玩具整理的工作。这个过程可以锻炼婴幼儿的想象力,提高婴幼儿的注意力水平,提升婴幼儿的动作协调能力。

(2)规则性游戏

① 体育游戏

体育游戏以提升婴幼儿的运动能力为主要任务,适用于所有婴幼儿。体育游戏不仅可以帮助有肢体障碍的婴幼儿尽早适应生活,而且能促进其他障碍类型婴幼儿的身体发育,增强婴幼儿体质,培养婴幼儿运动的兴趣。在进行体育游戏时,教师应该根据婴幼儿的个体差异安排不同的内容,设立不同的目标:视障婴幼儿参与体育游戏时,教师要尽可能地减少运动场地的障碍物,如台阶、门槛等,教师需要设置明显的标志来帮助视障婴幼儿进行活动;有肢体障碍的婴幼儿参与体育游戏时,教师可以提供一些辅助器具,如辅助步态训练器等;对于身体病弱的婴幼儿,教师应在了解其病情后安排他们做一些适度的运动,等等。常见的体育游戏有走跑类、跳跃类、投掷类、钻爬类、平衡类、徒手操类、器械操类、精细动作类等,教师应该根据婴幼儿发展的需求来安排不同的体育游戏。

② 音乐游戏

音乐游戏有助于锻炼婴幼儿的音乐感受能力、听觉和语言能力,但不太适用于听觉障碍婴幼儿。音乐游戏主要在音乐伴奏或歌曲伴唱下进行。在音乐游戏中,特殊婴幼儿能跟随

---

① 邱学青.学前儿童游戏[M].南京:江苏教育出版社,2008:94-95.

音乐的节奏、旋律,在教师的带领下锻炼肌肉、肢体协调能力以及身体的柔韧性等。常见的音乐游戏有律动、击鼓传花、抢椅子等。

③ 智力游戏

智力游戏将智育因素和游戏相结合,一般针对智力发育迟缓的婴幼儿开展。对于其他婴幼儿而言,智力游戏能以寓教于乐的方式激发他们的学习兴趣,帮助他们维持注意力,提升思维能力。特别在学习知识性较强的内容时,智力发育迟缓的婴幼儿不易理解、记忆,只有以游戏的方式展开,才能最大限度地调动起他们的积极性。在进行智力游戏的时候,教师一定要把握住最终的教学目标,游戏只是手段,切忌过分注重游戏形式,而忽略了应该掌握的知识和技能。常见的智力游戏有画人脸、色卡挑战、分类挑战等。

2. 语言训练法

语言训练以发展婴幼儿的听觉和言语为目标,一般针对听障婴幼儿、语言发展障碍婴幼儿,以及部分有孤独症谱系障碍早期征兆的婴幼儿开展。该方法也有助于普通婴幼儿锻炼其听觉和言语能力。语言训练要符合0—3岁婴幼儿语言发展的规律,该阶段婴幼儿的语言训练经常与绕口令、儿歌或游戏相结合,训练重点在于:听音辨音、强化口语、学词学句。学习安排应该符合小步递进原则,稳扎稳打。学习材料应该契合婴幼儿的生活经历。常见的语言训练有:放松韵律操、口腔体操、绕口令、唱儿歌、抢答游戏等。

3. 代偿训练法

针对不同类型的特殊婴幼儿,代偿训练一般可分为两种:一种是感觉代偿训练,另一种是功能代偿训练。

（1）感觉代偿训练法

感觉代偿训练一般适用于视障婴幼儿或听障婴幼儿。

视(听)障婴幼儿因为其感知觉缺陷,只能通过其他感觉,如听(视)觉、触觉、嗅觉、味觉来扩大感知的范围,提高感知的能力,增加对客观事物的认识,并在此基础上发展形象思维和逻辑思维能力等。

对于视障婴幼儿,要重视其听觉和触觉的训练。听觉训练能帮助他们更好地判断空间和距离。触觉训练有利于他们日后学习盲文。

听障婴幼儿的训练应在视觉上下功夫,为其日后学习唇语、模仿手语打下良好的基础。

刘老师在给班上小朋友介绍碗的时候,先让楠楠(视障婴幼儿)摸碗的大小、形状、深度,再让楠楠用手轻轻敲击碗壁,听听敲出的声音,来了解碗的材质。楠楠通过这样的方法在脑海中建立了"碗"的形象。教师在使用感觉代偿训练法时需要注意什么?

（2）功能代偿训练法

功能代偿训练法一般适用于肢体障碍婴幼儿。简单来说,就是训练肢体残障的婴幼儿运用其他健全的器官来代替残缺器官的功能。例如,用嘴代替手来写字,用脚代替手来吃饭。这种训练越早,之后的发展适应会越好。被誉为"东方维纳斯""断臂天使"的雷庆瑶在失去双手的情况下,用双脚穿衣、写字、做饭、吃饭、缝补衣物,还学会了打字、游泳、骑自行车、绣十字绣,甚至用脚写书法、画国画……[①]

4. 感觉统合训练法

感觉统合训练法一般适用于有孤独症谱系障碍早期征兆的婴幼儿。有孤独症谱系障碍早期征兆的婴幼儿大多在视觉、听觉、感觉等方面表现过于迟钝。感觉统合训练法将感知觉的训练内容以游戏的方式呈现,在游戏的过程中给予有孤独症谱系障碍早期征兆的婴幼儿以肌肉、关节、皮肤等多方位的刺激,使婴幼儿得以发展。

由于有孤独症谱系障碍早期征兆的婴幼儿感觉统合失调的类型不同,教师需要根据婴幼儿的个体差异提出不同的训练要求,选择不同的训练内容,调控训练的强度。训练器械包括但不限于：滑板、圆筒、平衡台、吊缆、弹簧床、滑梯、秋千、跷跷板、羊角球、触觉板、自行车、蹦蹦床、弹力球、海洋球池、软垫、毛刷等。[②]

5. 任务分析法

任务分析法是指,将对婴幼儿来说复杂、抽象的大任务分解成一个个能被其接受的小任务,再将这些小任务分解成更小的任务,直到任务能够较为容易地让婴幼儿观察、模仿,再帮助他们一步步将这些分解的任务串联起来。

该方法适用于所有技能类内容的学习。教师可以根据不同婴幼儿的特点,将任务分解成不同的步骤。对于普通儿童,步骤可以划分得笼统一些;对于特殊婴幼儿,步骤的分解可以细致一些(表1-1)。

表1-1　"洗手"任务分解

步　骤	任　务　分　解
1	撸起袖子,打开水龙头
2	双手淋湿,关闭水龙头
3	双手手心抹上肥皂或洗手液

---

① 雷江华.特殊儿童发展与学习[M].北京：高等教育出版社,2015：130-131.
② 奚岚,沙英姿.让我们行动：0～3岁残障及高危儿童医教结合早期康复模式的研究[M].上海：上海科学普及出版社,2015：63.

步　骤	任　务　分　解
4	掌心相对,手指并拢相互揉搓
5	洗背侧指缝:一只手的手心对另一只手的手背,沿指缝相互揉搓,双手交换进行
6	洗掌侧指缝:掌心相对,双手交叉沿指缝相互揉搓
7	洗拇指:一手握另一手大拇指旋转揉搓,双手交换进行
8	洗指背:弯曲各手指关节,半握拳把指背放在另一手掌心旋转揉搓,双手交换进行
9	洗指尖:弯曲各手指关节,把指尖合拢在另一手掌心旋转揉搓,双手交换进行
10	洗手腕、手臂:揉搓手腕、手臂,双手交换进行
11	打开水龙头,把所有部位冲洗干净
12	关闭水龙头,擦干手心、手指、手背、手腕、手臂

6. 模仿学习法

模仿学习法是通过让婴幼儿模仿他人正确的语言或动作,进而调整自身行为的方法。模仿是婴幼儿的一种学习方式,一方面,能使婴幼儿逐渐养成良好的生活、学习习惯,进而形成良好的个性与社会性;另一方面,盲目的模仿可能会使婴幼儿养成不良的行为习惯,甚至会造成一定的安全事故。[1]

每个婴幼儿都喜欢模仿。智力发育迟缓的婴幼儿在独立思考和创造力上有比较大的障碍,与此相比较,他们的模仿能力更强。因此,模仿学习法在智力发育迟缓婴幼儿的学习中具有很高的价值。[2] 教师可以通过"教师示范→婴幼儿模仿→教师回应→婴幼儿修正→教师再示范→婴幼儿再模仿→教师再回应→婴幼儿再修正"的步骤来指导智力发育迟缓婴幼儿进行学习。

(二) 其他方法

1. 全方位融合教学法

全方位融合教学法是指在教学过程中,教师以婴幼儿喜欢的方式全方位地调动婴幼儿的多元智能,鼓励他们多用脑、多思考,在学习的过程中提升能力。教师的教学策略会根据婴幼儿自身情况的不同进行调整。对于在某些方面具有突出表现的特殊婴幼儿,如天才婴幼儿,教师在教学过程中可以采用加速学习的教学方法,适当提高相应任务的难度,调动起

---

① 廖燕珏.浅谈幼儿行为模仿及其应对策略[J].课程教育研究,2017(40):26.
② 雷江华.特殊儿童发展与学习[M].北京:高等教育出版社,2015:157.

婴幼儿的学习积极性。

2. SPELL 训练法

结构化(structure)、正向的期望与积极的方法(positive)、移情(empathy)、低刺激(low arousal)、与父母合作(links)是 SPELL 训练法的关键。在使用 SPELL 训练法干预过程中，要关注儿童的个体差异以及不同的学习需要，该方法尤其注重儿童交往、社会技能及想象力的发展。

SPELL 训练法的基础是专为改善孤独症谱系障碍而创设的结构化教学法，具体包括视觉结构、环境结构、常规、程序时间表以及个人工作系统。视觉结构是指按照合理的空间位置安排学习材料，突出材料的特征，让儿童一目了然；环境结构是指为儿童明确标明学习和活动的场所；常规就是帮助儿童建立起生活习惯和学习习惯；程序时间表即一日生活先后顺序的安排；个人工作系统是指帮助儿童根据其自身特点建立自己的工作计划列表。

SPELL 训练法的核心是使用积极的低唤醒的学习环境，让儿童在感到放松、满意、平静的学习环境中进行学习，教师要在这个环境中对儿童的自我世界作出正面的理解和积极的反馈。

SPELL 训练法的关键因素是父母及专家的密切参与和配合。父母的配合能在日常生活中将专家的建议、方法落到实处，用科学的方法使对儿童的帮助达到最大化。

第三节　婴幼儿融合教育的起源与发展

"融合教育"概念的提出是在 20 世纪 90 年代。婴幼儿融合教育发展的时间更短，但发展速度却很快。目前，多个国家已经颁布了相关法律政策来推动早期融合教育的发展。

一、婴幼儿融合教育的起源

(一) 融合教育的萌芽

1990 年，联合国教科文组织在"世界全民教育大会"发表《世界全民教育宣言》，并在会上强调：教育是人的基本权利；教育对于个人的发展和社会进步极为重要；必须普及基础教育和促进教育平等。[1] 全民教育的目标是满足所有人基本的学习需要，这为融合教育的发展奠定了基础。[2]

---

[1][2]　黄志成. 全纳教育：21 世纪全球教育研究新课题[J]. 全球教育展望，2001(1)：51-54.

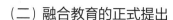

（二）融合教育的正式提出

1994 年联合国教科文组织在"世界特殊需要教育大会"上发表《萨拉曼卡宣言》，再次强调每个人都有受教育的基本权利，提出每个人都有其独特的个性、兴趣、能力和学习需要，学校要接纳全体儿童，并满足他们的特殊教育需要。[①]《萨拉曼卡宣言》首次正式提出"融合教育"，并号召世界各国广泛开展融合教育，这在国际教育发展过程中具有重大意义，融合教育拉开了序幕。[②]

二、婴幼儿融合教育的发展

（一）国外婴幼儿融合教育发展状况

随着世纪之交融合教育思潮的兴起，世界各国也展开了教育改革的运动。各国都在摸索中逐渐发展早期融合教育，英国早期融合教育发展情况较好，可供参考。

英国在 1997 年修订了《教育白皮书》（*The 1997: Education White Paper*），彻底废除了从 20 世纪 60 年代开始就引起民众不满的整合教育模式（把所有教育资源进行整合，再进行绝对的平均分配），正式将融合教育确定为英国新的国家教育理念。[③]

1. 颁布法令政策，设计相关课程

教育理念需要教育政策的支持。早年间，由于没有正确认识婴幼儿之间的差异性，教师在教学的过程中忽视了对儿童家庭、种族、文化、身心健康的考虑。虽然英国在"国家保育战略"（The National Childcare Strategy for England），提出"要增设儿童保育机构，提高儿童保育质量，让家长都能负担起儿童保育费用，为所有 4 岁儿童提供免费教育等"，但各个地区很难将这一政策落实下去。[④] 2008 年《早期阶段法定框架》（*Statutory Framework for the Early Years Foundation Stage*）的正式颁布，确保了公平对待婴幼儿的学习。《早期阶段法定框架》将重点转向对婴幼儿学习与发展进行评价，要求婴幼儿的父母、教师等在观察的同时，深入理解婴幼儿的需求，并在此基础上设计符合婴幼儿需求的课程及活动，从而有效促进婴幼儿的成长。[⑤]

2. 中央地方合作，完善保障体系

融合教育的开展不仅仅是教育的问题，更涉及人权、种族歧视、平等与公平、儿童福利四方面的内容。这些内容的落实不仅需要相关机构之间的配合，还需要有严格的社会监督机制，中央和地方的协调合作，以及相关文件的补充。

---

① ② 黄志成. 全纳教育：21 世纪全球教育研究新课题[J]. 全球教育展望，2001(1)：51 - 54.

③ ④ ⑤ 张凯，蒋惠妃. 英国融合教育政策与实践评述：对我国早期教育的启示[J]. 早期教育（教育科研），2020(2)：12 - 16.

首先,英国的教育部门对婴幼儿教育整合服务起到领导性作用,帮助所有的婴幼儿发现、训练自身的潜能,确保婴幼儿的学习效率和质量;健康与卫生部门辅助教育部门,通过技术支持,鉴定问题、提供医疗,为有需要的婴幼儿制定学习和治疗的方案;劳动与培训部门为教育部门提供数据和硬件支持,统计人口,建设早教机构。① 其次,早在 1993 年的《教育法》(*Education Act*)中,英国政府就要求各地方出台《特殊教育需要鉴定与评估实施章程》(*Code of Practice on the Identification and Assessment of Special Educational Needs*),特别规定了地方教育局需要与教师和家长合作,三者共同参与婴幼儿教育。②此外,中央设立统一的标准,授权英国教育标准局对早教机构进行督导、审核、强制整改。③最后,英国政府出台了《儿童计划:构建更美好的未来》(*The Children's Plan: Building Brighter Futures*)、《早龄儿童阶段档案手册》(*Statutory Framework for the Early Years Foundation Stage Profile Handbook*)等文件来保证早期融合教育的质量。④

3. 加强师资力量,建立专业平台

英国儿童工作者发展委员会在 2008 年颁布了针对 0—5 岁儿童优秀教师的《早期教育专业教师认证标准指南》(*Guidance Early Years Professional Status*),对早教教师提出了具体的要求。⑤ 2011 年 8 月,英国启动了名为"为每一个孩子好"(Getting It Right for Everyone)的教育资源整合支持项目,倡导整合一切可利用的社会资源,汇集所有的尖端科技,建立透明公开的平台,不仅使学校、家长、学生本人都可以通过网络获得和查询符合学生需求的资源,以满足学生的学习需求,还给教师提供了一个成长学习的途径,帮助教师专业化发展。⑥

(二)国内婴幼儿融合教育发展状况

中国的融合教育发展起步较晚,目前正在快速发展。

在政策层面,我国的融合教育政策不断深化。1994 年,国家教育委员会发布了《关于开展残疾儿童少年随班就读工作的试行办法》(以下简称《办法》),首次提出了特殊少年儿童随班就读的要求,但《办法》只对中小学作出要求,早教、幼教不在其中。2001 年,《关于"十五"期间进一步推进特殊教育改革和发展的意见》中提出:"积极支持幼儿教育、特殊教育机构以及社区、家庭开展 3 岁以下残疾儿童早期康复、教育活动。"⑦2008 年,《中共中央、国务院关于促进残疾人事业发展的意见》中指出:"发展残疾儿童学前康复教育……鼓励和支持普通高

①②③④⑤⑥　张凯,蒋惠妃.英国融合教育政策与实践评述:对我国早期教育的启示[J].早期教育(教育科研),2020(2):12-16.

⑦　中国政府网.国务院办公厅转发教育部等部门关于"十五"期间进一步推进特殊教育改革和发展意见的通知[EB/OL].(2001-11-27)[2023-03-15].http://www.gov.cn/zhengce/content/2016-10/11/content_5117369.htm.

等学校开办特殊教育专业。"[1]2010 年,《国家中长期教育改革和发展规划纲要(2010—2020年)》重申要"因地制宜发展残疾儿童学前教育"[2]。2021 年,《"十四五"特殊教育发展提升行动计划》再次强调要"遵循特殊教育规律,以适宜融合为目标,按照拓展学段服务、推进融合教育、提升支撑能力的基本思路,加快健全特殊教育体系,不断完善特殊教育保障机制,全面提高特殊教育质量……到 2025 年……非义务教育阶段残疾儿童青少年入学机会明显增加"[3]。

在实践层面,融合教育也从义务教育向两头逐步展开。2020 年教育部召开的教育新闻发布会公布,在国家的大力推动之下,2020 年全国残疾儿童义务教育入学率已经达到 95%以上。[4]

部分省市在教育部的指导下从早期教育入手开展早期融合教育的实践。福建省福州市在 2013 年被确定为首批"教育部 0—3 岁婴幼儿早期教育试点地区"。他们在思考、实践后提出要构建融合教育的平台,具体体现为多学科融合,家庭、社区、早教机构互相融合和医教融合,共同帮助婴幼儿全面发展。[5] 此外,部分高校、幼儿园在中国计划生育协会等国家机构的帮助下,积极与社区开展联动,帮助婴幼儿融合发展。

人才储备层面,国家也在不断重视。2021 年,融合教育正式列入普通高等学校本科专业目录的新专业名单。[6] 同年,《"十四五"特殊教育发展提升行动计划》也提出要"加强特殊教育教师队伍建设。适当扩大普通高校特殊教育专业招生规模,根据实际需求,优化公费师范生招生结构,倾斜支持特殊教育公费师范生培养;注重培养适应特殊教育需要、具有职业教育能力的特殊教育师资;加大特殊教育专业硕士、博士培养力度。推动师范类专业开设特殊教育课程内容,列为必修课并提高比例,纳入师范专业认证指标体系,落实教师资格考试中含有特殊教育相关内容要求。组织开展特殊教育学校和随班就读普通学校的校长、教师全员培训,将融合教育纳入普通学校教师继续教育必修内容。认真落实特殊教育教师津贴标

---

① 中国政府网.中共中央、国务院关于促进残疾人事业发展的意见[EB/OL].(2008 - 04 - 23)[2023 - 03 - 15].http://www.gov.cn/jrzg/2008-04/23/content_952483.htm.

② 中国政府网.国家中长期教育改革和发展规划纲要(2010—2020 年)[EB/OL].(2010 - 07 - 29)[2023 - 03 - 15].http://www.gov.cn/jrzg/2010-07/29/content_1667143.htm.

③ 中国政府网."十四五"特殊教育发展提升行动计划[EB/OL].(2021 - 12 - 31)[2023 - 03 - 15].http://www.gov.cn/zhengce/content/2022-01/25/content_5670341.htm.

④ 中华人民共和国教育部.不断加大政策、资金、项目对特殊教育的倾斜——我国残疾儿童义务教育入学率超 95%[EB/OL].(2021 - 09 - 27)[2023 - 03 - 15].http://www.moe.gov.cn/jyb_xwfb/s5147/202109/t20210927_567367.html.

⑤ 陈洁.0～3 岁婴幼儿早期教养的实践与思考[J].幼儿教育研究,2016(6):60 - 62,50.

⑥ 中华人民共和国教育部.教育部关于公布 2020 年度普通高等学校本科专业备案和审批结果的通知[EB/OL].(2021 - 02 - 20)[2023 - 03 - 15].http://www.moe.gov.cn/srcsite/A08/moe_1034/s4930/202103/t20210301_516076.html.

准,保障特殊教育教师待遇,吸引优秀人才从事特殊教育事业。普通学校(幼儿园)在绩效工资分配中对直接承担残疾学生教育教学工作的教师给予适当倾斜。县级以上教研机构应配足配齐特殊教育教研员。教师职称评聘和表彰奖励向特殊教育教师倾斜。将儿童福利机构、残疾儿童康复机构等机构中依法取得相应教师资格的特殊教育教师,纳入特殊教育教师培训、职称评聘、表彰奖励范围,并按规定享受相关待遇、津贴补贴等"[①]。

思考题:

1. 什么是婴幼儿融合教育? 试举例谈谈开展婴幼儿融合教育的意义。
2. 试结合实例,分析婴幼儿融合教育有哪些特点。

---

① 中国政府网."十四五"特殊教育发展提升行动计划[EB/OL].(2021-12-31)[2023-03-15]. http://www.gov.cn/zhengce/content/2022-01/25/content_5670341.htm.

第二章 特殊婴幼儿及融合教育

☞ **教学导航**

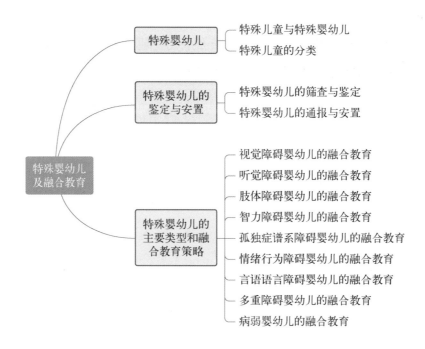

☞ **学习目标**

1. 了解特殊婴幼儿的相关概念及其鉴定与安置。

2. 知道特殊婴幼儿的障碍类型,掌握其生理特点和心理特点。

3. 能针对性地采取融合教育策略。

第一节 特殊婴幼儿

在日常生活中,有一些儿童显得与众不同,他们是特殊儿童。特殊儿童的身心发展以及他们在生活、学习中的表现与普通儿童有明显差异。他们需要一定的特殊照护。尤其是 0—

3 岁的特殊婴幼儿,他们有何特殊之处? 有哪些发展特征? 加强对这些问题的认识,是做好特殊儿童早期教育工作首先要面对的。

一、特殊儿童与特殊婴幼儿

(一) 特殊儿童

特殊儿童是一个内涵丰富的术语,随着时代的发展,其概念不断变化。不同的国家和地区、不同的教育发展时期对特殊儿童的理解和界定不同。传统的特殊儿童概念有广义、狭义之分,朴永馨在其主编的《特殊教育辞典》中认为:广义的特殊儿童是指与普通儿童在各方面有显著差异的各类儿童;这些差异可表现在智力、感官、情绪,肢体、行为或言语等方面,既包括发展上低于普通儿童,也包括高于正常发展的儿童以及有轻微违法犯罪的儿童。[1] 狭义的特殊儿童则专指残疾儿童,即身心发展上有各种缺陷的儿童,又称"缺陷儿童""障碍儿童",包括智力残疾、听力残疾、视力残疾、肢体残疾、言语障碍、情绪和行为障碍、多重残疾等类型。[2]

随着社会的发展和观念的改变,1978 年英国发布《沃诺克报告》(*The Warnock Report*),提出用"特殊需要儿童"或"特殊教育需要儿童"来指代特殊儿童。[3] 这彰显了对特殊儿童的尊重,也反映了特殊教育理念的变革。但在实际运用时,出于习惯,人们常常使用"特殊儿童"一词。

(二) 特殊婴幼儿

雷江华认为,具有特殊需要的儿童即为特殊儿童,而具有特殊需要的 0 岁至六七岁儿童即为学前特殊儿童。[4] 以此类推,特殊婴幼儿应指具有特殊需要的 0—3 岁儿童。周念丽指出:特殊婴幼儿是一个极为特殊的群体,他们既有普通婴幼儿心理发展的一般特点,又存在各种身心发展障碍。[5]

二、特殊儿童的分类

特殊儿童的分类,尤其是关于障碍儿童的分类,涉及特殊儿童教育历史、社会心理、情绪伦理、法律法规和公共政策的方方面面,是一个复杂的问题。不同的分类目的、范围,不同的国家和地区,不同的教育发展时期,对特殊儿童的界定和类别划分各有不同。下面介绍我国和美国常见的分类情况。

---

① ② 朴永馨. 特殊教育辞典[M]. 北京:华夏出版社,2014:1.
③ 盛永进. 特殊儿童教育导论[M]. 南京:南京师范大学出版社,2015:5.
④ 雷江华. 学前特殊儿童教育[M]. 武汉:华中师范大学出版社,2008:7.
⑤ 周念丽,潘紫剑. 特殊婴幼儿的心理发展与保教[M]. 上海:上海科技教育出版社,2019:前言.

（一）中国的分类

《中华人民共和国义务教育法》中提到了视力残疾、听力语言残疾和智力残疾三类特殊儿童。1989 年国务院转发的《关于发展特殊教育的若干意见》中提到了盲、聋、弱智、肢体残疾、学习障碍、语言障碍、情绪障碍等特殊儿童。2011 年《残疾人残疾分类和分级》国家标准规定,特殊儿童按照不同残疾类型分为：视力残疾、听力残疾、言语残疾、肢体残疾、智力残疾、精神残疾和多重残疾七类。[①]

我国台湾在有关特殊教育的规定中认定：特殊儿童包括身心障碍和禀赋优异（即超常或天才）等两类人群,其中身心障碍包括智能障碍、视觉障碍、听觉障碍、语言障碍、肢体障碍、身体病弱、严重情绪障碍、学习障碍、多重障碍、孤独症谱系障碍、发展迟缓以及其他显著障碍等 12 类。[②]

（二）美国的分类

美国 2004 年《残疾人教育促进法案》（*Individual with Disabilities Education Improvement Act of 2004*,简称 IDEA）把特殊需要儿童分为学习障碍、言语或语言障碍、智力障碍、情绪障碍、多重障碍、听觉障碍、肢体运动障碍、其他健康障碍、视觉障碍、孤独症谱系障碍、聋-盲、外伤性脑损伤、发展迟缓共 13 类,并对每一类都作了定义。目前,国际上大多数国家使用 IDEA 的界定。[③]

第二节　特殊婴幼儿的鉴定与安置

特殊婴幼儿是怎样被发现的？他们有哪些特殊需要？他们是如何被安置的？应该采取什么样的教育教学措施？早期识别特殊婴幼儿,是开展特殊儿童教育工作的前提和首要任务,具有重要意义。

一、特殊婴幼儿的筛查与鉴定

（一）特殊婴幼儿的筛查

1. 特殊婴幼儿筛查

特殊儿童筛查是指在大量儿童中发现特殊儿童（主要是残疾儿童）的一种检测活动。一

---

① 盛永进.特殊儿童教育导论[M].南京：南京师范大学出版社,2015：7-8.
②③ 同上：9.

般由专业人员或受过一定训练的非专业人员进行,使用的测验量表通常简便易操作,如测查儿童智力商数的丹佛智能筛查法、画人测验法、简易儿童智力筛查法等,但筛查结果一般不能作为诊断的根据。应由专业人员对筛查出的特殊儿童做进一步诊断,并对该儿童的情况作出全面评价。[①] 特殊儿童的筛查越早越好,若能在婴幼儿时期就进行,早发现,早诊断,对儿童的发展无疑是有好处的。

2011 年 9 月,我国教育部与联合国儿童基金会合作,发布了《0—6 岁儿童发展里程碑》,强调儿童的生长发育是有一定规律的,既是连续的又有阶段性,在不同年龄阶段,有着不同的发育标志。我们可以通过观察、分析这些标志,了解孩子身心发展的现状是否在正常范围内。《0—6 岁儿童发展里程碑》明确指出了儿童生长发育过程中需要“发展警示”的情况。[②]《0—6 岁儿童发展里程碑》可以帮助家长和相关人员对婴幼儿的发展作出初步的筛查,发现孩子的异常。

2. 特殊婴幼儿筛查的意义

婴幼儿的大脑发育处于迅速成熟的过程中,具有很强的可塑性。在生命早期的发育监测和筛查,可以了解婴幼儿的肌肉、大脑及神经的发育情况,早期识别婴幼儿发育迟缓和发育障碍,及时给予必要的治疗、康复训练和教育,可以降低特殊儿童的障碍程度,从而大大地降低社会福利成本,减轻社会负担。

(二) 特殊婴幼儿的鉴定

1. 特殊婴幼儿鉴定

特殊儿童的鉴定是指根据一定的原则,通过检查、测评或其他方式把有特殊教育需要的儿童鉴别、诊断出来的过程。[③] 特殊婴幼儿的鉴定也是如此。这是一项非常严肃的工作,它关系到一个儿童发展的命运,须由教育、心理、医学等方面的专业人员与家长协同进行。特殊婴幼儿的鉴定也是特殊教育过程的最初步骤,对鉴定出的特殊婴幼儿,要在其性质、程度方面作出医学诊断,对其未来可受教育的程度和心理发展水平作出评估,并给予训练和教育方面的指导。

2. 特殊婴幼儿鉴定的意义

开展特殊婴幼儿鉴定,一是为早期干预提供依据,二是尽可能阻止残疾的进一步发展。及早发现特殊婴幼儿,开展有针对性的康复(或功能补偿)训练,使他们的身心得到健康发

---

①　朴永馨. 特殊教育辞典[M]. 北京:华夏出版社,2014:3.

②　中华人民共和国教育部,联合国儿童基金会. 0～6 岁儿童发展里程碑[EB/OL]. [2023 - 03 - 15]. https://www. unicef. cn/reports/developmental-milestone-children-0-6-years.

③　盛永进. 特殊儿童教育导论[M]. 南京:南京师范大学出版社,2015:17.

展,具有十分重要的意义。周念丽从脑神经科学的角度探索和分析了对有特殊发展需要的婴幼儿进行早期发现和干预的意义。从教育神经科学的角度来看,婴幼儿的大脑易受损,如能早期发现,又逢婴幼儿的大脑处于可塑敏感期,具有更高的修复可能性。实验证明,早期视、听觉及肢体干预,对缺氧、缺血性脑病患儿后遗症的预防、改善预后有着重要的意义,且越早干预效果越好。在大脑可塑期,为婴幼儿提供丰富的恰当的环境刺激,不仅可以促进普通婴幼儿的大脑发展,也能使那些早期大脑受过损伤的婴幼儿得到更大程度的康复,使大脑充分发育。早期干预也可以帮助孤独症谱系障碍婴幼儿更多地改变障碍状况。[①]

对特殊婴幼儿的筛查鉴定,要注意客观性、动态性、全面性,不贴标签。坚持客观性原则,对似是而非,难以分辨类型的婴幼儿,进行反复观察、多方论证,保证筛查鉴定的准确性。坚持动态性原则,婴幼儿的发展是变化的,潜能是可以挖掘的,缺陷(智力、听力等)是可以弥补的,要以发展的眼光不断地根据婴幼儿的变化情况采取适当的应对策略。坚持全面性原则,要从多方面,采用多个指标进行,全面评估婴幼儿的优缺点,尤其要重视与教育有关的因素的评估。

二、特殊婴幼儿的通报与安置

发现特殊婴幼儿后,各地残疾人联合会、教育局、民政局、卫生局、公安局、社保局等须通力合作,依据工作程序及要求,建构完善的通报系统,将情况传达到各相关部门,以便构建特殊儿童的服务支持体系,提供全面、整合的个别化服务。要依据对特殊婴幼儿筛查、鉴定的结果,结合其障碍类型、障碍程度以及教育需求,整合资源,提供最适合的场所以及符合其身心发展需求的相关服务。基于0—3岁特殊婴幼儿的年龄特征,主要的安置模式大概有五种:家庭安置模式、家庭—康复机构安置模式、康复机构安置模式、家庭—托育机构安置模式、家庭—托育机构—康复机构安置模式。[②]

第三节　特殊婴幼儿的主要类型和融合教育策略

1994年,联合国教科文组织召开了"世界特殊需要教育大会",会议文件《萨拉曼卡宣

---

① 周念丽.特殊婴幼儿早期发现和干预的意义探析——基于神经科学角度的审视[J].中国计划生育学杂志,2013,21(11):789-792.

② 唐敏,陈晓.0—3岁特殊儿童保教[M].上海:上海交通大学出版社,2021:39-40.

言》提出：特殊教育需要者，必须有机会进入普通学校，而这些学校应以一种能满足其特殊需要的儿童中心教育学思想接纳他们。在具体的实施过程中，面临的困难有不少。其中之一就是特殊儿童的障碍类型比较多样，各有各的特点，融合教育策略也要多样化，以便具有针对性。

一、视觉障碍婴幼儿的融合教育

（一）视觉障碍

视觉障碍，又称"视力残疾""视觉缺陷"。视觉障碍人群由于各种原因导致双眼不同程度的视力损失或视野缩小，难以从事普通人所能从事的工作、学习或其他活动。视觉障碍包括盲和低视力两类四级。盲有时候也泛指视力残疾。[①]

（二）视觉障碍婴幼儿的特点

1. 生理特点

随着婴幼儿机体的逐渐成熟，在正常环境下，普通婴幼儿的运动能力自然而然地迅速发展。视觉障碍婴幼儿由于看不见或看不清自己周围的物体，失去了够抓物体的动力，因此有可能出现肢体运动发展迟缓的状况，特别是那些先天失明的盲童，更可能出现早期运动技能迟滞，动作发展迟缓。

生活中，有些先天看不见的儿童喜欢待在某个地方来满足自己的安全需要。然而，如果较长时间待在某个地方不动，通常会引起运动技能，特别是身体移动、手的协调及各部分肌肉的发展迟缓，以至于行走所需的肌肉得不到正常发展而行走不灵活，行走年龄延迟，最终影响身体的正常发育。

2. 心理特点

视觉障碍婴幼儿和普通婴幼儿的心理发展规律基本相同，受到他们所处的生长环境和教育的影响。然而，先天因素和后天因素制约着视觉障碍儿童的发展。视觉障碍对婴幼儿发展的直接影响表现为：在学习某些需要利用视觉才能知晓的认知概念时处于不利地位（如对颜色的感知）；间接影响表现为：视觉受损使他们缺失了许多学习知识及交往的机会。

（三）视觉障碍婴幼儿的融合教育策略

1. 接纳策略

爱，是人类自然而然生发出来的感情，在生活中处处可以被发现、被感受、被传递。爱，

---

① 朴永馨.特殊教育辞典［M］.北京：华夏出版社，2014：155.

更是教师不可缺少的素养。孩子弱小的心灵和身体都需要成人用爱去包容,去感化,去教导。开展特殊婴幼儿融合教育,首先就要用一颗爱心接纳他们。教师可以告诉婴幼儿,视觉障碍婴幼儿和所有孩子都一样,只是眼睛看不见,大家要关爱他们,共同成长。

2. 支持与指导策略

在视觉障碍婴幼儿不熟悉环境、需要帮助时,教师可以引导普通婴幼儿主动给予帮助,例如,户外活动时主动牵住他们的手;积极主动与他们交流,使他们感受到爱,并真正融合到集体中。教师对视觉障碍婴幼儿应当予以特殊照顾,但不是全盘替代,而是指引与帮助,充分利用他们的长处,帮助他们通过各种生活小细节提高自理能力、交往能力、运动技能等。在班级融合活动之外,须为视觉障碍婴幼儿设置个别化的康复训练,以满足其需要。

本学期,班上迎来了一位盲童宝宝,大家都亲切地叫她"萱萱"。在萱萱来班级之前,三位有爱的老师提前商量,一致决定要做萱萱宝宝的"小眼睛",做她的"光"。

萱萱虽然看不见,但听觉和触觉很敏锐,所以教师在教室墙面、游戏区角、书包柜、口杯架、毛巾架、书本等处贴上她能够触摸到的标记。在午睡床的安排上,教师特意选择一张边缘触摸上去有点粗糙的小床。同时,为了训练萱萱数数,教师特意把床放在第三张。

对于视觉障碍儿童来说,自理能力的培养是比较难的,需要更多的耐心和爱心。萱萱刚入园时必须全程由教师陪着抱着,毫无自主做事的想法,吃饭喝水需要喂,随时需要牵着,也不愿表达自己的想法……教师利用一切生活活动的机会,如如厕、洗手、吃饭、午睡等,在实践中细心指导萱萱。慢慢地,萱萱可以自己吃饭上厕所,会根据教师的提示和标识找到毛巾和口杯。萱萱的动作虽然很慢,也不熟练,但是萱萱已经可以做到独立做一部分事,自理能力有了很大的进步。[1]

二、听觉障碍婴幼儿的融合教育

(一) 听觉障碍

听觉障碍是指由于传音系统或感音神经系统受损,导致个体听不见或听不清周围环境的声音及他人的话语。前者为传导性听觉障碍,后者为感音神经性听觉障碍。表示声音的大小和听力损失的单位是分贝(dB),听力损失超过25分贝,即出现听觉障碍。[2] 语言发展受影响是听觉障碍婴幼儿成长过程中最严重的问题。听觉障碍婴幼儿语言学习的困难是:发

---

① 本案例由云南省昆明学院附属幼儿园托育中心杨青妍老师撰写。

② 雷江华.学前特殊儿童教育[M].武汉:华中师范大学出版社,2008:81.

声时收不到充分的听觉反馈;无法从成人那里得到充分的言语强化;无法听到成人的言语示范。听觉障碍婴幼儿会表现出与普通婴幼儿不同的个性特征。

(二) 听觉障碍婴幼儿的特点

1. 生理特点

听力发展方面,听觉障碍婴幼儿由于听觉的损失,日常交往中主动习得语言的能力较差。部分听觉障碍婴幼儿,因其听力损失程度较为严重、听力补偿效果不佳、发音器官功能发展薄弱等原因,导致其语言清晰度较差,影响其与普通婴幼儿的语言沟通过程和有效程度,具体见下表。

表 2-1 婴幼儿听力障碍的早期表现①

月 龄	表 现
0—3 个月	对突然而来的巨大声响丝毫没有反应
3—6 个月	不会寻找发声声源
6—9 个月	不会望向讲话时被提及的人或物体
9—12 个月	不会跟从大人的指示
12—15 个月	不会叫"爸爸""妈妈"
15—18 个月	对隔壁房间或距离较远的呼唤声无动于衷
18—24 个月	不能说出两个字的词句
24 个月后	言语障碍及反应迟钝明显,要求别人重复讲话。将电视机、收音机的音量明显调高。如听不见小鸟叫,对电话铃声、门铃声无反应等。不能表达自己的需要,也不能理解大人的话

语言发展方面,普通婴幼儿通过日常交往就能不断积累语言经验,从而逐步发展形成较为成熟的口语能力。而听觉障碍婴幼儿在日常交往中主动习得语言的能力较差,需要依靠更为结构化的语言学习方式来学习语言,掌握的词汇较为单一,语言运用能力较弱,影响其社会交往能力的发展。

2. 心理特点

听觉障碍婴幼儿的社交能力相对较弱。因此,他们常常感到自卑,害怕见到陌生人,容易缺乏自信,爱生气。他们会特别在意别人对自己的语气、眼神和手势,容易出现两种情绪的极端表现:或者一不高兴、一不满意就大喊大叫,发脾气;或者自我封闭,不和其他人玩,只

---

① 刘佳星. 婴幼儿及儿童听力言语发育特点[EB/OL]. (2016-03-01)[2023-03-15]. https://www.sohu.com/a/61322286_101094.

生活在自己的世界里，以自我为中心。

听觉障碍婴幼儿还会表现出严重的心理依赖性，即在家就和某一位家人最亲近，比如妈妈或者爸爸，如果其他人想接触他们，他们就会避而远之。而有的听觉障碍婴幼儿则有着强烈的与人沟通的心理需求。成人如果忽视了这一点，就容易导致他们表现出固执、偏激、任性等心理特征。

齐齐和多多都是2岁的小朋友，齐齐是听觉障碍幼儿，遇到问题，会大声尖叫，发脾气，但无法用语言说明。他们虽是隔壁邻居，但平时较少在一起玩。有一天，他们的妈妈带他们出门时刚好相遇，多多妈妈鼓励多多与齐齐讲话，但齐齐没有回应，多多得不到回应也不再说话，两个小朋友各玩各的玩具。当齐齐想玩多多的玩具时，多多不想给他，齐齐二话不说就开始尖叫，吓得多多也哭起来。两位妈妈急忙过来查看原因，安抚两个孩子，并把多多的玩具拿给齐齐玩。你觉得应如何安抚齐齐的情绪？[①]

（三）听觉障碍婴幼儿的融合教育策略

1. 接纳策略

教师要以尊重和发展的眼光看待听觉障碍婴幼儿，相信他们与普通婴幼儿一样具有发展潜能。在提供支持的同时，教师可以根据婴幼儿能力的发展逐渐减少支持。教师要营造接纳、尊重和平等的氛围，引导普通婴幼儿和家长真正从内心接纳听觉障碍婴幼儿。

此外，要根据听觉障碍婴幼儿的发展需要选择适合的融合模式。在班级融合活动之外，为听觉障碍婴幼儿设置个别化的听力语言康复训练，以满足其个别化教学及早期康复训练的需要。

2. 支持与指导策略

父母可以抱着孩子相互注视，通过改变表情引起孩子更长时间的注意，这给孩子早期学习提供了重要的机会，孩子自然地学习必要的沟通和读取别人情绪的技能。在托育机构里，教师、普通孩子也可以与听觉障碍婴幼儿相互注视面部。

跟听觉障碍婴幼儿沟通的时候，一定要作出一些调整。讲话的语气要适当变化，可以用更高音调的声音，更慢的语速，或者说话更有节奏。另外，可以留意他们对什么感兴趣以及他们对不同事物的反应。孩子喜欢的话题可以反复地说。鼓励孩子表达，耐心等着孩子表达完，再作出回应，这样能够帮助孩子理解怎样去进行沟通：一方在表达，另一方在等待，然后交换角色。

---

① 本案例由云南省昆明学院附属幼儿园托育中心许玮聘老师撰写。

三、肢体障碍婴幼儿的融合教育

（一）肢体障碍

肢体障碍是因肢体器官损伤或功能缺陷而导致的肢体活动困难。如下肢截肢者行走能力降低，使个人日常生活和参加社会活动等方面受到限制。通过佩戴支具、安装假肢和进行功能训练，在一定程度上可以克服或消除肢体障碍。[①] 在我国，肢体障碍又称"肢体残疾"。

（二）肢体障碍婴幼儿的特点

1. 生理特点

有肢体障碍的婴幼儿通常会有肢体以及运动神经方面的问题，常常会伴有运动功能障碍和生长发育障碍。肢体障碍婴幼儿因为肢体残缺、功能发育不全或肢体受损伤导致肢体的运动功能受到限制，使运动功能丧失或者是远远低于同龄婴幼儿的运动水平，运动控制能力差。障碍程度较轻的只是手和脚的动作稍有不灵活或笨拙，严重的可能会出现手不会抓拿，脚不会走路，甚至可能不能翻身，不能坐，不能站，不能咀嚼和吞咽等。一些肢体障碍婴幼儿的生长发育可以基本接近正常，大多数肢体障碍婴幼儿生长发育都比较容易出现障碍，生长发育落后于同龄者。

2. 心理特点

肢体障碍婴幼儿可能会由于大脑损伤或是其他器官的损伤，导致肢体障碍的同时伴有智力发展障碍。部分肢体障碍婴幼儿伴有不同程度的言语障碍，有的表现为口头语言表达困难，有的表现为书面语言表达困难。由于长期依赖他人的帮助，容易让婴幼儿产生很多的情绪问题。而另一种情况刚好相反，父母忽视或者照顾倦怠，造成婴幼儿的不信任情绪，从而诱发情绪问题。也有一部分婴幼儿与正常婴幼儿的心理发展接近。

（三）肢体障碍婴幼儿的融合教育策略

1. 接纳策略

肢体障碍婴幼儿生理上会明显有别于正常婴幼儿，行动会很不方便，也可能产生不同程度的心理障碍。肢体障碍严重的婴幼儿可能几乎没有或者完全缺乏生活自理能力，吃饭、睡觉、如厕都需要成人辅助，因此很容易产生自卑心理和依赖感。一部分肢体障碍婴幼儿从小就遭受挫折，还会受到冷眼、欺凌、嘲笑或不合时宜的同情，这些都会增加他们的挫折感，他们需要得到接纳。

[①] 朴永馨. 特殊教育辞典[M]. 北京：华夏出版社，2014：424.

2. 支持与指导策略

（1）培养肢体障碍婴幼儿的生活自理能力

肢体障碍婴幼儿的很多生活活动都需要成人的协助才能完成。如果协助过多,便会导致肢体障碍婴幼儿总是依赖成人。在融合教育中,要给肢体障碍婴幼儿充分的时间,让他们在最大的能力范围内完成生活活动,例如,穿脱衣服,整理衣服,穿脱鞋子,自己喝水等。

（2）提供同伴支持,培养肢体障碍婴幼儿参与运动的兴趣

肢体障碍婴幼儿运动不便,长时间坐着或睡着,让他们慢慢失去了运动的兴趣。每次走路或移动都需要付出许多时间和精力,这会让肢体障碍婴幼儿产生挫败感。教师要激发肢体障碍婴幼儿运动的兴趣。同伴的帮助与支持会让肢体障碍婴幼儿感受到关爱,体会与同伴一同游戏的乐趣,喜欢参加运动。

（3）帮助肢体障碍婴幼儿开展大动作训练

给肢体障碍婴幼儿提供适宜的运动环境,让他们在能力范围内尝试移动。对于使用辅助物行走的肢体障碍婴幼儿,可以提供适宜的环境鼓励其行走,例如,在教师的帮助下上下楼梯。

（4）在生活和游戏活动中训练肢体障碍婴幼儿的手部精细动作

大部分肢体障碍婴幼儿,由于手部精细动作不好,所以在家吃饭、穿衣服等都由家长包办,导致精细动作能力薄弱。融合教育中,教师要给肢体障碍婴幼儿制订针对性的精细动作训练计划,在游戏和生活活动中充分锻炼。可以让肢体障碍婴幼儿自己用勺或筷子吃饭,教师言语提醒,不包办代替;也可以设计夹珠子、捡乒乓球等游戏,锻炼婴幼儿的手部精细动作。

果果,3岁,早产2个月,出生时就发现下肢骨骼与肌肉发育不良,智力发展正常,一直在康复机构做康复训练。果果3岁入园时,教师发现,孩子没有基本的规则意识,生活自理能力较差,缺乏运动能力,不能自己走路,需要扶着助行器或者其他支撑物,手部精细动作发展迟缓。教师根据果果的身体发育特征及能力特点采取了以下策略。

1. 生活自理能力训练

果果刚入园的时候,不会自己吃饭,不会上厕所,不会穿脱衣服,也不愿意自己去上厕所,喜欢让教师帮助他。教师在跟他的个训老师与家长沟通后,给他提出了以下明确的要求:

教师帮他拿着饭碗,但是他必须自己用勺子把饭吃完;

口渴时,可以求助同伴帮忙接水,自己将水喝完后请同伴把杯子放回原处;

自己穿脱衣服、鞋袜并整理整齐;

教师搀扶他进入厕所,帮他脱裤子,他自己站着尿尿;教师搀扶他到洗手池,但他需要自

己洗手。

2. 运动训练

在活动室到厕所的通道边摆放上柜子或者椅子,让果果可以尝试自己扶着去厕所。这样的训练一天进行1—2次。

在户外活动前,让果果自己推着助行器到达活动地点,每天1次。

上下楼梯时,让他自己扶着扶手尝试上楼梯,这样的训练每天1次,循序渐进。

在安全的情况下,让他尝试所有的户外器械。

3. 同伴支持

在班级里为果果找到几位"爱心小帮手",专门协助他接水等。

4. 规则意识培养与习惯养成

要求果果每次在得到帮助后,必须说"谢谢",在集体活动的时候必须先倾听,再表达等等。①

四、智力障碍婴幼儿的融合教育

(一) 智力障碍

智力落后,又称智力障碍或精神发育迟滞。2002年,美国智力落后协会(American Association on Mental Deficiency)对智力落后的定义为:"智力落后是一种障碍,以智力功能,包括认知社会和日常生活适应技能的适应性行为受到严重限制为特征,智力落后发生在18岁以前。"2007年2月公布了最新的更为人性化的名称:智力和发展性障碍。② 这是一种较常见的残疾。

(二) 智力障碍婴幼儿的特点

1. 生理特点

从身体形态看,智力障碍婴幼儿的身高、体重、骨骼成长速度较慢,成熟较晚,但多数智力障碍婴幼儿经过训练,身高、体重和骨骼的发育能接近甚至超过正常婴幼儿。大部分智力障碍婴幼儿的脸型没有特殊性,也有极个别的有明显特点,有的很肥大,有的眼睛斜视。

从身体机能特征看,智力障碍婴幼儿的身体素质比正常婴幼儿差。智力水平落后越严重,素质越差。一是因为身体器官的损伤导致其身体素质或运动能力下降;二是大多数智力

---

① 本案例由云南省昆明学院附属幼儿园托育中心母前茂老师撰写。
② 雷江华.学前特殊儿童教育[M].武汉:华中师范大学出版社,2008:108.

障碍婴幼儿处于一种环境剥夺状态,失去锻炼、发展的机会;三是由于智力障碍婴幼儿平时受到的鼓励相对较少,未能充分发挥自己的潜能。

从神经活动特征看,智力障碍婴幼儿的神经联系脆弱,很难形成新的、复杂的条件联系,而这是人的一切心理活动的基础和表现,是学习最基本的机制和基础。

2. 心理特点

智力障碍婴幼儿的感知觉迟钝和缓慢,通常只能感受到十分醒目、鲜明、体积大、呈现时间长的刺激物,因而接受外界信息明显少于正常婴幼儿。他们常常会被色彩鲜艳的事物、其他声音吸引,不能专注,注意力不能集中。大部分智力障碍婴幼儿都有语言障碍,只懂几个极简单的指令,发语音困难,常常没有办法表达自己的意思。智力障碍婴幼儿很难学会如颜色、形状、数等抽象概念,想象力差;容易兴奋、多动、行为无组织,有些则退缩、胆小、不合群,适应环境的能力和人际交往能力差;意志力差,情绪变化快。机械记忆力尚可,这是智力障碍婴幼儿最好的心理能力。

(三) 智力障碍婴幼儿的融合教育策略

1. 接纳策略

随着社会文明的进步,教师要正视智力障碍婴幼儿,不能因其智力缺陷而漠视他们,不能挖苦和歧视他们。教师应该努力营造一种积极向上、互帮互助的良好氛围,要对智力障碍婴幼儿的点滴进步给予充分的肯定,帮助他们体验成功的快乐。教师除了具备爱心和责任心以外,还要不断学习,掌握智力障碍婴幼儿的生理、心理特点以及融合教育的策略方法,因材施教。

2. 支持与指导策略

(1) 帮助智力障碍婴幼儿融入班集体

融合教育质量的好坏,环境至关重要。智力障碍婴幼儿和正常婴幼儿一样,他们也需要有参加集体生活的机会,需要有与同伴们相互理解、相互帮助、相互鼓励的和谐氛围。教师要创造条件,组织开展帮助智力障碍婴幼儿融入班集体的活动。

(2) 帮助智力障碍婴幼儿克服自卑心理

智力障碍婴幼儿存在的生理缺陷大多是自身无法控制与选择的先天因素造成的。教师要帮助智力障碍儿童和其家长正视现实,勇敢面对缺陷。人人都希望得到别人的赞美、理解、信任和尊敬,融合教育中,教师要挖掘智力障碍婴幼儿的闪光点,使他们体验成功的喜悦。畏难情绪严重的智力障碍婴幼儿尤其希望得到教师的赞美。

五、孤独症谱系障碍婴幼儿的融合教育

(一) 孤独症谱系障碍

孤独症是一种广泛性的发育障碍。近年来,随着对孤独症特质的了解更加深入,学者逐渐将典型孤独症、阿斯伯格综合征等独立出来,称为"孤独症谱系障碍"。[①]

(二) 孤独症谱系障碍婴幼儿的特点

每个孤独症谱系障碍儿童都有着各自不同的特点,如表现在怪异、刻板的行为,奇特的兴趣,语言与沟通技能的缺陷和社交障碍等方面。[②]

1. 生理特点

研究表明,孤独症谱系障碍儿童的脑结构存在异常,且通常伴有肠道结构和功能异常。其肠道结构和功能的异常由遗传因素和环境因素组合引起,这与他们的多种障碍与症状以及对感官刺激敏感相关,而且胃肠道症状与孤独症谱系障碍儿童的严重程度之间呈现强相关性。孤独症谱系障碍儿童常见的胃肠道症状有腹部疼痛、便秘、胃肠道炎,但其发病机制目前尚不清楚。此外,孤独症谱系障碍儿童重复刻板的动作,尤其是过度使用手指关节,易造成屈指屈腕肌肉损伤甚至腱鞘炎,存在肌张力功能异常。长期无目的的不随意运动对其身体形态及肌肉功能都有所影响。通常,孤独症谱系障碍儿童难以持续维持身体处于直立状态,或上身前倾,或前后、左右侧倾。同时,孤独症谱系障碍儿童还存在异常步态,如脚尖模式走路、走路时手臂不协调配合等。孤独症谱系障碍儿童比正常儿童坐的时间更长,还容易肥胖。[③]

2. 心理特点

(1) 注意的发展

共同注意障碍是孤独症谱系障碍婴幼儿的核心缺陷之一。与普通婴幼儿相比,孤独症谱系障碍婴幼儿缺少共同注意行为,在共同注意方面存在特有的认知行为障碍。不同孤独症谱系障碍婴幼儿的共同注意缺陷存在差异。患有孤独症谱系障碍的婴儿在 3 个月的时候对声音和人脸无反应。普通婴儿在 3 个月的时候则已经开始出现两者间的互动。5—7 个月的普通婴儿被叫到名字时会有转头现象,患有孤独症谱系障碍的婴儿则无反应。1 岁左右,孤独症谱系障碍幼儿的主动性共同注意行为几乎没有,响应性共同注意行为明显比普通幼

① 盛永进.特殊儿童教育导论[M].南京:南京师范大学出版社,2015:217.
② 侯旭.自闭症儿童随班就读中家校合作的必要性及其策略[J].文教资料,2008(6):124-125.
③ 孙慧珍.基于 ICF-CY 自闭症儿童功能评价及其运动干预个案研究[D].苏州大学,2018:21-24.

儿少,即使有注视行为,其维持时间在短短的 1—2 秒之间。孤独症谱系障碍幼儿要到 20 个月左右才出现短暂的看人行为,但还是不能追随他人视线看向其他人或物体。①

（2）感知觉的发展

孤独症谱系障碍婴幼儿的感知觉异常突出表现在以下几个方面:对声音的异常反应;对景象的异常反应;对疼痛的异常反应;对触碰的异常反应。②

（3）言语的发展

孤独症谱系障碍婴幼儿的语言发展明显慢于正常婴幼儿,几乎所有的孤独症谱系障碍婴幼儿直到两岁时都难以使用语言,缺乏非口语沟通行为,不会主动说话,即使说话也给人自言自语的感觉,很少有交流性的使用语言行为。孤独症谱系障碍婴幼儿有需求时常常使用某种姿势。这种情况一直延续到婴幼儿期以后。

（4）依恋的发展

孤独症谱系障碍婴幼儿依恋的总体水平偏低,对主要养育者的依恋水平相对其他人高一些。有极少数的孤独症谱系障碍婴幼儿能够与养育者建立起安全型依恋关系。依恋水平随养育者受教育程度的增加而有显著提高。孤独症谱系障碍婴幼儿的父母经常发现,他们的孩子在婴儿期或学步期无法对他人给予的托举或拥抱作出正常的回应。孤独症谱系障碍婴幼儿对父母、兄弟姐妹或教师的回应与对陌生人并没有什么不同。他们在社会情境中不会微笑,但是在没有任何有趣的事情发生时却会微笑或大笑。他们的目光注视明显不同于常人,他们时常避免与他人进行目光接触或不看他人的眼。他们对他人几乎或完全不感兴趣,但却对物体有浓厚兴趣。他们可能无法学会正常地玩游戏。这些特征始终存在,使得孤独症谱系障碍婴幼儿无法与父母形成正常的依恋关系,也无法与同伴们建立起友谊关系。事实上,他们常常给人以对交友不感兴趣的印象。③

（5）重复刻板的行为模式

许多孤独症谱系障碍个体表现出刻板行为:重复的、仪式化的动作行为,如旋转、转动物体、拍手、摇晃等;类似于一些盲人的行为。孤独症谱系障碍婴幼儿可以仪式化地摆弄某个物体长达好几个小时,或者过于痴迷某类物体。周围环境的细微变化(如家里或教室里有物品摆放位置不当或多出了新物品)或日常安排的小小变动都会让他们烦躁不安;一些孤独症谱系障碍个体会坚持一成不变,极其难以接受变化或过渡。④

① 王永固,王恩莘,贾磊,柴浩. 孤独症幼儿共同注意的发展模式与早期干预[J]. 中国特殊教育,2016(6):59-64.
② 张福娟,杨福义. 特殊儿童早期干预[M]. 上海:华东师范大学出版社,2016:166.
③④ 丹尼尔·P. 哈拉汉,詹姆士·M. 考夫曼,佩吉·C. 普伦. 特殊教育导论(第十一版)[M]. 肖非,等,译. 北京:中国人民大学出版社,2018:394.

（三）孤独症谱系障碍婴幼儿的融合教育策略

1. 接纳策略

（1）诚心接纳

教师要调整好心态，要诚心尊重、接纳、包容孤独症谱系障碍婴幼儿，还要动员其他婴幼儿和家长也能够诚心接纳他们，对他们加强孤独症谱系障碍相关知识的科普宣传，请他们和教师一起接纳和帮助孤独症谱系障碍婴幼儿，确保融合教育顺利开展。

（2）爱心帮助

加强爱心教育，鼓励婴幼儿对有困难的同伴伸出援助之手，在班级内形成互帮互爱，团结向上的友好氛围，让孤独症谱系障碍婴幼儿更好地适应机构的生活和学习。适当条件下，教师对于孤独症谱系障碍婴幼儿也应该倾注更多的爱心。

（3）耐心引导

孤独症谱系障碍婴幼儿很难用言语和同伴互动沟通，或是同伴无法了解他们想要表达的意思，这导致他们在集体生活中较不受欢迎，因此，也容易与同伴之间发生矛盾和冲突。遇到这种情况，教师应该有耐心，从细小处一点一点引导孤独症谱系障碍婴幼儿注意约束自己的行为。但是，由于孤独症谱系障碍婴幼儿的理解能力有限，所以很多时候需要多次引导。同时，教师也要帮助普通婴幼儿多了解孤独症谱系障碍婴幼儿的特点。

（4）悉心教育

由于神经心理功能的异常，孤独症谱系障碍婴幼儿在学习适应上面临更多困难，例如，理解能力和想象能力差，注意力分散不易持久，而且难以学以致用。所以，在教育活动中，教师就需要多关注他们，要运用多种策略吸引孤独症谱系障碍婴幼儿的注意，创造合适的机会让他们参与和其他同伴的学习互动。应定期对孤独症谱系障碍婴幼儿做评估分析，了解他们的身心发展情况，有针对性地设计教育方案。

（5）细心交流

孤独症谱系障碍婴幼儿的融合教育离不开教师与家长的及时交流。教师要细心关注孤独症谱系障碍婴幼儿的点滴变化，及时与家长沟通。家庭是孩子首先接受教育的地方，家长是孩子的第一任老师。教师应和家长一起互相沟通、共同努力，形成教育的合力。

2. 支持与指导策略

（1）逐步适应环境

对于初进入托育机构接受融合教育的孤独症谱系障碍婴幼儿，要注意帮助他们逐步适应环境。教师提出要求要把握好节奏，循序渐进，比如，可以一个星期一个目标，待完成后再增加新的目标任务。其他任务可以采用辅助的方式完成。对孤独症谱系障碍婴幼儿，可以运用视觉日程表或视频的方式明确目标达成的标准。

（2）帮助建立安全感

孤独症谱系障碍婴幼儿进入托育机构之后，缺乏安全感。与父母的分离焦虑会导致他们情绪紧张、不安，教师要关注并想办法解决这个问题。

安安患有孤独症谱系障碍，在集体生活中，他每天都哭，哭累了，他就不停地拍手。安安对班上的王老师非常依恋。王老师带孩子们玩的时候他在一边拍手，上课的时候他坐在王老师旁边形影不离，连王老师上厕所的时候也在外面等着。王老师走到哪里，安安就跟到哪里。集体生活对于安安来说是陌生的，这使得他焦虑、恐惧，于是，王老师成了妈妈的替身。安安需要依恋对象，因为他还没有做好迎接集体生活的准备。王老师的处理很恰当，没有像对其他孩子那样要求他，而是充分满足他的需求。比如，不坐在椅子上上课，离开自己的班级，跟着王老师办事等。老师的种种迁就，都是为了缓解安安的焦虑，帮助他建立安全感。[①]

（3）培养共同关注力

共同关注力是集体学习的基本能力，也是决定班级常规跟随质量的重要能力之一。孤独症谱系障碍婴幼儿由于注意障碍，注意力的持续性、分配和转移都存在困难，严重影响集体环境中班级常规的跟随质量。培养共同关注力是一个长期任务，在进入学前教育机构前就要作为重点训练。视觉提示是很好的办法，例如，孤独症谱系障碍男孩健健进入托育机构面临很多困难，其中一个就是找不到自己的杯子，教师就将醒目的红色贴纸贴在杯子的上方，这样健健就容易看到自己的杯子了。

（4）在集体环境中观察学习

在集体环境中，孤独症谱系障碍婴幼儿会遇到很多在家中不会碰到的挑战。教师要引导和鼓励婴幼儿主动观察，主动思考，解决问题，而不是完全依赖别人辅助。

阿玉患有孤独症谱系障碍，当别的孩子都在教室里活动时，楼道里没有人，他能够很顺利地找到自己的教室。但是有一天，楼道里挤满了刚下操的小朋友，阿玉就不知道该往哪边走了。解决的方法有很多，比如，教师直接把他领进教室，他走错的时候叫住他……但是，让阿玉自己比对教室的不同，再确认那是不是自己班级的教室，是更好的方法。阿玉根据试错的经验，先思考再做决定。慢慢地，虽然经常出现反复，但阿玉能找到自己班级的教室了。[②]

①②　本案例由云南省昆明学院附属幼儿园托育中心杨庆波老师撰写。

（5）重视提前预知

孤独症谱系障碍婴幼儿遇到突发事件，常常会出现情绪上的过激反应。他们更希望事情像自己预期的那样发展。因此，在变化发生前告诉孩子，提前透露生活常规的变化和要求，让他们有心理准备，可以避免由此引发的一系列行为和情绪问题。

（6）巧用空间安排

教师可以合理安排空间位置以帮助孤独症谱系障碍婴幼儿加强有意注意，例如，把孤独症谱系障碍婴幼儿安排在第一排，可以增加与教师目光对视的机会，教师可以更多地关注他。要将孤独症谱系障碍婴幼儿安排到教师容易监控与协助，且婴幼儿不易分心和不易受干扰的位置上，又要能让婴幼儿融入班级中。

（7）良好的同伴支持

孤独症谱系障碍婴幼儿进入托育机构是集体生活的开始，他们会逐渐产生具有社会性的行为。集体中的同龄孩子是参照，正常孩子的举止会成为孤独症谱系障碍婴幼儿的行为及活动的范例，孤独症谱系障碍婴幼儿会模仿大家的表现。在与同龄孩子的集体生活中，孤独症谱系障碍婴幼儿慢慢掌握日常生活中必要的技能。

六、情绪行为障碍婴幼儿的融合教育

（一）情绪行为障碍

对情绪行为障碍的定义相当不易，目前被更多的学者所接受的是 1993 年美国心理卫生与特教联盟提出的一个相对具有指导性的定义："情绪行为障碍一词是指儿童的障碍特征，在学校的行为或情绪反应，与相应的年龄、文化与种族常模相较具有显著差异，且对日后的教育表现造成负面的影响，此处的教育表现包括学业、社会、职业及个人生活技能。此障碍不只是暂时性对环境中压力事件的预期反应，障碍表现在两种不同的情境中，其中一种是学校情境，此障碍以普通教育的直接介入是无效的，或者普通教育的介入是不足的，此情绪行为障碍可与其他障碍并存，障碍包括精神分裂症、情感性疾患、焦虑性疾患或其他持续性之违规或适应障碍等问题，对于教育表现造成负面的影响。"[1]2001 年中国精神疾病诊断标准第三版（CCMD-3）中，将情绪行为障碍分为多动障碍、品行障碍、品行与情绪混合障碍、特发于童年的情绪行为障碍、儿童社会功能障碍、抽动障碍、其他童年和少年期行为障碍以及其他或待分类的童年和少年期精神障碍等八类。[2]

---

[1][2]　盛永进.特殊儿童教育导论[M].南京：南京师范大学出版社，2015：280-281.

（二）情绪行为障碍婴幼儿的特点

1. 生理特点

脑功能失常会引发情绪和行为障碍,感觉统合失调是大脑功能失常的一种,表现为婴幼儿容易摔倒,经常害怕受惊扰,常常会躁动不安,不愿意与别人接触,胆子小以及坐立不安等。缺乏营养也可能导致情绪与行为障碍,钙有抑制神经兴奋的作用,缺钙可能会出现情绪不安、容易被激怒、无精打采等表现;维生素 C 不足,人的中枢神经系统功能也会降低,造成情绪不稳定。

2. 心理特点

情绪行为障碍婴幼儿会出现认知不协调,如感觉、知觉、记忆、思维等不协调的现象。由于客观与主观两个方面的原因,情绪行为障碍婴幼儿经常受到挫折,加上年龄小,缺乏解决问题的经验,往往心理冲突加剧,进而可能影响认知水平,也有可能导致其回避矛盾以减轻心理冲突的压力,或采用不正当的行为方式来解脱、转移、掩盖心理压力。

（三）情绪行为障碍婴幼儿的融合教育策略

1. 接纳策略

教师应及时给予婴幼儿心理疏导,尽可能减少其心理冲突,帮助其缓解自卑心理和焦虑情绪,保持情绪稳定。教师应组织有趣的游戏活动,帮助情绪与行为障碍婴幼儿融入群体中,引导婴幼儿建立起同伴间的友谊,发展其社会性情感,最大限度地挖掘其潜能和活动的积极性,提升自信心。家长应创造良好的家庭环境氛围,帮助婴幼儿控制自己的行为,多用鼓励、奖励等正面方法或拥抱、微笑等社会性强化方式。

2. 支持与指导策略

（1）循序渐进

对于情绪行为障碍婴幼儿的指导,需要循序渐进,期望值不宜过高,比如,某一段时间只要求他与人打招呼,待他完成得较好时,再慢慢培养他学会与同伴友好相处等其他行为。

（2）消退法

当情绪行为障碍婴幼儿犯小错误时,可不予理睬,不刻意强调小错误。

（3）惩罚

情绪行为障碍婴幼儿出现较严重的不适当行为时,应立即给予其较严厉的惩罚,让其清楚自己哪里犯了错。

（4）榜样法

患严重情绪行为障碍的婴幼儿往往不清楚自己的行为错在哪里,缺乏可供模仿的正面榜样。提供正面榜样可帮助他更好地避免不良行为的发生。

强强与其他孩子有所不同。他没有朋友,常常独自一人。他极其好动,很难集中精神,注意力最多坚持几十秒就会转移,容易受身边事物的影响,窗外的脚步声就能转移他的注意力。而且强强的自控能力差,并常伴有某种习惯性小动作,如咬指甲、吸手指、抠鼻子等,做事容易半途而废,有头无尾。强强规则意识较差,语言也非常少,与教师、同伴语言交流有障碍,喜欢自己任意行动。

发现强强开小差乱动时,教师就蹲下来,和他同一视角,进行平等面对面的交流。平时细心观察,发现强强的长处,及时表扬与鼓励他。强强经常乱丢玩具,教师采用贴标签的方法,反复带着他按照标签收拾玩具。在各项活动中注意培养强强的专注力,特别是在穿外套、穿鞋等操作活动中,督促他集中精力完成任务,逐步培养他耐心、专注的习惯。[①]

七、言语语言障碍婴幼儿的融合教育

(一) 言语语言障碍

言语和语言是两个既相互关联又存在区别的概念。目前,关于言语与语言障碍的术语有许多提法,如言语障碍(言语残疾)与语言障碍(语言残疾)。语言障碍是指理解和(或)使用口头语言、书面语言和(或)其他信号系统的发育障碍或异常。语言障碍存在于任何发育迟缓或障碍的儿童,影响他们理解(感受性语言)和(或)恰当使用语词或表达性语言的能力。言语障碍,又称说话障碍、言语缺陷,是指个体的言语过分异常,引起人的注意、厌烦或不易被他人理解,不但妨碍了个体与他人的交流与沟通,而且会造成个体的不适应。[②]

(二) 言语语言障碍婴幼儿的特点

1. 生理特点

言语语言障碍婴幼儿一般不能开口说话或说话时只发一个音,其他发音含糊不清,说话前后颠倒,且包含的词汇量少,说的话让人不能理解,常常用拟声词代替一些物品的名称,例如用"喵喵"表示猫;只能用几个词组成一句话,无法连贯表达;会用名词和动词,不会用修饰词,不懂得语法;分不清昨天、今天、明天等时间词的含义,没有时间概念。

2. 心理特点

言语语言障碍婴幼儿的智力发展一般正常,喜欢用手势和眼神表达自己的情感和需要,也愿意与他人做各种不需要言语交流的游戏。但是,由于语言交往方面的困难,这些婴幼儿可能出现焦虑、退缩、执拗、遗尿或者吮吸手指等行为问题。

---

① 本案例由云南省昆明学院附属幼儿园王秋老师撰写。
② 张福娟,杨福义.特殊儿童早期干预[M].上海:华东师范大学出版社,2011:236.

（三）言语语言障碍婴幼儿的融合教育策略

1. 接纳策略

教师要鼓励普通婴幼儿接纳言语语言障碍婴幼儿，多和他们交流，做游戏。培养爱心和移情能力，在婴幼儿时期尤其重要。

2. 支持与指导策略

要多与言语语言障碍婴幼儿聊天，带他们到户外倾听大自然的声音，指导他们学习区分不同的声音。对于言语语言障碍的婴幼儿，要给他们创造一个良好的、自由宽松的语言环境，多支持、鼓励他们与教师、同伴或其他人交谈，使他们想说、会说、喜欢说、有机会说并能得到积极应答，同时辅以专门的言语语言康复训练，帮助他们体验语言交流的乐趣。

翔翔在班里很少说话，不愿意与同伴交往，也不主动去玩玩具，总是一个人静悄悄地坐在椅子上。教师同他讲话时，他的眼神躲闪、羞涩，很少回答教师的问题，经常会把头扭到一边或者跑开。同伴接近他，想和他亲近时，他要么不理会，要么笑笑，从没说过话。平时有需要帮助的地方，他也从不主动寻求教师和同伴的帮助。教师观察发现，翔翔会用眼睛很专注地注视教师和其他小朋友互动，当有小朋友做出滑稽的事情或者表情时，他会发笑。翔翔从小就一直由奶奶看护，由奶奶负责接送。翔翔爸爸的工作地点较远，日常和孩子交集极少；妈妈是护士，经常两班倒，陪伴孩子的时间也很少。奶奶岁数比较大，没有太多精力照顾孩子，经常有求必应，忽视了孩子探索周围世界的正当需求，压抑了孩子的活动愿望。慢慢地，孩子出现怕与人交往的自卑心理，言语表达能力发展迟缓。①

八、多重障碍婴幼儿的融合教育

（一）多重障碍

朴永馨教授主编的《特殊教育辞典》中将多重障碍定义为：生理、心理或感官上两种或两种以上障碍合并出现的状况（如聋盲、智力落后兼肢体障碍等）。障碍的合并出现，造成患者更加特殊的教育需求，往往使得专为某一类障碍儿童设计的特殊教育方案不能奏效。1987年中国残疾人抽样调查时使用"综合残疾"一词，2006年，第二次全国残疾人抽样调查修订此概念为"多重残疾"，并将其界定为：存在两种或两种以上残疾。多重残疾应指出其残疾的类别，按所属残疾中最重类别残疾分级标准进行分级。"综合残疾""多重障碍"和"多重残疾"等词在意义上有所差别，但在实际运用时常通用。②

---

① 本案例由云南省昆明学院附属幼儿园托育中心任正梅老师撰写。
② 朴永馨. 特殊教育辞典[M]. 北京：华夏出版社，2014：468.

(二) 多重障碍婴幼儿的特点

多重障碍婴幼儿是一个异质性很大的群体,即同样具有多重障碍的婴幼儿的情况往往是截然不同的。因此,多重障碍婴幼儿的心理与行为特征也非常复杂。

1. 生理特点

(1) 运动能力

动作发育迟缓或运动发育障碍是多重障碍婴幼儿最常出现的障碍之一。运动障碍会限制婴幼儿的动作发展,进而影响其感知外部世界和理解能力、记忆能力的发展,最终影响早期发育。这些障碍有的通过早期干预会得到改善,有的则会伴随终生。

(2) 感觉能力

多重障碍婴幼儿大多有视觉、听觉、本体觉和其他感觉障碍的一种或多种,感知外界困难或无法感知外界,发育落后。

(3) 沟通

以沟通障碍为主或孤独症谱系障碍为主的多重障碍婴幼儿基本无法用语言正常沟通表达,常常只能说出几个字词或简短的句子,在生活中无法表达自己的需求和意愿,也不能理解他人所表达的意思,从而影响正常生活。

(4) 生活自理

多重障碍婴幼儿大多缺乏生活自理能力,可能无法完成或要花很长时间来学习和适应如穿衣、如厕、进餐等一些日常活动,在掌握自理的技能技巧上会存在很大困难,有的甚至终生不能获得相应的能力。

2. 心理特点

多重障碍婴幼儿可能在听觉、视觉等方面存在障碍,所以可能具有各个障碍的很多心理特点,如缺少视觉表象、心灵敏感脆弱、注意力不集中等。

玲玲,女,在上托班,主要障碍情况为盲和情绪行为异常。由于缺少视觉感知客观事物的能力,她的听觉和触觉变得较为敏锐;由于无法形成视觉表象,她的记忆主要以机械记忆为主。同时,由于视觉缺陷,玲玲稍有不适便会出现自伤和攻击他人的行为,会突然尖叫和哭笑,或者对与其接触的人抓、咬、撞等。多重障碍婴幼儿的生理缺陷对心理的影响很大。[1]

---

[1] 本案例由云南省昆明学院附属幼儿园资源中心赵刘娟老师撰写。

（三）多重障碍婴幼儿的融合教育策略

1. 接纳策略

对于特殊婴幼儿，尽量做到"零拒绝"。对于生活不能自理的婴幼儿，可以尝试家长陪读或者采取恰当的融合教育方式。在入托之前，应对婴幼儿进行评估和了解，从各方面考量婴幼儿是否有能力适应集体生活，同时，教师和班级中的其他婴幼儿也应对特殊婴幼儿的融入做好充分准备。

2. 支持与指导策略

（1）支持

多重障碍婴幼儿的个体差异性很大。与同龄人相比，有的可能健康状况良好，有的可能存在明显缺陷，个别情况应个别分析。当托育机构计划接收多重障碍婴幼儿时，就应该为其到来做好充分的准备，从而帮助其更好地适应新环境，参与集体生活，感受集体生活带来的乐趣。

（2）指导策略

婴幼儿形成多重障碍的原因相当复杂，应及时评估矫治，有时可能需要医教结合，协助其更好地适应发展。可以从动作发展、社会适应、语言和沟通等方面促进其发展。

在玲玲入托之前，托育机构做了充分的准备，如在她需要经过的地方设置盲道等。教育康复过程中，首先从引导玲玲生活适应开始，在她入托的头两周，先带她熟悉环境，包括认识教师、同伴和环境设施等。在熟悉环境的过程中，教师不断进行讲解，有必要时会引导她摸一摸，认一认。玲玲会推靠近她的小朋友。为了纠正这个行为，教师首先会引导正常婴幼儿在靠近玲玲之前先说话，取得玲玲同意后才慢慢靠近。同时引导玲玲学会辨识自己的物品，学会自己上厕所、吃饭、合理表达情绪等。[①]

九、病弱婴幼儿的融合教育

（一）病弱婴幼儿

病弱儿童教育，是对长期患病和体质差的儿童的教育，是特殊教育的一种类型。[②] 病弱婴幼儿，又称虚弱婴幼儿，也是特殊教育的对象之一，主要指患有疾病或体质差的婴幼儿，包括患各种慢性病、严重贫血、急性病初愈、癫痫、发育落后、营养不良等的婴幼儿。这些婴幼儿，轻者可以进入托育机构，重者要在医院接受专业的治疗或者在家里专门养护，之后进入

---

① 本案例由云南省昆明学院附属幼儿园资源中心赵刘娟老师撰写。
② 朴永馨. 特殊教育辞典［M］. 北京：华夏出版社，2014：460.

专门的学校进行养护和教育。因此,病弱婴幼儿也被纳入特殊教育的范畴。

(二) 病弱婴幼儿的特点

大部分病弱婴幼儿的神经系统发育与普通婴幼儿的差异较小,智力正常。因此,在常态环境中,病弱婴幼儿同样可以较正常地成长。不过,一般情况下,运动功能极弱或者因特殊疾病无法正常参与体能活动的婴幼儿,社会关系理解、语言能力、运动能力、模仿能力的发展会落后。

疾病、体弱都会成为影响婴幼儿生活和学习的不利因素。大部分父母会过度照顾病弱婴幼儿,其生活和学习受到影响。通常,病弱婴幼儿的情绪不够稳定,注意力不易集中,持久性差;多有孤僻感、退缩感,缺乏人际交往能力。

(三) 病弱婴幼儿的融合教育策略

1. 接纳策略

（1）养护学校

养护学校一般设在儿童医院或者儿童疗养所,并且以医疗养护为主,教育为辅。学校里有专业和专职教师以及心理辅导教师负责婴幼儿的教育,同时配有医生、护士来指导和照顾婴幼儿的生活起居。一般都是情况比较严重的病弱婴幼儿或者有半年以上医疗史的婴幼儿在养护学校。

（2）普通托育机构的普通班

情况较轻的病弱婴幼儿可以在普通托育机构的普通班中融合。教师应对这些婴幼儿给予特别的关注,活动时充分考虑他们的实际情况、身心特点和病情特点,以不损害身心健康为原则,鼓励他们尽可能参与活动。

（3）病弱儿童特殊班

有的托育机构和医院也会开设病弱儿童特殊班,为较为严重的病弱儿童和婴幼儿提供教育服务。班级内配有专门的教师以及医护人员,以便为儿童和婴幼儿提供全方位的教育和及时的医疗服务。

（4）家庭学习小组

家庭学习小组也称为家庭班级。一个或几个病弱婴幼儿的家庭共同组成学习小组,边养护边学习。托育机构的巡回教师定期对家庭提供教育辅导和帮助,医疗工作者同时给予相关的建议。

2. 支持与指导策略

病弱婴幼儿的教育出发点是提高其身心健康水平,使病弱婴幼儿能够配合医生、护理人员接受治疗,恢复健康,增强体质。无论采取何种形式对病弱婴幼儿进行教育和养护,需要注意以下几点。

第一,创造一个医教结合,接纳宽容的教养环境。

第二,锻炼病弱婴幼儿的意志,帮助他们与疾病作斗争,消除病弱感。

第三,帮助病弱婴幼儿保持稳定的情绪,积极适应生活与环境。

第四,家长、医生和护理人员要共同参与病弱婴幼儿的教育。

第五,根据病弱婴幼儿的身体情况和智力水平,制订个别化教育计划。

第六,在对病弱婴幼儿的教育过程中,充分利用视听器材,增强他们的学习兴趣,减轻疲劳感,培养多方面的能力。

阳阳从小体质弱,有疝气漏肠的疾病,进食量偏少,每次不能吃完一碗饭,稍有偏食,不爱吃肉类和水果,不爱运动,睡眠质量差。教师从进餐、睡眠、运动三方面为其制订了计划:首先创造良好的进餐环境,鼓励他多进食,使其达到正常婴幼儿的进餐量;其次培养他形成科学、规律的睡眠习惯,制订一套固定的睡前流程,固定睡觉的时间;最后加强户外运动,逐渐延长运动时间,增加运动量,逐步增强体质。[①]

思考题:

1. 什么是特殊婴幼儿? 特殊婴幼儿有哪些类型? 分别具有哪些特点?

2. 特殊婴幼儿如何鉴定与安置?

3. 对你身边的特殊婴幼儿进行观察,谈谈应该采取什么样的融合教育策略,并尝试为他设计一份支持与指导策略。

---

① 本案例由云南省昆明学院附属幼儿园资源中心梁双老师撰写。

第三章　特殊婴幼儿个别化教育和评估

☞ **教学导航**

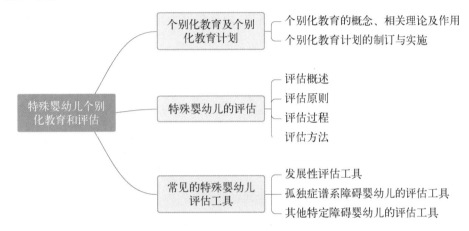

☞ **学习目标**

1. 掌握个别化教育的概念、相关理论及作用,个别化教育计划的制订与实施。

2. 掌握特殊婴幼儿评估概述、评估原则、评估过程、评估方法。

3. 了解特殊婴幼儿常见的评估工具。

第一节　个别化教育及个别化教育计划

融合教育越来越为大众接受,一些托育机构和幼儿园已经开始接收特殊婴幼儿。特殊婴幼儿和普通婴幼儿在发展速度和发展水平上有差异,特殊婴幼儿之间也有差异。因此,有必要对障碍类型不同、障碍程度不同的特殊婴幼儿开展个别化教育。

一、个别化教育的概念、相关理论及作用

(一) 个别化教育概念

个别化教育是特殊教育的重要原则和方法,在特殊教育界成为共识。个别化教育也称

适性化教育，它是量力性原则在特殊教育过程中的具体化。①

每个特殊婴幼儿都是独立的个体，有各自的特点和潜能，存在不同类型和程度的障碍，不宜采用完全相同的教学目标、教学计划、教学内容和教学方法。个别化教育，尊重每个特殊婴幼儿的学习起点、学习兴趣和学习能力，允许特殊婴幼儿有不同的学习目标、学习任务和学习要求，按自己的学习速度发展。个别化教育的实质是满足学生特殊需求的教育。②

个别化教育，要求我们全面了解特殊婴幼儿的身心状况，评估其存在的障碍，了解其优势、劣势、潜能、最近发展区，满足其特殊需要，为其制订个别化的教育计划，进行有针对性、适宜的教育教学，促进其最大限度发展。

（二）个别化教育相关理论

1. 国外的理论和观点

古罗马教育家昆体良（Marcus Fabius Quintilianus）倡导因材施教，认为每个儿童都有天赋才能上的差异。他认为：聪明的教师将识辨这些天赋才能的特征并选择适合于他们的学科，甚至调节教学以适应低能者并顺其天性训练他们。③

英国哲学家洛克（John Locke）认为："只有把学生看成一个个体的人，才能正确进行教育。"他认为："学生的心理和礼貌的形成须不断注意，并且还得个别教导才行。"④

法国思想家和教育家卢梭（Jean-Jacques Rousseau）认为，教育必须从研究儿童开始。⑤他认为两性本性从最初就有本质的差别，对两性的教育也要有不同。每个人的心理有他自己的形式，必须按他的形式去指导他。⑥

法国医生依塔德（Jean Marc Gaspard Itard）对与野兽一起长大的12岁男孩维克多进行教育，为他设计了一份五年训练计划，从感官训练着手，结合医疗实行。依塔德开创了智力障碍儿童个别化教育的先河，他为维克多所制订的个别教育计划给后来者以极大的启示。⑦

法国人爱德华·谢根（Edouard Onesimus Seguin），是依塔德的学生，在教育智力障碍儿童方面有杰出表现。1840年，他在法国巴黎创办了世界上第一所智力障碍训练学校。⑧他的教育计划、训练方法系统、全面、科学地影响了19世纪的整个特殊教育界。⑨

---

① 雷江华，方俊明. 特殊教育学（第二版）[M]. 北京：北京大学出版社，2016：241.
② 张文京，严小琴. 特殊儿童个别化教育：理论、计划、实施（第2版）[M]. 重庆：重庆大学出版社，2020：127.
③ 同上：4.
④⑤⑥ 同上：5.
⑦⑧⑨ 同上：6.

法国心理学家比奈(Binet)和西蒙(Simon)合作,发展了智力测验。这引起了人们对智力落后儿童的重视,推动了对智力障碍儿童教育的发展。

意大利幼儿教育家蒙台梭利(Maria Montessori)认为心理缺陷儿童和精神病患主要是教育而不是医学问题,教育训练比医疗更有效。[①] 她在罗马建立了一所特殊儿童学校。蒙台梭利认识到"要使智力障碍儿童成长为智力正常人的方法是,应该从幼儿时期帮助他发展,给他以适合形成正常人全部个性的一种健康教育"[②]。后来,她把教育智力障碍儿童的方法应用到教育普通幼儿上,获得成功。

苏联心理学家维果茨基(Дев Семёнович Выготский)的最近发展区理论对个别化教育有重要意义。最近发展区指儿童独立解决问题的能力水平和成人指导解决问题能力水平发展之间的差距。维果茨基还提出"教学必须走在发展的前面,促进学生发展,这样的教学才是好的教学"这样一个著名命题。[③]

2. 国内的理论和观点

孔子在两千多年前提出了"因材施教"的教学方法和原则。他注重了解学生个性、因材施教,根据学生特点解答问题。南宋朱熹把孔子的教学经验概括为"孔子教人,各因其材"。

孟子继承了孔子因材施教的思想,提出了因材施教的五种方法,注重对不同学生采用不同的教育方法。

王阳明主张因人施教,认为教学要按人的资质、能力与才能,慢慢施行。[④] 他不赞成用一个模型限制学生,倡导发展学生个性。

王夫之主张因材施教,要考虑学生接受水平,要因势利导,因人而异。他说:"曲尽人才,知之悉也……顺其所易,矫其所难,成其美,变其恶,教非一也。"

辛亥革命前后,张謇于1916年创办中国人自己最早的特殊学校之一——南通盲哑学校;1909年,王我藏主张学校内设"低能儿特殊班";1914年,潘文安主张设"心育园",辅导行为不良儿童;1922年,邰爽秋主张校内设"个别辅导班"和"智慧检验班";1921年,江苏省立第三师范附属小学设"特殊学级",目的在于适应个别差异,发展潜能;1922年,北洋政府《学校系统改革案》中提出,对于精神上或身体上有缺陷者,应施以相当之特种教育,对天才教育得变通年期及教程,使优异之智能尽量发展,从法令上肯定了特殊教育。[⑤]

陶行知谈到创办育才学校,在于培养人才之幼苗,使得有特殊才能者不至于枯萎。学生

---

① ② ③　张文京,严小琴.特殊儿童个别化教育:理论、计划、实施(第2版)[M].重庆:重庆大学出版社,2020:7.
④　同上:3.
⑤　同上:4.

在集体生活中,要按照他的特殊才能,给予某种特殊教育。要从陶行知先生的可变动法则来理解这一切,强调育才不是培养小专家,不是培养学生做人上人,不是丢掉普及教育而来干这特殊的教育,只是生活教育运动中的一件新发展的工作。[①]

(三) 个别化教育的作用

1. 保障特殊婴幼儿接受合适教育的权利

对特殊婴幼儿进行个别化教育,是保障特殊婴幼儿公平公正享有受教育的权利,是保证教育公平和社会公平,实现教育机会均等的基础。

2. 保障特殊婴幼儿在原有基础上取得进步

根据特殊婴幼儿的身心发展和特殊需要,提供合适的教育,能够减少特殊婴幼儿和普通婴幼儿的差距,促使其发挥潜能,在原有基础上取得进步。

3. 激励特殊婴幼儿积极平等地参与活动

对特殊婴幼儿进行个别化教育,有利于调动其主动参与各项活动的积极性,挖掘其内在潜能,提高其自理能力,促使其向健康、正常方向发展,为融入社会打下良好基础。

二、个别化教育计划的制订与实施

(一) 个别化教育计划的概念、制订原则和步骤

1. 个别化教育计划概念

(1) 概念的提出

20 世纪 50 年代以来,美国一些有组织的残障儿童家长团体,如"全国弱智公民协会""学习障碍儿童协会"等,呼吁社会、政府和学校为特殊儿童提供更好的服务。[②] 在此背景下,1975 年美国通过了《全体残障儿童教育法案》,要求为每个残疾儿童制订个别化教育计划(individualized educational plan,简称 IEP),为他们提供免费、适宜的教育。

个别化教育计划是由施测人员(以及按规定其他应该参加的人员)在对 3 至 21 岁的残障个体进行评估的基础上制订的书面文件,并且要求考虑个体发展的结果,它保证个体将从特殊教育中获益,而且真正享有平等的教育机会,使他们做到生活独立、经济自主,并能充分参与社会生活。[③]个别化教育计划在美国得到了广泛的发展应用。[④]该法案公布后的第三年,即 1978 年,全美已有 80% 的儿童接受了各种形式的特殊教育,其中 95% 的特殊儿童都有自己

---

① 张文京,严小琴.特殊儿童个别化教育:理论、计划、实施(第 2 版)[M].重庆:重庆大学出版社,2020:4.
②③④ 雷江华,方俊明.特殊教育学(第二版)[M].北京:北京大学出版社,2016:244.

50

的个别化教育计划,至此个别化教育计划已发展为美国一个重要的特殊教育管理工具。[①]

1986 年,美国通过了《残疾人教育修正法》,要求对从出生至 3 岁的婴幼儿实施"个别化家庭服务计划"。[②] 20 世纪 70 年代末以后,为残障儿童制订个别化教育计划就逐渐在世界各国推广,使得成千上万的特殊教育需要儿童从中获益。[③]

(2) 概念定义

个别化教育计划最初是美国《全体残障儿童教育法案》规定的一项内容,指的是地方教育部门的代表、医生、心理学和教育学方面的学者、教师、学校负责人、社会工作者、学生家长或监护人共同组成小组,为每个被鉴定有残疾的学生制订一份书面教育计划,作为帮、教该学生的工作依据。[④]

个别化教育计划既是一个过程,又是一份文件;既是特殊需要儿童教育与身心全面发展的一个总体构想,又是针对他们进行教育教学的指导性文件。[⑤] 个别化教育计划是为了落实个别化教学编拟的、为某位学生提供的、最适合其发展、给予最恰当教育服务的文件,是该学生在一定期限内的学习内容。[⑥]

个别化教育计划与我国教育观念中"因材施教""个别化教育"的理念,以及幼儿教育中个性化教育支持有异曲同工之处。[⑦] 自该理念产生至今,个别化教育计划在全球特殊教育以及融合教育发展中不断本土化,支持着越来越多特殊需要儿童的成长。[⑧]

本书中的个别化教育计划,是从融合教育视角出发,根据每个特殊婴幼儿的发展水平和身心特点,为满足其特殊需要而专门制订的、促使其最大限度发展的教育方案或教育计划,是该特殊婴幼儿在一定期限内的学习内容。

2. 个别化教育计划制订原则

(1) 科学性

制订个别化教育计划要依据特殊婴幼儿的身心发展规律,满足其特殊需要,保证其接受合适的教育,获得最大限度的发展。制订个别化教育计划要保证科学和有效。

(2) 独特性

制订个别化教育计划要为特殊婴幼儿提供有针对性的教育和帮助。每个特殊婴幼儿都独一无二,有独特的兴趣、能力,要满足其特殊需要,就要因材施教。

---

①② 雷江华,方俊明.特殊教育学(第二版)[M].北京:北京大学出版社,2016:245.
③　肖非.关于个别化教育计划几个问题的思考[J].中国特殊教育,2005(2):8-12.
④⑤ 王燕华,付传彩.融合幼儿园中个别化教育计划的制订及实施[M].北京:北京大学出版社,2017:3.
⑥　张文京,严小琴.特殊儿童个别化教育:理论、计划、实施(第 2 版)[M].重庆:重庆大学出版社,2020:12.
⑦⑧ 王燕华,付传彩.融合幼儿园中个别化教育计划的制订及实施[M].北京:北京大学出版社,2017:3.

（3）客观性

收集资料、评估现状、确定目标、评估效果等都要做到实事求是，体现客观性，不能随心所欲，仅凭主观感受盲目判断。

（4）优势性

特殊婴幼儿存在不同方面、不同程度的障碍。制订个别化教育计划时既要看到其障碍和不足，也要发现优点和潜能，扬长补短，以优势克服劣势。

3. 制订和实施个别化教育计划的步骤

制订个别化教育计划，通常须成立工作小组，成员有家长、普通教师、特教教师、心理专家等。制订和实施计划的步骤如图3-1。

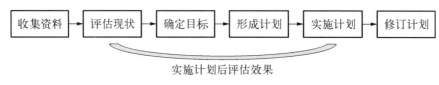

图3-1 个别化教育计划的制订和实施步骤

（1）收集资料

可以通过多种方式收集资料，了解特殊婴幼儿存在的障碍及程度、发展水平和特殊需要。资料收集的基本框架见表3-1。

表3-1 收集资料表

基本情况	姓名、性别、年龄 障碍类别及程度 家庭住址、联系方式
史料情况	妊娠史（宫内缺氧、保胎等） 生产史（早产、出生情况等） 生长发育史（和同龄婴幼儿生长发育的差距，如站、走的时间和表现） 疾病史（生病、治疗情况等） 家族史（家族性疾病等） 康复史（参加康复治疗和干预的情况、效果如何）
家庭情况	外伤史（被虐待等） 父母年龄、职业、文化程度、工作单位 父母婚姻情况（正常、分居、离异、丧偶等） 父母是否残疾（若残疾，程度如何） 是否独生子女、兄弟姐妹是否残疾（若残疾，程度如何） 家庭成员构成及关系是否和谐 家庭经济状况 居住条件及环境（附近是否有娱乐设施或商场等） 家长观念、期待和需求

教育情况	受教育情况 家庭教育情况、主要照顾者及分工 家庭教养方式 是否参加亲子班或早教班
健康情况	医学诊断(何时何地诊断、诊断结果) 躯体健康 神经系统 精神状况 特殊检查(X线检查、CT检查等) 特殊疾病 特殊行为(自伤行为、多动行为、刻板行为、退缩行为等) 过敏情况(哪些食物或药物过敏)
能力情况	动作(粗大动作和精细动作等) 认知(感知、注意等) 言语(言语理解、言语表达等) 情绪(情绪识别、情绪表达等) 社会性(社会适应能力等)

（2）评估现状

可以采用多种评估方法,用恰当的评估工具评估特殊婴幼儿的发展水平。详见本章第二节、第三节。

（3）确定目标

根据评估结果确定长期、短期的发展目标。目标要可观察、可测量、明确、具体,切实可行,并保证特殊婴幼儿的安全。

① 确定长期目标

长期目标指特殊婴幼儿现阶段最需要实现的发展需求和目标,常指一学期或一学年的目标。确定依据有：当前水平、评估结果、特殊需要、教育重点、家长期待、后期安置需要等。

每个特殊婴幼儿的需要不同,长期目标的侧重点不同。例如,2岁的毛毛存在视力障碍,喜欢音乐,其长期目标可包括视力、音乐等方面。

长期目标一般包括五个要素：目标主体、目标时间、目标行为、目标条件、目标标准。即,谁,何时,做什么,在什么条件下,达到什么水平。

目标主体：特殊婴幼儿。

目标时间：实现目标的日期或实施的起止时间,例如,2022年1月至12月。

目标行为：要达到的技能或行为。

目标条件：在什么情境或何种支持条件下实现目标。例如,独立完成、在他人帮助下完成、在口头提示下完成等。

目标标准：最后的通过标准，反映技能或行为的熟练水平。目标标准的指向一般可以有以下几个方面：独立完成的程度（提示、帮助或支持的量），达成的准确性（通过次数的比例，答对的百分比等），达到的熟练度（连续几次通过），完成的分量、质量或速度等。[①] 标准可以以年龄水平为参照，依据时间、次数、百分比等，如 90％的时间内，5 分钟完成 5 次，5 次中通过 4 次，80％的成功率等。

② 确定短期目标

短期目标指着眼于特殊婴幼儿数周或数月内学习的可测量的技能或行为，是当前水平和长期目标之间的能力差距，是长期目标的细化和分解，为顺利完成长期目标服务。例如，在成人的言语提示下向人问好，准确率达 90％。

短期目标可设立每天、每周、每月、数月要达到的目标，评估进步情况。短期目标要客观具体、可观察、可量化，目标的数量与障碍类型、障碍程度、目标对学习的影响及目标的教学难度有关。

目标主体：特殊婴幼儿。

目标时间：目标完成的具体时间。

目标行为：在一段时间内要实现的能力变化，要学会什么。

目标条件：独立完成或在他人的帮助下完成。可分为肢体协助、模仿和示范、口语提示、图示等类型。

目标标准：对行为的进一步说明，反映目标达到的标准。例如，90％的准确率，5 次中通过 4 次；短期目标"会自己洗手"可以分为以下步骤：开水龙头—用清水洗手—用洗手液搓洗—冲洗干净—关水龙头—用毛巾擦干；"会开关水龙头"这个动作，如果是在"洗手间"的情境下及"5 次中有 4 次通过"的标准，就可以变为短期目标"会在洗手间开关水龙头，5 次中有 4 次能完成"。[②]

（4）召开个案研讨会，形成计划文件

① 明确会议目的、程序、参会者

研讨会的目的是使不同评估者全面了解特殊婴幼儿的情况，为制订个别化教育计划提供科学依据。参会者有家长、主要养育者、教师、心理专家、治疗师等。

② 介绍个案情况

类似医院专家会诊，评估人员详细介绍个案情况。

---

① 毛荣建，刘颂，孙颖. 特殊幼儿学前融合教育［M］. 北京：知识产权出版社，2019：51－52.

② 雷江华，方俊明. 特殊教育学（第二版）［M］. 北京：北京大学出版社，2016：249.

③ 研讨

参会人员针对个案情况讨论,一般需1—1.5小时。

④ 详细记录

负责人详细记录个案发展水平、特殊需要、教育目标和重点、优势、劣势、潜能、影响、建议等。确定安置服务,以及是否需要特殊服务。若需要特殊服务,则确定在何种情况下需要特殊服务、相关服务种类、数量、起止时间、提供者等。

⑤ 总结,形成计划文件

总结讨论结果,确定个别化教育计划的起止时间、制订人员及负责人、内容、教育重点、干预建议、具体且有针对性的教育方案和措施等,参会人员签字确认。个案研讨会的记录内容见表3-2。

表3-2 个案研讨会记录内容

项 目	内 容
基本资料	姓名、年龄等
障碍类别	属于哪种障碍及程度
障碍影响	分析障碍的影响
特殊需要	确定特殊需要
发展现状	确定身心发展水平
优势和劣势	分析优势和劣势
发展潜能	分析发展潜能
教育目标	确定教育目标,包括实现方式、评估方法、管理目标等
建议和策略	提出建议和策略
特殊教育和服务	需要提供哪些特殊教育和服务
参会人员	签字确认
会议日期	具体日期

（5）实施计划

所有教师和家长都要有一份个别化教育计划文件,密切配合,为特殊婴幼儿提供恰当的帮助。

（6）修订计划

实施一段时间后要评估教育效果,检查是否达到预期目标,修订计划,删除通过的目标,

保留和增加仍须发展的目标,制订新的个别化教育计划。

通常,对于0—3岁的婴幼儿,3个月制订一个计划;对于3—6岁的幼儿,半年制订一个计划;年龄大点可以一年制订一个计划。个别化教育计划没有统一固定的格式,接下来用案例呈现基本格式。

个别化教育计划案例

一、基本资料

姓名	张三	性别	男	出生日期	2017年6月2日
障碍类别	发育迟缓		障碍程度		中度
父亲姓名	张某		电话		(略)
母亲姓名	李某		电话		(略)
家庭住址	(略)				

二、评估情况

张三,独生子,和爸爸、妈妈、奶奶一起生活。家人都很爱张三。张三的父母都是教师。无家庭遗传病史。妈妈怀孕时35岁,有保胎经历。张三是早产儿,出生时体重2千克,因肺部感染在新生儿科住院3周

张三快3岁了,动作和言语发展都比同龄孩子慢。9个月会坐,12个月会爬,15个月会叫"爸爸妈妈",16个月会站,2岁才会走路。去医院检查,确认张三存在发育迟缓的问题。现在每周在康复机构做1次感统训练

领 域	评 估 情 况	建 议
动作	粗大动作和精细动作发展比一般孩子慢,身体灵活性欠缺	提高身体灵活性
认知	能感知周围环境 注意力较分散	丰富和刺激感官 提高集中注意能力
言语	语言能力较欠缺,不懂表达需求	提高语言理解和语言表达能力
情绪	情绪不稳定,爱哭闹	提高情绪稳定性
社会性	不会独立穿脱衣服、吃饭、如厕	提高自理能力

三、长期目标和短期目标

领 域	长 期 目 标	短 期 目 标
动作	提高跑步能力 提高拿勺能力 提高拿笔能力	能在少许肢体协助下跑步,准确率达80% 能用勺吃饭,准确率达80% 能拿笔画线条,准确率达80%

领域	长 期 目 标	短 期 目 标
认知	提高感知物体的能力 提高理解形状的能力 提高理解颜色的能力 提高集中注意能力	能够指认物体,准确率达80% 能指认3种以上形状(圆形、正方形、三角形),准确率达80% 能指认3种以上颜色,准确率达80% 能专注于某项活动5—10分钟,5次中达成4次
言语	提高言语表达能力 提高言语理解能力 提高与人沟通能力	能向他人表达想法,如"我想做什么""要做什么",准确率达80% 能理解成人指令,5次中达成4次 在成人言语提示下能看图讲故事,达成率80%
情绪	提高情绪表达能力 提高情绪调控能力	能用合理的方式表达情绪,如"我很高兴""我生气了" 能在成人的言语提示下擦干眼泪,不再哭闹,5次中达成4次
社会性	提高独立穿脱衣服的能力 提高独立吃饭的能力 提高独立如厕的能力	能在成人的协助下穿脱衣服,达成率80% 能自己吃饭,米饭不洒出来,达成率80% 能在想大小便时自己上厕所,达成率80%

四、相关服务

相关服务	起止时间	每周次数	每次持续时间	每周具体时间	提供者
言语治疗	2020.6.8—2021.6.7	1	1小时	周一9:00—10:00	特教教师
感统训练	2020.6.8—2021.6.7	2	1小时	周二、周四9:00—10:00	特教教师

五、计划实施的起止时间及签字

实施起止时间:2020年6月8日至2021年6月7日。

评估专家:_____

普教教师:_____

特教教师:_____

家 长:_____

制订日期:2020年6月8日

(二) 个别化教育计划的实施策略及注意问题

个别化教育计划一般在融合班级、补救教学、家庭三种情境和场所中实施。实施个别化教育计划,需要班级教师、特教教师及家长等共同合作,实施过程中可开展评估并及时调整。

1. 实施策略

（1）融合班级

将个别化教育计划目标融入班级目标,包括一日活动中的自然情境教学、课程调整教

学。在年、学期、月、周、日计划中列入和体现特殊婴幼儿的教学目标。允许普通婴幼儿和特殊婴幼儿有不同的学习起点和教学目标。教师既关注普通婴幼儿,也照顾特殊婴幼儿。

① 一日活动中的自然情境教学实施

自然情境教学指将特殊婴幼儿的目标渗透在自然情境中,特殊婴幼儿通过与他人互动,获得肢体协助等方式提升能力。表3-3以脱外套和穿袜子为例呈现自然情境教学中的融合教育目标。

表3-3　脱外套和穿袜子

项 目	普 通 婴 幼 儿	特 殊 婴 幼 儿
活动目标	会独自脱外套 会穿袜子	在教师协助下会脱外套 在教师协助下会穿袜子

表3-3降低了特殊婴幼儿的活动目标。教师帮助其在自然情境中得到发展,逐渐减少协助直至特殊婴幼儿能够独立达成目标。

② 一日活动中的课程调整教学实施

课程调整教学指教师调整当前活动内容,适应普通婴幼儿和特殊婴幼儿的发展需要,以此实现特殊婴幼儿个别化教育计划目标的一种策略。表3-4以画画活动为例呈现课程调整教学中的融合教育目的。

表3-4　画画活动

项 目	普 通 婴 幼 儿	特 殊 婴 幼 儿
活动目标	愿意画画,感受画画的乐趣 会使用画笔画画 认识色彩,会涂色	愿意画画,感受画画的乐趣 在教师的言语提示下,会画轮廓 在教师的言语提示下,会在轮廓内涂色

表3-4降低了特殊婴幼儿活动目标的难度,通过教师帮助其在调整后的教学中得到发展。教师可以改变操作方法,调整活动材料,提供示范,鼓励同伴协助,帮助特殊婴幼儿实现目标,例如,提供更粗、更好握的笔和更易打开的纸等。

（2）补救教学

当特殊婴幼儿的发展目标和普通婴幼儿的发展目标差距较大,在集体中难以实现时,就要进行个别补救教学活动,即个别指导教学。主要有一对一个别辅导和一对多小组辅导。一对一个别辅导中,教师可以通过示范,帮助特殊婴幼儿实现发展目标。一对多小组辅导,指对目标相近的几名特殊婴幼儿给予支持,帮助其实现目标。每个特殊婴幼儿可以有不同的学习起点、教育目标。

① 确定活动主题、目标

例如,活动主题是"会洗手",具体目标可设定为"饭前便后会洗手"。

② 确定发展水平

通过多种方法了解特殊婴幼儿的发展水平、兴趣、爱好、能力、特殊需要。

③ 融入个别化教育目标

考虑特殊婴幼儿的教育目标,满足其特殊需要。

④ 设计个别化教学活动

安排个别化教学活动,注重生活化、趣味化、多元化,落实教育目标。

⑤ 开展个别化教学活动

运用多种教学方法和资源,开展教学,促进特殊婴幼儿实现目标,全面发展。表 3-5 以穿衣服为例呈现了补救教学活动中的目标设置。

表 3-5　穿衣服

项　　目	特 殊 婴 幼 儿
活动目标	在教师的协助下会穿简单衣服 在教师的协助下会给布娃娃穿衣服 会根据季节选择不同厚度的衣服

（3）家庭

个别化教育计划进入家庭教育是实施个别化教育的重要一环。[1] 0—3 岁特殊婴幼儿主要在家庭中生活,在家长的引导下认识和探索世界。家庭是实施个别化教育的最佳场地。[2]

家长可参与特殊婴幼儿个别化教育的制订与实施。家长或主要照顾者实施个别化教育计划,能够帮助孩子发展潜能,促进其身心全面发展。表 3-6 列举了家庭中可以实施的个别化教育的例子。

表 3-6　家庭中实施个别化教育举例

项　　目	特 殊 婴 幼 儿
生活自理	提高身体清洁能力
言语发展	提高语言表达能力
社会适应	提高参与社区活动的能力

① 张文京,严小琴.特殊儿童个别化教育:理论、计划、实施(第 2 版)[M].重庆:重庆大学出版社,2020:259.
② 同上:260.

2. 注意的问题

（1）多尊重

特殊婴幼儿也渴望得到尊重。尊重，有利于特殊婴幼儿形成自信勇敢的个性品质。尊重不是怜悯，怜悯易使他们自卑。成人要发自内心地尊重他们，不能伤害他们幼小的心灵。

（2）多接纳

接纳意味着接受特殊婴幼儿的障碍。无论孩子存在哪种障碍、障碍程度怎样，都不能歧视、放弃孩子，要接纳他们的不完美，用发展的眼光看待他们。

（3）多鼓励

特殊婴幼儿存在障碍，发展速度和水平可能比普通婴幼儿慢，进步也许不明显。成人不能一味指责和批评，打击其自信心，要多鼓励他们，肯定其努力，提供锻炼机会，让其体验到成功的快乐，获得成就感。

（4）多引导

成人要多引导特殊婴幼儿，为其提供可模仿和学习的榜样，尽量少指挥。有的孩子可能理解指令有困难，成人要多和他们互动，循序渐进地示范和引导孩子，鼓励其发展优势，弥补劣势。

（5）多关爱

特殊婴幼儿和普通婴幼儿一样需要教师、家长、同伴的关爱。成人要给予他们关爱，建立亲密友好的关系，走进他们的内心世界。成人关爱他们，有助于其产生情感联结，接受成人的教育和帮助。

芳芳，3岁女孩，言语和动作发育都比普通孩子迟缓，只会说"爸爸""妈妈"等简单的词，发音不清楚，不会准确表达需要，不懂如何与人交流，不和别的孩子玩，经常摔倒，拿东西总拿不稳，反应比一般孩子慢。如何评估芳芳的发展水平？

第二节　特殊婴幼儿的评估

评估是评价特殊婴幼儿的重要手段，通常在专业机构由专业人员采用专业的工具和方法开展。只有通过专业的评估，才能全面了解特殊婴幼儿的表现，发现和鉴别问题并有效干预。

一、评估概述

(一) 内涵

特殊婴幼儿评估指采用测验和其他测量手段收集和分析特殊婴幼儿相关资料,了解并推断其发展水平、存在障碍、特殊需要、优势劣势、潜能、最近发展区,从而作出合适的教育性决定的过程。

(二) 意义

1. 了解特殊婴幼儿的发展状况

评估有助于全面了解特殊婴幼儿的特殊需要及发展水平,了解并分析其存在的障碍及程度,有何优势、劣势、潜能,以及最近发展区,为其提供有针对性的教育。

2. 提供制订个别化教育计划的依据

评估是诊断特殊需要的基础,有助于明确教育起点和后续个别化教育计划的起点。准确有效的评估能为确定个别化教育提供科学依据,帮助制订适合的个别化教育计划。

3. 检验和衡量个别化教育的效果

评估有助于检验个别化教育的有效性和科学性,了解特殊婴幼儿进步的程度,确定教育是否有效。教师可以利用评估改进教育教学,制订下一个个别化教育计划。

二、评估原则

(一) 客观性

要采用科学的评估方法,站在客观立场收集资料,实事求是地评估特殊婴幼儿的发展水平,不依据主观印象草率地作出评价。

不能用单一测验作为唯一方法,要采用多种评估手段、工具和方法,保证客观真实。可以多人参与评估,专业人员(教师、心理专家、特教专家、康复训练专家等)和家长(父母或其他照顾者)都可以参与评估。

(二) 全面性

应全面地评估特殊婴幼儿的心理特征和行为表现,不能只看到不足,还要发现优势。评估要尽量全面,包括各个领域,例如,自理能力方面,能否独立吃饭、如厕、穿衣;言语方面,能否听从指令、表达需求;动作方面,粗大动作、精细动作发展如何,等等。身心发展是有机的整体,相互影响,要树立整体观,从多领域全面评估。

（三）动态性

特殊婴幼儿的身心发展是动态的。若因疲劳、生病等原因影响了评估结果，必要时应重新评估。不能机械地把一次结果当成定论，给特殊婴幼儿带来负面影响。要用发展的眼光看待他们，关注其是否在原有基础上有进步。

（四）教育性

评估的目的是在了解特殊婴幼儿发展水平的基础上更好地开展教育教学，促进特殊婴幼儿的发展。评估不能伤害婴幼儿的身心健康，任何违背身心发展规律的评估都不应进行。不能盲目评估，给孩子和家长带来压力。要客观地解释评估结果，不给错误结论，避免伤害婴幼儿及其家长。评估要与教育教学相结合，旨在提升教育水平，实现教育目标。

（五）保密性

评估过程中会接触到特殊婴幼儿及其家庭的资料，涉及隐私，评估人员要尊重、保护这些信息。为保护特殊婴幼儿及其家人的利益，评估人员要对资料严格保密，不和他人随意、公开讨论。他人无权查阅评估资料，除非征得当事人家长或监护人同意，否则不应泄露隐私。在可能发生危害孩子的情况时才能打破该原则。

多多，1岁半男孩，脑瘫，动作发展迟缓，不会自己站，不会走路，需要人扶着。1岁时父母离婚，多多跟奶奶一起生活。李老师是位年轻教师，参与了对多多的评估。评估后，李老师将评估结果发给了朋友，和朋友讨论了多多的情况。李老师的做法合适吗？

三、评估过程

（一）评估准备

为保证评估准确有效，要做好评估准备。

1. 确定评估目的和对象

评估目的是指通过评估想要获得的结果或想要解决的问题。[①] 确定了评估目的，还要确定评估对象的年龄、性别、障碍类别等，以便挑选合适的评估工具和方法。例如，评估聋童，要考虑听力状况，不宜用听觉材料；评估孤独症谱系障碍婴幼儿可通过孤独症谱系障碍量表和其他检查，要考虑智力情况、言语情况、问题行为、是否认生等。

2. 培训评估人员

评估特殊婴幼儿对评估人员有很强的专业要求，有时需要成立评估小组，成员有普教教

---

① 王辉.特殊儿童教育诊断与评估（第三版）[M].南京：南京大学出版社，2018：11.

师、特教教师、医生、心理学专家、康复专家、家长等。

评估前要培训评估人员,使其熟练掌握评估技能。评估人员要有良好的职业道德,对结果严格保密,有灵活应对突然停电、身体不适等突发事件的能力。

3. 确定评估方案

有的评估较容易,只评估某个特定领域的状况;有的评估较复杂,须评估整体情况。无论哪种评估,都应提前确定评估方案,包括评估项目、方法、工具、程序、场所等。

（1）确定评估项目

明确评估项目。例如,评估智力障碍可包括:基本情况、史料情况等(详见表3-1)。

（2）确定评估方法、工具、程序

收集资料的方法很多,要根据具体情况选择合适的评估方法。例如,评估智力可用智力测验,了解家族史可用访谈法等。

确定评估工具:评估工具有很多,要根据评估目的、评估对象来选择。

确定评估程序:根据难易和便捷程度,确定先收集哪些资料、后收集哪些资料,确定收集资料的时间进程。

（3）确定评估场所

准备需要用到的工具、表格、器材等,准备一个安静的场所。可在门口放提示牌示意勿扰。

（二）评估实施

评估实施,指采用各种方法收集特殊婴幼儿身心发展的资料。

1. 接待参评人员

接待来参评的特殊婴幼儿和家长。可提前准备绘本、玩具等,缓解评估对象的紧张。

2. 收集评估资料

全面收集资料,才能准确、客观地判断和解释特殊婴幼儿的身心发展状况及存在障碍。

3. 汇总评估资料

将评估资料编号装袋,确保没有遗漏,感谢特殊婴幼儿和家长的参与,送走参评人员。

（三）评估鉴定

每个评估人员将材料提交会议进行讨论,讨论后给出书面评估意见和进一步的教育建议。

1. 分析评估资料

（1）识别资料

把真实可靠和需要进一步证实的资料分开,识别哪些资料真实可靠,哪些须继续证实和补充。

（2）发现矛盾

分析资料之间是否存在矛盾，若有，分析矛盾的原因、哪种资料更可靠、是否须重新验证。

（3）淘汰无用

淘汰对评估和制订个别化教育计划无用的资料。有些资料也许真实准确，但对制订个别化教育计划无用，要坚决舍弃，只保留有用的。

2. 得出评估结论

评估人员要透过表面现象看本质，运用专业知识分析评估资料，根据评估目的对特殊婴幼儿的身心发展状况、存在障碍及程度、特殊需要等得出书面结论。

3. 提出评估建议

评估人员要根据评估结论，对教育教学和康复治疗等方面提出具体、有针对性、可操作的建议，为制订个别化教育计划提供指导。

评估后要形成一份书面评估报告，主要包括基本资料、评估项目与评估内容、主要评估工具、评估结果与分析、评估结论、评估建议等。

（四）评估应用

得出评估结论后，有的人不再理会，有的人误用了这些信息，如给特殊婴幼儿贴标签，会伤害孩子及其家人。评估人员要向家长和教师等解释评估结果，积极地利用评估结论，促进特殊婴幼儿身心最大限度发展。

评估结果主要有以下应用范围。

第一，应用于教育行政。例如，招收和安置特殊婴幼儿、聘用教师等。

第二，应用于教育教学。例如，诊断障碍类型及程度、制订个别化教育计划、评估教学效果等。

第三，应用于咨询指导。例如，指导教师和家长开展工作，为家长提供咨询和辅导等。

第四，应用于科学研究。例如，对比前后评估结果，了解个别化教育效果；根据评估资料检验某种理论假设或提出某种新的学说等。[①]

四、评估方法

特殊婴幼儿的评估方法指收集、整理、分析特殊婴幼儿评估资料的手段和技术。至今没

① 韦小满，蔡雅娟. 特殊儿童心理评估（第 2 版）［M］. 北京：华夏出版社，2016：35.

有一种方法可以把评估所需资料全部收集起来,每种方法各有优劣。评估人员要根据情况综合考虑、灵活运用,多种方法互相结合、互相补充。下面介绍五种常用的方法。

(一) 观察法

1. 定义

观察法指观察者通过感觉器官或辅助录像机等设备,有目的、有计划地观察自然状态下的特殊婴幼儿,收集和分析其心理特征和行为表现的方法。观察法是收集特殊婴幼儿评估资料最基本、最重要的方法和途径。

2. 种类

根据不同标准,可将观察法分为不同类型。本节把观察法分为系统观察和非系统观察两类。

(1) 系统观察

系统观察指观察者有目的、有计划地观察和记录特殊婴幼儿的某些预定行为、障碍情况及障碍程度。观察者须设计时间表,排列观察顺序,依照事先设计好的、严谨的观察规则进行观察,分析特殊婴幼儿行为背后隐藏的信息。

(2) 非系统观察

非系统观察指观察者不依照严谨的观察规则进行观察,只要记录特殊婴幼儿重要的特征、行为反应。

3. 流程

(1) 确定观察目的和观察对象

明确观察目的,了解观察对象,如观察盲童的言语表达能力等。

(2) 确定和培训观察者

明确并培训观察者,使其掌握观察技能,提高观察的准确性和可靠性。

(3) 明确观察内容、类型、时间、地点、工具

确定观察内容,观察类型,观察持续多久(如 20 分钟、1 天、2 周),每次观察的具体时间和地点,工具(如,5 月 8 日上午 9:00 至 9:20、活动室、用观察记录表)。

(4) 观察和记录

观察者观察并记录特殊婴幼儿的表现,获得第一手资料。

(5) 整理观察结果

根据观察记录,整理观察资料,得出观察结果(可用表格或文字呈现)。

4. 注意事项

（1）客观描述

要真实客观地描述，提前准备好观察记录表，不作主观评价，不带个人偏见。

（2）具体、可观察

观察内容要具体、可观察，应客观地记录观察行为，以便分析。

（3）全面、详细

观察记录要全面详细，记录行为本身和发生的前因后果，保证结果的科学性和有效性，要获得稳定的结论可能需多次观察。

（4）自然状态下观察

观察者不要影响和控制特殊婴幼儿的表现，要在自然状态、真实活动中观察其自然的行为表现。

表 3-7　观察记录表

观察日期	2021 年 6 月 8 日 （方便了解婴幼儿的年龄）		
观察起止时间	9:00—9:30 （指观察的具体时间段）		
观察对象	名字：佳佳	性别：女	出生日期：2019 年 1 月 （方便了解婴幼儿的年龄）
	备注：（补充其他情况，例如，家庭情况等）		
观察者	张某		
观察目的	（指观察的具体目的，观察哪方面，例如，观察佳佳言语表达和言语理解能力的发展，评估言语发展状况）		
观察背景	（指具体背景，在哪观察等，例如，在活动室观察）		
特殊婴幼儿表现	2 岁 5 个月的佳佳，不会说话。老师拿着小熊玩具问佳佳："小熊的鼻子在哪里？佳佳指一指。"佳佳一边"啊啊"叫，一边从活动室的一面墙跑到另一面墙，来回跑，不停地拍手。时间持续了五分钟。然后，佳佳又抬起头指着活动室的灯"啊啊"叫 （指观察到的特殊婴幼儿详细、具体的表现）		
观察结果	佳佳不理会老师的指令，不会表达需求，有来回跑的刻板行为 （整理观察资料）		
分析评价	佳佳的言语理解和表达能力欠缺 （分析观察资料）		
教育建议	鼓励佳佳表达；提供丰富的言语交流环境 （提出教育建议）		

（二）测验法

1. 定义

测验法指评估者采用测验来获得特殊婴幼儿心理特征和行为表现等资料的一种方法。

2. 种类

测验法可分为结构式测验和无结构式测验。

（1）结构式测验

结构式测验指测验中的指示语、图形等有明确意义，测验对象只须直接理解，不用猜测。

（2）无结构式测验

无结构式测验指呈现的刺激无严谨的结构，测验对象要凭借想象来填补，如主题不清楚的画等。

3. 流程

（1）确定测验目的和测验对象

明确测验对象是谁，评估何种能力，如测验智力水平等。

（2）确定测验人员和工具

选择和培训测验人员，使其掌握测验技能。确定测验工具是什么，适用对象是哪类特殊婴幼儿，是否匹配。

（3）确定测验主题、时间、地点

明确测验主题是什么，测验的具体时间和地点。

（4）进行测验

测验人员严格按指导手册开展测验。

（5）整理测验结果

测验人员整理分析并得出测验结果。

4. 注意事项

（1）选择适当测验

每个测验有特定测验目的和对象。要根据情况选择专门、专业的测验。不能只是根据测验名称盲目选择测验。[①] 不能把适合 3—6 岁幼儿或成人的测验给 0—3 岁特殊婴幼儿使用。

---

① 郑日昌，蔡永红，周益群. 心理测量学[M]. 北京：人民教育出版社，1999：96.

（2）不滥用测验

要由专业的评估人员进行测验。反复多次测验易产生练习效应,降低特殊婴幼儿的兴趣,影响结果的准确性。对易焦虑、性格孤僻、不配合测验的特殊婴幼儿,不宜使用测验。

（3）谨慎解释结果

要用发展的眼光看待测验结果,科学严谨地解释测验结果,尽量用容易理解的语言向家长解释,防止给特殊婴幼儿和家长带来负面影响。

（4）适当调整施测

认真按照施测方法测验,但不能一刀切,可根据特殊婴幼儿的生理条件适当调整,例如,尽量用以视觉信息为主的测验测量聋童,用可放大的图文,或用可以念出声的材料测量视觉障碍婴幼儿。

（三）调查法

1. 定义

调查法指通过由一系列问题构成的调查问卷来收集特殊婴幼儿心理特征、行为表现等资料的方法。

2. 种类

调查法可分为结构式调查和无结构式调查。

（1）结构式调查

结构式调查又称封闭式调查,指调查对象按问题在两个或几个选项中选择符合情况的答案。例如,用"是"或"否"回答问题"做过康复治疗吗?"。

（2）无结构式调查

无结构式调查又称开放式调查。无结构式调查中有统一的问题,但调查对象可以自由回答。例如,"对孩子有什么期待?"。

3. 流程

（1）确定调查目的和对象

明确调查目的和调查的对象。

（2）明确调查主题、时间、地点、内容

明确调查主题,何时去何地调查,调查什么。

（3）确定调查者和调查问卷

确定调查者是谁,根据调查目的和调查对象选择调查问卷。

（4）进行调查

问卷可由家长、主要养育者或教师等进行填写。

（5）整理调查结果

收回问卷后，整理、分析问卷，得出调查结果。

4. 注意事项

（1）选择合适问卷

结合调查目的、对象，依据情况选择或设计合适的问卷。

（2）考虑理解能力

要考虑调查对象的理解能力和阅读水平，问卷表述要清晰易懂。特殊婴幼儿不识字，可用口头问答形式。

（3）题目数量适当

题目太少，获得的信息有限；题目太多，易引起填写者疲劳、反感。

（4）题目排列恰当

一般请调查对象先填写性别、年龄等基本资料，再填写实际行为和态度问题；先填写封闭式问题，再填写开放式问题；先易后难。

哲哲，2 岁 2 个月，独生子，存在发育迟缓问题。父母忙于生意，经常吵架，关系不和。哲哲和奶奶一起生活。教师想向家长了解情况，设计了以下问卷。

问　卷

尊敬的家长：

您好，感谢您参与调查。答案无对错之分，请您在符合情况的选项上打"√"。我们会做到绝对保密，请放心如实填写。

孩子姓名		性别		出生日期	
您与孩子的关系		联系方式			
家庭住址					
家庭情况	父亲年龄_____　父亲职业_____　父亲文化程度_____ 母亲年龄_____　母亲职业_____　母亲文化程度_____ 父母婚姻状况_____ 家庭结构 □祖孙三代同住 □父母和孩子两代人同住 □孩子和祖辈同住 家庭氛围 □和谐 □一般 □不和谐 是否独生子女 □是 □否（如否，请填写孩子兄弟姐妹的情况_____） 对孩子的期待_____				

教育情况	主要养育者_____ 父亲教养方式　□民主　□专断　□放任　□溺爱 母亲教养方式　□民主　□专断　□放任　□溺爱
健康情况	生病情况　□从不　□很少　□有时　□经常 长期患有哪类疾病,请注明_____ 药物过敏情况_____ 食物过敏及禁食情况_____ 进行何种治疗和干预,效果如何? _____ 医学诊断_____ 诊断机构及时间_____
发展情况	_____个月会坐,_____个月会爬,_____个月会站, _____个月会走路,_____个月会说话 挑食　　　□从不　□很少　□有时　□经常 午睡　　　□从不　□很少　□有时　□经常 独立如厕　□从不　□很少　□有时　□经常 独立洗手　□从不　□很少　□有时　□经常 独立穿衣　□从不　□很少　□有时　□经常 独立吃饭　□从不　□很少　□有时　□经常 独立睡觉　□从不　□很少　□有时　□经常 会与人交流　□从不　□很少　□有时　□经常
其他情况	异常行为　□无　□有,若有行为异常,具体为_____(请注明),是否进行干预_____,效果如何_____ 孩子在家中的表现_____ 家长建议_____ 其他须补充的情况_____

(四) 访谈法

1. 定义

访谈法指访谈者通过有目的、面对面的访谈来获得特殊婴幼儿心理特征和行为表现等相关资料的方法。

2. 种类

根据访谈前是否有经过严格设计的访谈问卷和访谈提纲,实际访谈过程是否严格按计划进行,可把访谈分为结构式访谈、非结构式访谈和半结构式访谈。[①]

(1) 结构式访谈

结构式访谈又称封闭式访谈,指访谈者根据设计好的访谈提纲或访谈问卷对访谈对象逐项进行正式访谈,回答问题有一定形式。例如,为了了解特殊婴幼儿的家庭情况,对家长

---

① 雷江华.融合教育导论(第二版)[M].北京:北京大学出版社,2017:149.

进行访谈。

（2）非结构式访谈

非结构式访谈又称开放式访谈，访谈者一般事先没有访谈提纲或预期必须访谈的方向，与访谈对象进行非正式的自由交谈来收集资料，对提问和回答方式、访谈时间和地点等无严格要求，访谈结果常不可预期。例如，接送孩子时，教师对家长进行访谈，了解孩子最近的表现。

（3）半结构式访谈

进行半结构式访谈，一般事先设计好访谈提纲，以提纲为主题进行访谈。访谈对象的回答没有固定形式，例如，家庭访问。

3. 流程

（1）确定访谈目的和对象

明确访谈目的，熟悉访谈对象。访谈对象可以是特殊婴幼儿、家长、主要养育者等。

（2）确定访谈者、访谈主题和访谈提纲

培训访谈者，使其掌握访谈技能，确定访谈主题，准备好访谈提纲或访谈问卷。

（3）确定访谈的时间、地点、内容

确定访谈的具体时间和地点，访谈时周围要安静，内容可以关于基本情况等。

（4）进行访谈

访谈者根据访谈提纲或访谈问卷开展访谈，做好记录，留意访谈对象的动作、表情等细节。

（5）整理访谈结果

访谈结束后，访谈者整理分析资料，得出访谈结果。

4. 注意事项

（1）准备充分

访谈前要做好准备，熟悉访谈题目和访谈对象，准备好访谈所需用品，保证有目的、有计划地收集资料。

（2）尊重隐私

要尊重访谈对象，做好记录，若希望录音录像，要征得访谈对象同意。不能将访谈资料展示给无关人员。

（3）把握时间

访谈法适合很难观察到的行为领域，一次访谈时间可持续 0.5—1 小时，一般不超过 2 小时。

（4）职业操守

访谈者要营造和谐氛围，和访谈对象建立友好关系，掌握访谈技巧，把握访谈方向。

齐齐，3岁，有言语障碍。教师为了解他的情况制订了以下访谈提纲。

尊敬的家长：

　　您好，为了更好地帮助孩子，我们想与您交流孩子的情况。我们会对访谈结果严格保密，请您如实回答，谢谢。

　　1. 孩子的主要养育者是谁？

　　2. 您平常怎么和孩子沟通？

　　3. 孩子会主动和人交流吗？孩子一般怎样表达需要？

　　4. 其他小朋友找孩子玩，孩子有什么表现？

　　5. 孩子曾做过哪些康复训练和治疗？效果如何？

　　6. 您对孩子有何期待？

　　7. 您对托育机构有何建议？

访谈者：　　　　　　　访谈对象：　　　　　　　访谈日期：

（五）档案袋评定法

1. 定义

档案袋评定法指有目的、系统地收集和整理特殊婴幼儿成长中的作品及相关资料，真实完整地记录其表现出的兴趣、能力等，并分析其发展状况的评价方法。

档案袋可看成记录特殊婴幼儿成长的纪录片，真实形象地记录和展示孩子的发展情况和成长历程。代表性的作品、典型的表现都可放进档案袋，例如，作业、测验、观察记录、照片、录音录像、手工或绘画作品、奖状、证书、个别化教育计划文本、电子资料等。

2. 种类

（1）最佳成果型

最佳成果型档案袋收集的是特殊婴幼儿在某一领域达到的最佳成果，反映其在某一领域的最高水平，展示特定能力、成果中的最佳部分，如最佳手工。

（2）精选型

精选型档案袋广泛收集反映特殊婴幼儿成长的相关资料，包括遇到的困难、付出的努力等。

（3）过程型

过程型档案袋广泛收集反映特殊婴幼儿在某一领域进步过程的资料，包括生活中的事情、成长中的进步等。

3. 流程

（1）确定评定目的、对象

明确评估目的，根据目的确定搜集哪些资料。确定评估对象，例如，评估哪类特殊婴幼儿、特殊婴幼儿的年龄等。

（2）明确收集内容、呈现方式等

要多种渠道收集资料，从多个维度了解特殊婴幼儿的优势和潜能。可以用纸制档案袋的形式呈现，也可以通过影像资料等电子化方式呈现。

（3）进行档案评量

为每个特殊婴幼儿准备一个档案袋或档案盒，把相关资料放入档案，随时更新、补充。

（4）整理分析档案

整理分析资料，编好顺序，方便存取。通过档案来分析特殊婴幼儿已具备或须加强哪些方面的能力。

4. 注意事项

（1）明确目的

档案袋评定法的评估目的主要有展示最佳成果、记录成长过程、评估发展水平等，应当依据评估目的收集资料。

（2）资料全面

要采用多种方法、通过不同来源收集资料，可用观察法、访谈法等，资料来源可以是特殊婴幼儿、教师、家长等。

（3）纵向比较

要用发展的眼光看待特殊婴幼儿的成长，关注成长过程，不与他人比较，要和过去纵向比较，肯定孩子的进步和努力，增强其自信。

（4）主体参与

特殊婴幼儿既是评估对象，也是评估主体，要鼓励其和家长共同参与，增加其与教师、家长的合作。在档案袋中可以放置孩子和家长共同创作的作品等。

西西是个 3 岁男孩，患有脑瘫。教师采用档案袋评定法记录西西的发展状况，收集了他成长中的种种进步（如表 3-8）。

表 3-8 西西的档案袋目录

基本情况
个别化教育计划
照片
观察记录
作品(手工、绘画等)
反映进步的录像资料
教师反思
家长期望
奖状

第三节 常见的特殊婴幼儿评估工具

0—3岁是婴幼儿发育的关键时期,及时有效的评估才能早发现、早干预、早治疗,尽早提供个别化教育,避免错过最佳治疗时间,防止情况恶化。评估特殊婴幼儿的工具有很多,本节介绍常见的几种评估工具。评估者要熟悉常见的评估工具,根据需求进行选择。每种评估工具都有详细的指导手册,介绍指导语、评估方法、计分方法和结果解释等,有的还须借助道具。任何一种评估工具都不能直接拿来使用,需要经过专业的培训、细致的学习,运用评估工具进行大量的实操练习。[①] 以下评估工具均受到严格的版权保护,须向专业机构购买或得到使用权方可使用。

一、发展性评估工具

发展性评估指采用一定的评估工具,测量婴幼儿身心发展是否符合年龄相对应发展水平的评估。发展性评估考察婴幼儿各方面的发展水平,判断发育是否迟缓,识别潜在的发育问题,发现其优势、劣势、潜能,为个别化教育提供依据。

甜甜,女孩,出生时身高体重正常,4个月时不会抬头,6个月时不会翻身,不会握拳。8个月时,不会主动和人交往,不会对人笑。大人逗她,反应冷漠,应答不积极。16个月时,不

---

① 王燕华,付传彩.融合幼儿园中个别化教育计划的制订及实施[M].北京:北京大学出版社,2017:20.

会走路,站不稳,需要人扶。2 岁时,只会说"爸爸""妈妈",不能向大人表达自己的想法。甜甜可能存在什么障碍? 可以用哪种工具对她进行评估?

2 岁半的男孩飞飞,独生子,跑得还不稳,反应比同龄孩子慢,抬头、坐、站、走、说话都比其他孩子晚。4 个多月时会抬头,16 个月时会爬,1 岁 8 个月时会站,2 岁 2 个月时会走路,走不稳,容易摔倒,需要人在后面跟着。飞飞不会自己穿衣服,不会自己吃饭,经常把饭洒到身上,只会说十几个单字,喜欢用手势表达需要,不爱说话,动作反应慢,经常沉默,听不懂成人指令。飞飞可能存在什么障碍? 可以用哪种工具对他进行评估?

莎莎,2 岁 9 个月,女孩,听到他人叫自己名字有反应,会扭头去看,喜欢玩手机游戏。言语方面,莎莎只会简单表达需要,想吃肉时,会说"肉肉";想要抱时,会一直说"抱抱"。莎莎不会看别人表情,妈妈不高兴了也看不出来。莎莎性子急,容易冲动和着急,需要得不到满足时,会大声哭闹,掐人,在地上打滚。莎莎可能存在什么障碍? 可以用哪种工具对她进行评估?

以上 3 名婴幼儿可能存在发育障碍,可以使用以下发展性评估工具对他们进行评估,也可以根据案例的具体情况查阅其他发展性评估工具进行评估。

(一)《格塞尔发展量表》

1. 目的

测量发展水平、程度,诊断出可能存在发育迟缓的儿童。

2. 对象

0—3 岁儿童。

3. 编制者

格塞尔(Gesell)编制。

4. 构成

量表主要判断四种能力：动作能(测试粗大动作能力和精细动作能力),应物能(测试对外界刺激物的分析等能力),言语能(测试听、理解和表达言语的能力),[1]应人能(测试对周围人的应答等)[2]。分为 8 张分量表,可分别测试 4 周、16 周、28 周、40 周、52 周、18 个月、24 个月、36 个月的婴幼儿。[3] 结果用发展商数评估发展程度,发展商数若低于 65—75,表明存在

---

①　郑日昌,蔡永红,周益群.心理测量学[M].北京：人民教育出版社,1999：131.
②　王辉.特殊儿童教育诊断与评估(第三版)[M].南京：南京大学出版社,2018：267.
③　雷江华.学前特殊儿童教育[M].武汉：华中师范大学出版社,2008：290.

严重的落后。[①]

5. 评价

该量表具有较高的临床诊断价值,被广泛应用,适用于测量婴幼儿和伤残婴幼儿的发展状况,被认为是婴幼儿智能测试的经典方法。[②]

(二)《皮博迪运动发育量表》

1. 目的

测量婴幼儿的运动发育状况。

2. 对象

0—5 岁儿童。

3. 编制者

福利奥(M. R. Folio)和费韦尔(R. R. Fewell)编制。[③]

4. 构成

量表由 6 个亚测验组成,共 249 项。粗大动作评估量表包括 151 项,分别测试反射(8 项)、姿势(30 项)、移动(89 项)和实物操作(24 项)4 个技能区的能力;精细动作评估量表包括 98 项测试项目,分别测试抓握(26 项)、视觉—运动整合(72 项)2 个运动技能区的能力。[④] 综合发育商是皮博迪运动发育量表能够给出的最可靠的分数,通过把不同分测试的标准分相加,然后进行转换,分别得出粗大动作发育商、精细动作发育商,以及总运动发育商。[⑤]

5. 评价

《皮博迪运动发育量表》是一个同时具有定量和定性功能的评估量表,包括两个相对独立的部分——粗大动作评估量表和精细动作评估量表,可以分别对儿童的粗大动作和精细动作发育水平进行细致的评估。[⑥] 作为一种专门的运动发育量表,其评测项目的选择、方法的可操作性和易用性、评分标准的明晰性等方面都有独到的优点。[⑦]

(三)《年龄与发育进程问卷》

1. 目的

测量发育状况,筛查早期发育迟缓。

———————————

① 郑日昌,蔡永红,周益群. 心理测量学[M]. 北京:人民教育出版社,1999:132.
② 王辉. 特殊儿童教育诊断与评估(第三版)[M]. 南京:南京大学出版社,2018:267.
③ 同上:268.
④ 王小燕,姚英民. Peabody 运动发育量表的临床应用[J]. 清远职业技术学院学报,2010,3(3):11–13.
⑤ 王素娟,李惠,杨红,史惟. Peabody 运动发育量表[J]. 中国康复理论与实践,2006,2(12):181–182.
⑥ 童连. 0～6 岁儿童心理行为发展评估[M]. 上海:复旦大学出版社,2017:98.
⑦ 王辉. 特殊儿童教育诊断与评估(第三版)[M]. 南京:南京大学出版社,2018:268.

2. 对象

1—66 个月的儿童。

3. 编制者

美国俄勒冈大学人类发育中心、早期干预研究所编制。①

4. 构成

包括 8 套问卷,分别针对 6 个月、12 个月、18 个月、24 个月、30 个月、36 个月、48 个月、60 个月的儿童。主要测试 1—66 个月儿童的身体发育、沟通、肢体动作、解决问题、个人与社会交往等能力。②

5. 评价

获得美国儿科学会推荐,操作简便,广泛应用于识别 1—66 个月儿童发展迟缓,适用于我国儿童。

(四)《0—6 岁儿童发展筛检量表》

1. 目的

测量儿童的发展状况与发育程度,筛选出可能存在发展迟缓问题的儿童。③

2. 对象

0—6 岁儿童。

3. 编制者

黄惠玲编制。

4. 构成

量表共分为 5 大类,包括:语言与沟通发展,31 题;社会人格发展,34 题;动作技能—粗大动作,36 题;动作技能—精细动作、知觉与认知发展,各 35 题。④

5. 评价

该量表可以快速并简便地筛检出迟缓边缘、发展迟缓或发展不均衡的儿童,并参考作答内容进一步鉴定与诊断。⑤

(五)《丹佛发育筛查测验》

1. 目的

测量儿童的发展状况、程度,筛选出可能存在发展迟缓问题的儿童。

---

① ② 王辉. 特殊儿童教育诊断与评估(第三版)[M].南京:南京大学出版社,2018:270.

③ 同上:266.

④ ⑤ 同上:267.

2. 对象

0—6 岁儿童。

3. 编制者

弗兰肯堡(W. K. Frankenbury)等人编制。

4. 构成

丹佛发育筛查测验有 105 个项目,分别测查以下 4 种能力:应人能(儿童对周围人们的应答能力和料理自己生活的能力),精细动作—应物能(儿童看的能力,用手摘物和画图的能力),言语能(儿童听和理解语言的能力),粗大动作能力(儿童坐、行走和跳跃的能力)。[①] 丹佛发育筛查测验可得到儿童是正常、异常、可疑、无法测定四种结论。[②]

5. 评价

丹佛发育筛查测验操作简便,花费时间少,工具简单,能从多个维度(能区)评价儿童的心理行为发育。[③]

【拓展阅读】

《0 岁~6 岁儿童发育行为评估量表》[④]

中华人民共和国国家卫生和计划生育委员会发布实施的《0 岁~6 岁儿童发育行为评估量表》,2018 年 4 月 1 日正式开始实施,适用于 0 岁~6 岁(未满 7 周岁)儿童发育行为水平的评估,是评估儿童发育行为水平的诊断量表。该量表包括大运动、精细动作、语言、适应能力和社会行为五个能区,用于测查儿童发育行为状况,评估其发育程度。其中,大运动能区指身体的姿势、头的平衡,以及坐、爬、立、走、跑、跳的能力;精细动作能区指使用手指的能力;语言能区指理解语言和语言的表达能力;适应能力能区指儿童对其周围自然环境和社会需要作出反应和适应的能力;社会行为能区指对周围人们的交往能力和生活自理能力。每个月龄组有 8~10 个测查项目,共计 261 个测查项目。

二、孤独症谱系障碍婴幼儿的评估工具

莉莉是个女孩,2 岁 8 个月,言语发展很慢。1 岁半时会说第 1 个字,20 个月时只会说 5 个词。对人很冷漠。大人和她说话,她没有反应,不会听指令,经常自己玩,不和其他孩子玩,喜欢打人。莉莉爱发脾气,爱哭闹,不开心时会扔东西,经常有刻板动作,喜欢重复地拍

---

①② 郑日昌,蔡永红,周益群. 心理测量学[M].北京:人民教育出版社,1999:135.

③ 王辉. 特殊儿童教育诊断与评估(第三版)[M].南京:南京大学出版社,2018:268.

④ 中华人民共和国国家卫生健康委员会. 0 岁~6 岁儿童发育行为评估量表[EB/OL]. (2017 - 10 - 26)[2023 - 03 - 23]. http://www. nhc. gov. cn/wjw/pqt/201710/8e070f8482144cae97088668f0dfe25a. shtml.

手、拍墙,注意力很难集中。莉莉可能存在什么障碍? 可以用哪种工具对她进行评估?

案例中的婴幼儿可能存在孤独症谱系障碍。可以使用以下评估工具对其进行评估,也可以根据案例的具体情况,查阅其他相关评估工具进行评估。

(一)《孤独症儿童发展评估表》

1. 目的

评估0—6岁的孤独症谱系障碍儿童及其他发展性障碍儿童的发展状况及康复需要。

2. 对象

0—6岁的孤独症谱系障碍儿童及其他发展性障碍的儿童。

3. 编制者

王辉等人与中国残疾人联合会康复部。[①]

4. 构成

《孤独症儿童发展评估表》分以下八个评估领域:感知觉(55项)、粗大动作(72项)、精细动作(66项)、语言与沟通(79项)、认知(55项)、社会交往(47项)、生活自理(67项)以及情绪与行为(52项),共493个项目。

5. 评价

《孤独症儿童发展评估表》由我国学者编制,各评估领域相互独立。

(二)《心理教育评定量表》

1. 目的

了解受测儿童各机能的发展水平,为孤独症谱系障碍及相关发育障碍儿童的个别化评估与矫治提供依据。[②]

2. 对象

孤独症谱系障碍儿童。

3. 编制者

美国舒普勒(E. Schopler)和赖赫利(R. J. Resichler)编制。

4. 构成

该量表由6大项目组成,分别为模仿(10题)、知觉(11题)、精细动作(10题)、粗大动作

---

① 王辉. 特殊儿童教育诊断与评估(第三版)[M].南京:南京大学出版社,2018:269.
② 同上:268.

(11 题)、手眼协调(14 题)、语言理解与口语表达(39 题)。①

5. 评价

《心理教育评定量表》的临床效果在国外已得到充分证明,被视为操作最简便、提供信息最多、能够完全反映患儿功能发展的使用量表。②

(三)《儿童期孤独症评定量表》

1. 目的

评估婴幼儿的发展状况,辅助诊断儿童、少年和成人孤独症谱系障碍。

2. 对象

2 岁以上人群。

3. 编制者

邵普勒(Schopler)等人编制。

4. 构成

该量表包含 15 个分量表,分别是:人际关系、模仿、情感反应、身体使用、与物体的关系、对环境变化的适应性、视觉反应性、听觉反应性、近接受器的反应性、焦虑反应、言语沟通、非言语沟通、活动水平、智力功能和总体印象。③ 每个分量表由正常到极不正常分为四级(分别记为 1 分、2 分、3 分和 4 分),受测者获得哪个等级的分数,由他的行为特征决定。④ 如果受测者的得分小于 30,就表明没有孤独症谱系障碍;如果受测者的得分大于等于 37,就可确定为有孤独症谱系障碍;如果受测者的得分在 30 至 36 分之间,表明存在孤独症谱系障碍倾向。

5. 评价

《儿童期孤独症评定量表》是医生用来筛查孤独症谱系障碍的有效工具,广泛应用于诊断孤独症谱系障碍。

(四)《孤独症儿童行为量表》

1. 目的

筛查孤独症谱系障碍儿童。

2. 对象

月龄 18 个月以上。

3. 编制者

克鲁格(Krug)等人 1978 年编制,1989 年北京医科大学杨晓玲修订。

---

① 王辉.特殊儿童教育诊断与评估(第三版)[M].南京:南京大学出版社,2018:268－269.
② 同上:269.
③④ 韦小满,蔡雅娟.特殊儿童心理评估(第 2 版)[M].北京:华夏出版社,2018:331.

4. 构成

该量表共57题,包含五个分测验:感觉、交往、运动、语言和生活自理。每项按1、2、3、4四级评分,全量表总分为158分。总分小于53分,孤独症谱系障碍可能性小;总分大于等于67分,孤独症高度可能。[①]

5. 评价

使用方便,用时较少,可由家长填写。

(五)《儿童孤独症筛查量表》

1. 目的

筛查孤独症谱系障碍儿童。

2. 对象

没有明确界限。

3. 编制者

北京大学精神卫生研究所刘靖等人编制。[②]

4. 构成

量表包含17个项目,社会交互作用方面(见表3-9中的1—7),言语和交流方面(见表3-9中的8—13),兴趣与行为方面(见表3-9中的14—17)。[③] 这些项目采取了3—5级的评分方法,评分越高,受测者越具有孤独症谱系障碍的特征;评分越低,受测者的孤独症谱系障碍特征越轻;评分为0时,受测者无该项目描述的异常表现。[④] 总分大于等于24,可诊断为孤独症谱系障碍儿童。[⑤]

表3-9　《儿童孤独症筛查量表》的项目内容[⑥]

1. 目光对视	10. 自发的行为模仿
2. 对语声的注意	11. 有来有往的谈话
3. 对同龄儿童的兴趣	12. 刻板言语
4. 参与同龄儿童的游戏	13. 人称代词错用
5. 想象性游戏	14. 特殊化兴趣和不寻常怪癖
6. 分享欢乐	15. 刻板重复的游戏方式
7. 不恰当的面部表情	16. 刻板重复的怪异行为
8. 对他人身体的使用	17. 强迫行为和强迫仪式
9. 点摇头	

---

① 王辉,李晓庆,李晓娟. 国内孤独症儿童评估工具的研究现状[J]. 中国特殊教育,2009,(7):54-59.

② 刘靖,王玉凤,郭延庆,贾美香. 儿童孤独症筛查量表的编制与信度、效度分析[J]. 中国心理卫生杂志,2004,18(6):400-403.

③ 王辉,李晓庆,李晓娟. 国内孤独症儿童评估工具的研究现状[J]. 中国特殊教育,2009,(7):54-59.

④⑤ 韦小满,蔡雅娟. 特殊儿童心理评估(第2版)[M]. 北京:华夏出版社,2018:334.

⑥ 同上:333.

5. 评价

该量表由我国学者编制,施测简单,用时较少,可用于我国孤独症谱系障碍儿童的筛查和诊断。

三、其他特定障碍婴幼儿的评估工具

双双,1岁,是个女孩,对声音非常不敏感,睡着时,旁边有很大的声响也不会吵醒她。每次,大人在耳边和她说话,她都没反应,叫她名字也没反应。在她旁边拍手、用玩具制造声音,她也不会朝发出声音的地方看。双双可能存在什么障碍? 可以用哪种工具对她进行评估?

佳佳,3岁,是独生子,2岁时父母离婚,平时主要由奶奶照顾,胆子比较小。

在奶奶的提示下,佳佳会自己洗手,会用吸管喝水。洗脸时,会把衣服弄湿。自己穿衣服时,会把扣子弄错。自己吃饭会洒,需要奶奶帮助。佳佳可能存在什么障碍? 可以用哪种工具对他进行评估?

双双可能存在听觉障碍,可以使用《聋儿听力语言康复评估系统》对其进行评估。佳佳可能存在行为障碍,可以使用一些适应行为评估工具进行评估。除了以下评估工具,也可以根据案例的具体情况,查阅其他工具进行评估。

(一)《聋儿听力语言康复评估系统》

1. 目的

评估聋童的语言能力和听觉能力。

2. 对象

聋童。

3. 编制者

中国聋儿康复研究中心的孙喜斌、袁海军编制。[1]

4. 构成

评估系统包含两部分,分别是听觉能力评估和语言能力评估。听觉能力评估包括以下9个方面:自然环境声音识别、语音识别、数字识别、声调识别、单音节词(字)识别、双音节词识别、三音节词识别、短句识别、选择性听取。语言能力评估包括以下6个方面:语音清晰度、词汇量、模仿句长、听话识图、看图说话、主题对话。[2][3]

---

① 韦小满,蔡雅娟.特殊儿童心理评估(第2版)[M].北京:华夏出版社,2018:250.

② 同上:250－252.

③ 孙喜斌,张芳,黄鸿雁,张蕾.听力障碍儿童言语听觉评估方法[J].听力学及言语疾病杂志,2009,17(4):327－329.

5. 评价

量表由我国学者编制,可评估聋童的语言能力和听觉能力。

(二)《婴儿—初中生社会生活能力量表》

1. 目的

评估社会性适应行为。

2. 对象

0—14 岁的儿童。

3. 编制者

1988 年,北京医科大学的左启华对日本学者三木安正的《S-M 社会能力检查表》进行修订,并命名为《婴儿—初中生社会生活能力量表》。[1]

4. 构成

全量表包括 180 项,分布在 0—14 岁年龄阶段的 6 个领域:独立生活能力、运动能力、作业、交往、参加集体活动、自我管理。[2]

5. 评价

该量表既适用于 0—14 岁儿童与青少年的社会生活能力的评定,又适用于该年龄段儿童与青少年智力低下的临床诊断,是目前我国具有较高信度和效度的测量儿童适应行为的量表之一。[3]

(三)《阿肯巴克儿童行为量表》

1. 目的

评估儿童近 2 个月的情绪和行为。

2. 对象

1.5—5 岁的儿童。

3. 编制者

阿肯巴克(T. M. Achenbach)和同事编制。

4. 构成

量表由 7 个分测验组成,共有 100 题,用于评估儿童在近 2 个月内的行为:情绪反应、焦虑/抑郁、体诉、退缩、注意问题、攻击行为、睡眠问题。[4]

---

① 毛荣建,刘颂,孙颖. 特殊幼儿学前融合教育[M].北京:知识产权出版社,2019:109.
②③ 雷江华. 学前特殊儿童教育[M].武汉:华中师范大学出版社,2008:292.
④ 韦小满,蔡雅娟. 特殊儿童心理评估(第 2 版)[M].北京:华夏出版社,2018:323.

5. 评价

施测简便,能够筛查出有情绪和行为问题的儿童,是常用的儿童心理行为问题筛查评估工具之一。但该量表不能单独用来作诊断性评估,要谨慎使用。

(四)《文兰社会成熟量表》

1. 目的

评估受测者的适应行为。

2. 对象

0—25 岁的个体。

3. 编制者

美国文兰训练学校的道尔(E. A. Doll)编制。

4. 构成

包含 8 个分测验,共 117 个项目。

5. 评价

这个量表是世界上第一个标准化的适应行为量表。[①]

(五)《生活适应能力检核手册》

1. 目的

测量中重度智能障碍者生活适应的基本能力,为设计适合学生个别教育需求的个别化教育计划服务。[②]

2. 对象

中重度智障儿童、情绪和行为障碍儿童、多重障碍儿童。[③]

3. 编制者

由台湾师范大学的王天苗编制。

4. 构成

《生活适应能力检核手册》由以下 7 个分测验组成:包括自理能力(201 题)、社会性能力(139 题)、知动能力(350 题)、语言能力(90 题)、基本学科能力(356 题)、休闲能力(112 题)、居家与工作能力(106 题)。[④]

---

① 王辉. 特殊儿童教育诊断与评估(第三版)[M].南京:南京大学出版社,2018:231.
② 同上:236 - 237.
③④ 同上:237.

5. 评价

施测方法十分简便,可以全面、系统地评估受测者的生活适应能力,但不能用来鉴别智障儿童。[①]

表 3－10 系统整理了常见的评估工具。

表 3－10　常见的评估工具

类　别	评估工具	评估目的	评估对象
可用于婴幼儿的发展性评估工具	《格塞尔发展量表》	测量发展水平、程度,诊断出可能存在发育迟缓的婴幼儿	0—3 岁儿童
	《皮博迪运动发育量表》	测量婴幼儿的运动发育状况	0—5 岁儿童
	《年龄与发育进程问卷》	测量婴幼儿发育状况,筛查早期发育迟缓	1—66 个月儿童
	《0—6 岁儿童发展筛检量表》	测量婴幼儿的发展状况与发育程度,筛选出可能存在发展迟缓问题的婴幼儿	0—6 岁儿童
	《丹佛发育筛查测验》	测量婴幼儿的发展状况、程度,筛选出可能存在发展迟缓问题的婴幼儿	0—6 岁儿童
可用于婴幼儿孤独症谱系障碍评估的工具	《孤独症儿童发展评估表》	评估孤独症谱系障碍婴幼儿及其他发展性障碍婴幼儿的发展状况及康复需要	0—6 岁儿童
	《心理教育评定量表》	了解受测婴幼儿各机能的发展水平,为孤独症谱系障碍及相关发育障碍婴幼儿的个别化评估与矫治提供依据	孤独症谱系障碍儿童
	《儿童期孤独症评定量表》	评估婴幼儿的发展状况,辅助诊断孤独症谱系障碍	2 岁以上人群
	《孤独症儿童行为量表》	筛查孤独症谱系障碍婴幼儿	18 个月以上儿童
	《儿童孤独症筛查量表》	筛查孤独症谱系障碍婴幼儿	没有明确界限
可用于婴幼儿的其他特定障碍的评估工具	《聋儿听力语言康复评估系统》	评估聋童的语言能力和听觉能力	聋童
	《婴儿—初中生社会生活能力量表》	评估社会性适应行为	0—14 岁儿童
	《阿肯巴克儿童行为量表》	评估婴幼儿近 2 个月的情绪和行为	1.5—5 岁儿童
	《文兰社会成熟量表》	评估受测者的适应行为	0—25 岁人群
	《生活适应能力检核手册》	测量中重度智能障碍者生活适应的基本能力,为设计适合学生个别教育需求的个别化教育计划服务	中重度智障儿童、情绪和行为障碍儿童、多重障碍儿童

---

① 王辉.特殊儿童教育诊断与评估(第三版)[M].南京:南京大学出版社,2018:237－238.

思考题：

1. 尝试为特殊婴幼儿制订一份个别化教育计划。

2. 特殊婴幼儿的评估方法有哪些?

3. 常见的特殊婴幼儿的评估工具有哪些?

4. 调查问卷有哪些注意事项? 可以调查哪些内容?

第四章　婴幼儿融合教育的实施要素、途径与策略

☞　**教学导航**

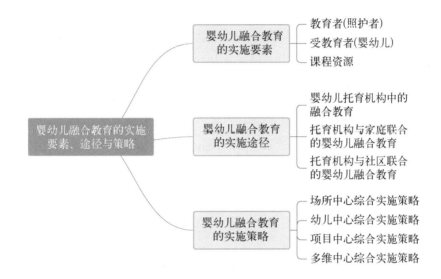

☞　**学习目标**

1. 了解婴幼儿融合教育的实施要素有哪些。

2. 掌握婴幼儿融合教育的实施途径。

3. 能够在实践中恰当地运用融合教育的实施策略。

《中华人民共和国残疾人教育条例》《特殊教育提升计划(2014—2016 年)》《第二期特殊教育提升计划(2017—2020 年)》《普通学校特殊教育资源教室建设指南》等,都明确提出要推行融合教育。

《特殊教育提升计划(2014—2016 年)》(以下简称《一期计划》)中指出,要促进融合教育。[①]《第二期特殊教育提升计划(2017—2020 年)》(以下简称《二期计划》)中指出,坚持统筹

① 中华人民共和国中央人民政府. 国务院办公厅关于转发教育部等部门特殊教育提升计划(2014—2016 年)的通知[EB/OL]. (2014 - 01 - 18)[2023 - 03 - 23]. http://www.gov.cn/zhengce/content/2014-01/18/content_8358.htm.

推进,普特结合。以普通学校随班就读为主体、以特殊教育学校为骨干、以送教上门和远程教育为补充,全面推进融合教育。[①] 2017 年,国务院出台《中华人民共和国残疾人教育条例》,提出"残疾人教育应当提高教育质量,积极推进融合教育,根据残疾人的残疾类别和接受能力,采取普通教育方式或者特殊教育方式,优先采取普通教育方式"[②]。《中国教育现代化 2035》依据党的十九大关于加快教育现代化战略目标要求,全面规划了我国各类教育现代化的发展任务,明确提出"推进适龄残疾儿童少年教育全覆盖,全面推进融合教育"[③]。《中华人民共和国残疾人教育条例》《二期计划》对学前、高中阶段开展随班就读作出规定,《关于加强残疾儿童少年义务教育随班就读工作的指导意见》也明确提出,"非义务教育阶段的普通教育学校(包括幼儿园、普通高中、中职学校和高等学校)开展随班就读可参照本意见执行"[④]。显现出推进融合教育向学前、高中阶段"两头延伸"的趋向。

融合教育对于满足特殊婴幼儿的需要,实现教育公平,促进教育平等具有积极的作用。但是,融合教育的发展也面临着经济、文化、从业人员素养等多方面的挑战。我们越来越认识到婴幼儿的早期融合教育不是一个孤立的问题,它受到政治经济背景、社会资源、文化环境等诸多因素的影响。本章从婴幼儿融合教育的实施要素、途径、策略三方面入手,探讨婴幼儿的早期融合教育。

第一节　婴幼儿融合教育的实施要素

婴幼儿融合教育实施过程中涉及的因素有很多,在诸多影响因素中,教育者(照护者)、受教育者(婴幼儿)、课程资源是影响婴幼儿融合教育质量和成败的主要因素。

一、教育者(照护者)

所有有特殊需要的婴幼儿都有权与同龄婴幼儿一起在自然的普通环境中生活与学习,这样的教育模式被称为"融合教育"。融合教育的教师是保障融合教育质量的关键所在。从

---

①　中华人民共和国中央人民政府. 七部门关于印发《第二期特殊教育提升计划(2017—2020 年)》的通知[EB/OL].(2017 - 07 - 28)[2023 - 03 - 23]. http://www. gov. cn/xinwen/2017-07/28/content_5214071. htm.

②　中国政府网. 中华人民共和国国务院令(第 674 号)[EB/OL]. (2017 - 05 - 01)[2023 - 03 - 23]. http://www. gov. cn/gongbao/content/2017/content_5178184. htm.

③　中华人民共和国教育部. 中共中央、国务院印发《中国教育现代化 2035》[EB/OL]. (2019 - 02 - 23)[2023 - 03 - 23]. http://www. moe. gov. cn/jyb_xwfb/s6052/moe_838/201902/t20190223_370857. html.

④　中华人民共和国教育部. 对十三届全国人大三次会议第 6110 号建议的答复[EB/OL]. (2020 - 09 - 03)[2023 - 03 - 23]. http://www. moe. gov. cn/jyb_xxgk/xxgk_jyta/jyta_jijiaosi/202009/t20200921_489318. html.

事婴幼儿融合教育的教师是融合教育背景下的新型教师角色,是经过专业培训,具备融合教育专业知识、专业技能和良好职业道德的专业人员。

在进行融合教育工作时,教育者是否具备融合教育的理念,是否能够灵活运用融合教育的知识与技能,对融合教育的实施至关重要。从事融合教育的教师除了要全面学习理论知识,还要接受专业的特殊教育技能培训,既要重视理论学习,也要重视实践素养,使职业技能与融合教育的发展要求相匹配,为普通婴幼儿教育与特殊婴幼儿教育的融合提供人力支持。

大多数有特殊教育需要的婴幼儿进入托育机构后,会遇到种种挑战,需要专门的教师提供具有针对性的帮助。不仅需要专业过关的托育机构的任课教师,还需要对特殊婴幼儿进行个别辅导、补救教学的教师,对普通教师和家长提供咨询与支援服务的教师,后两者主要指特殊教育教师、专(兼)职资源教师。

波波是班里比较爱动和"不听话"的孩子。进入教室后,波波不坐在自己的座位上,而是躲在墙角里。教师把波波拉到座位上,　边引导其听教师讲课,一边及时表扬其正确的行为。但没过几分钟,波波再次站起来跑到墙边,班里的小朋友的注意力纷纷被波波吸引。教师一边批评波波的错误行为,一边用提问的方式吸引其他孩子的注意力回到教学内容上。教师在请波波坐回座位后,用波波喜欢的贴纸作为强化物,希望他安静下来。因为有强化物,波波安静的时间比之前久了一点,但在玩了一会儿贴纸后,他趁教师不注意又从座位上跑开了。

在园时,几乎每个中午,波波都无法按时入睡。他吵着要去户外,哭着找妈妈。教师就单独带他到户外跑步,爬滑梯,坐摇摇椅等。他精力非常旺盛。为了帮助波波消耗体能、提升睡意,教师就带他进行各种运动。他玩得累了就睡觉了。如果你是波波班里的老师,面对"不听话"的波波,你将怎么做呢?[①]

(一) 托育机构教师

婴幼儿照护,事关婴幼儿的健康成长,事关千家万户。托育机构是指根据家庭的实际需求,为 3 岁以下婴幼儿提供全日托、半日托、计时托、临时托等多样化的婴幼儿照护服务的机构。

《国家中长期教育改革和发展规划纲要(2010—2020 年)》中明确提出,要重视 0—3 岁婴幼儿的教育。2019 年 3 月 5 日,第十三届全国人民代表大会第二次会议上的政府工作报告中也指出,要针对实施全面两孩政策后的新情况,加快发展多种形式的婴幼儿照护服务,支

---

① 杨楠.学前融合教育支持系统的个案研究[D].金华:浙江师范大学,2012.

持社会力量兴办托育服务机构,加强婴幼儿安全保障。①

《中华人民共和国国民经济和社会发展第十四个五年规划和 2035 年远景目标纲要》中提出"发展普惠托育服务体系,健全支持婴幼儿照护服务和早期发展的政策体系……严格落实城镇小区配套园政策,积极发展多种形式的婴幼儿照护服务机构,鼓励有条件的用人单位提供婴幼儿照护服务,支持企事业单位和社会组织等社会力量提供普惠托育服务,鼓励幼儿园发展托幼一体化服务。推进婴幼儿照护服务专业化、规范化发展,提高保育保教质量和水平"②。随着人民群众需求的增加,各式各样的托育机构应运而生,包括专门从事 1—3 岁幼儿照护服务的早教机构和招收 2—3 岁幼儿的幼儿园托班。

1. 来源

2019 年,国务院办公厅印发《关于促进 3 岁以下婴幼儿照护服务发展的指导意见》,对 0—3 岁婴幼儿照护服务的属性、发展原则和管理提出要求,为解决婴幼儿照护问题提供政策保障。按照职能分工,国家卫生健康部门负责组织制定婴幼儿照护服务的政策规范,协调相关部门做好对婴幼儿照护服务机构的监督管理,负责婴幼儿照护卫生保健和婴幼儿早期发展的业务指导;教育部门负责各类婴幼儿照护服务人才培养。该指导意见强调依法保障从业人员的合法权益,建设一支品德高尚、富有爱心、敬业奉献、素质优良的婴幼儿照护服务队伍。③

托育机构的教师主要来源于早期教育相关专业和 1+X 证书制度试点培养培训的人员。中等职业学校专业目录设置有护理等相关专业,列举了母婴护理等专业方向;2019 年又增补了中职幼儿保育专业,并印发通知推动各地将中职学前教育专业转设幼儿保育及相关专业,重点培养幼儿园保育员或母婴照护专业人员。普通高等学校高等职业教育(专科)专业目录设置有早期教育、学前教育等专业,列举了育婴、早期教育指导与服务等专业方向,2016 年又增补幼儿发展与健康管理专业。到 2019 年,全国共设置高职早期教育专业点 100 个左右,学前教育专业点 700 个左右,幼儿发展与健康管理专业点 250 个左右。④

① 中华人民共和国教育部. 政府工作报告——2019 年 3 月 5 日在第十三届全国人民代表大会第二次会议上[EB/OL]. (2019 - 03 - 16)[2023 - 03 - 23]. http://www. moe. gov. cn/jyb_xwfb/xw_zt/moe_357/jyzt_2019n/2019_zt2/zt1902_gzbg/201903/t20190318_373840. html.

② 中华人民共和国教育部. 中华人民共和国国民经济和社会发展第十四个五年规划和 2035 年远景目标纲要[EB/OL]. (2019 - 03 - 16)[2023 - 03 - 23]. http://www. moe. gov. cn/jyb_xwfb/s6052/moe_838/202103/t20210315_519738. html.

③ 中华人民共和国教育部. 国务院办公厅关于促进 3 岁以下婴幼儿照护服务发展的指导意见(国办发〔2019〕15 号)[EB/OL]. (2019 - 05 - 09)[2023 - 03 - 23]. http://www. gov. cn/zhengce/content/2019-05/09/content_5389983. htm.

④ 中华人民共和国教育部. 关于政协十三届全国委员会第三次会议第 4333 号(教育类 396 号)提案答复的函[EB/OL]. (2020 - 10 - 26)[2023 - 03 - 23]. http://www. moe. gov. cn/jyb_xxgk/xxgk_jyta/jyta_jijiaosi/202011/t20201119_500728. html.

此外,截至 2020 年 6 月份,我国发布的 73 个培训评价组织的 92 个职业技能等级证书,其中有母婴护理、幼儿照护等相关证书。[①]

婴幼儿早期教育的发展离不开大量优秀师资的养成,早期教育相关专业培养的学生和 1+X 证书制度试点培训的人员是托育机构教师的重要来源。积极引导各级各类院校将证书培训内容有机融入专业人才培养方案,优化课程设置和教学内容,才能够提高人才培养的灵活性、适应性和针对性。

2. 专业技能

托育机构的教师是教育教学活动中必不可少的角色。托育机构中从事融合教育的教师,不仅要具备普教的知识和技能,还要掌握特教的相关知识和技能,能够对婴幼儿展开有针对性的个别化照护,努力营造普通婴幼儿和有特殊需要的婴幼儿和谐共生的良好局面。

张民生在其主持的上海市全国哲学社会科学"十五"规划重点课题"0—3 岁婴幼儿早期教育和发展"中对优秀保教人员所具备的一些素质进行了归纳。第一,优秀的保教人员需要有专业精神。一名合格的幼儿教师首先是有爱心、童心、耐心且细心的。除此之外,还要具有坚定的职业信念,对本职业充满热情和激情,能全身心地投入到本职工作中。第二,优秀的保教人员需要有专业理论知识,包括学前教育学、发展心理学、卫生保健学等。主要是关于 0—3 岁婴幼儿教养方面的专业知识。第三,优秀的保教人员需要有专业教育能力,包括环境布置能力,观察评价能力,与婴幼儿进行良好沟通互动的能力。第四,优秀的保教人员需要有专业教育技能,主要有使幼儿安静的技能,稳定幼儿情绪的技能,组织活动技能,熟练运用现代教育信息手段的现代教育技能,以及弹、唱、跳、画等基本功。第五,优秀的保教人员需要有良好的身心素质。首先要有强健的体魄、充沛的精力,其次要有健全的人格及优良的心理素质。[②]

3. 职责

托育机构的教师是实施婴幼儿融合教育的主力军,根据其专业的发展水平可分为新手、熟手、专家三个层次。新手层次主要是在教师教育理论的学习中增加一定的融合教育知识和方法,重点强调的是对特殊需要婴幼儿的积极态度和情感,能够平等地接纳他们;熟手层次是指接受了一定特殊教育的培养和培训,可以对普通学校的特殊需要婴幼儿进行专业性辅导;专家层次是教师不仅具有跨专业的知识和能力,而且可以对所有婴幼儿进行差异化教

---

① 中华人民共和国教育部. 关于政协十三届全国委员会第三次会议第 4333 号(教育类 396 号)提案答复的函[EB/OL].(2020-10-26)[2023-03-24]. http://www.moe.gov.cn/jyb_xxgk/xxgk_jyta/jyta_jijiaosi/202011/t20201119_500728.html.

② 华爱华,黄琼. 托幼机构 0—3 岁婴幼儿教养活动的实践与研究[M]. 上海:上海科技教育出版社.2006:254-255.

学指导。

托育机构的教师在进行融合教育时需要根据有特殊需要的婴幼儿的特点和需求,采取多感官教学的方法、同伴互助等方式,让特殊婴幼儿在和谐的环境中增长知识、习得技能,增强社会适应能力。

(二) 特殊教育教师

2012年,教育部连同多部委发布了《关于加强特殊教育教师队伍建设的意见》。[①] 意见要求坚持质量数量并重。为提高特殊教育教师队伍质量,要制订特殊教育学校教师专业标准,完善特殊教育教师准入制度,探索建立特殊教育教师专业证书制度。2015年,教育部印发关于《特殊教育教师专业标准(试行)》的通知。[②] 强调不断加强特殊教育专业建设,拓宽专业领域,扩大培养规模,满足特殊教育事业发展需要。可见,特殊教育专业人才的培养已成为热点问题。

2019年《中国儿童发展纲要(2011—2020年)》统计监测报告中指出,2019年,全国共有特殊教育学校2 192所,专任教师6.2万人,分别比上年增长了1.9%和6.3%;招收各种就读形式(含特殊教育学校、附设特教班、随班就读和送教上门学生等)的特殊教育学生14.4万人,在校生79.5万人,分别比上年增长16.8%和19.3%;全国义务教育阶段特殊教育在校学生77.9万人,比上年增长12.4%。[③] 我国特殊婴幼儿教育康复从业人员与机构数量稳步上升。

特殊教育教师是庞大教师队伍中的一员,在特殊教育学校和康复机构都能看到他们的身影。特殊教育教师能够运用心理学、学前教育、特殊教育等知识,能应用行为分析方法,照顾孤独症谱系障碍、智力障碍、发育迟缓等特殊孩子,为特殊婴幼儿及其家长提供各种指导和服务。进行融合教育的特殊教育教师,服务范围从家校一直延伸到社区。他们陪着婴幼儿回家,去托育机构;他们不仅仅指导特殊婴幼儿如何应对社会,他们也指导健康人如何与特殊婴幼儿相处。

1. 来源

特殊教育教师的培养包括职前培养和职后培养。职前培养主要由高等院校特殊教育专

① 中华人民共和国教育部. 教育部 中央编办 国家发展改革委 财政部 人力资源社会保障部关于加强特殊教育教师队伍建设的意见[EB/OL]. (2012 - 11 - 08)[2023 - 03 - 24]. http://www. moe. cn/srcsite/A10/s3735/201211/t20121108_145542. html.

② 中华人民共和国教育部. 教育部关于印发《特殊教育教师专业标准(试行)》的通知[EB/OL]. (2015 - 08 - 26)[2023 - 03 - 24]. http://www. moe. cn/srcsite/A10/s6991/201509/t20150901_204894. html.

③ 中国政府网. 2019年《中国儿童发展纲要(2011—2020年)》统计监测报告[EB/OL]. (2020 - 12 - 19)[2023 - 03 - 24]. http://www. gov. cn/xinwen/2020-12/19/content_5571132. htm.

业承担,包括高等专科学校、高等职业技术学院和本科院校的特殊教育专业。我国特殊教育教师培养模式与普通教师培养方式基本一致,特殊教育教师的职前教育主要由师范大学的特殊教育专业(系)、中等特殊教育师范学院、一小部分普通中等师范学校附设特殊师范部(班)实施;职后教育主要由特殊教育师资培训中心、特殊师范学校师资培训部、特殊学校附设师资培训部,各种形式、层次的短期师资提高班、函授等实施。[①]

2. 专业技能

2015 年,教育部颁布了关于《特殊教育教师专业标准(试行)》的通知,[②]通知从专业理念与师德、专业知识、专业能力三个维度对特殊教育教师应具备的专业素养进行了阐述。其中,专业理念与师德包括职业理解与认识、对学生的态度与行为、教育教学的态度与行为、个人修养与行为,专业知识包含学生发展知识、学科知识、教育教学知识、通识性知识四个领域,专业能力又包括环境创设与利用、教育教学设计、组织与实施、激励与评价、沟通与合作、反思与发展。《特殊教育专业师范生教师职业能力标准(试行)》中分四个部分提出四大能力,即师德践行能力、教学实践能力、综合育人能力和自主发展能力。[③] 合格的特教教师首先需要熟悉特殊教育专业知识,能够分析孩子行为特征的成因,评估特殊婴幼儿的需求。只有对有特殊教育需要的婴幼儿进行准确评估,才能够选用适合其发展的教学内容。其次,要尊重并理解特殊婴幼儿,掌握他们发展的阶段特点与成长规律。根据婴幼儿的个体需要、学习方式和能力来确定教学内容,使用特定的技巧。再次,要能理解并执行我国特殊教育的方针、政策和法规,了解国内外特殊教育发展的趋势与理论动态。最后,还应具备从事特殊教育实践教学、管理、康复和服务工作的基本能力,能够顺利与特殊教育需要人群沟通并进行相应的社区、家庭服务。其中,值得一提的是,在《特殊教育专业师范生教师职业能力标准(试行)》中,特别强调"推进融合教育"的综合育人能力。首先,应具备"融合教育知识":了解随班就读和融合教育的基本知识,了解国家关于推进随班就读与融合教育的政策,了解资源中心、资源教室的功能和资源教师、巡回指导教师的职责,树立融合教育理念,能够面向普通教师和家长进行宣传引导。其次,要具备"学习支持"能力:了解特殊婴幼儿安置的基础知识和基本流程,能够根据需要进行课程与教学调整,为特殊婴幼儿进行积极行为支持、制订个别化学习方案,实施特殊课程教学和学习评估。

---

① 郑晓坤.中国特殊教育师资培养研究(1978—2016)[D].长春:东北师范大学,2017:133.

② 中华人民共和国教育部.教育部关于印发《特殊教育教师专业标准(试行)》的通知[EB/OL].(2015 - 08 - 26)[2023 - 03 - 24].http://www.moe.gov.cn/srcsite/A10/s6991/201509/t20150901_204894.html.

③ 中华人民共和国教育部.教育部办公厅关于印发《中学教育专业师范生教师职业能力标准(试行)》等五个文件的通知[EB/OL].(2021 - 04 - 06)[2023 - 03 - 24].http://www.moe.gov.cn/srcsite/A10/s6991/202104/t20210412_525943.html.

3. 职责

第一，根据医疗机构或康复机构的医学诊断和婴幼儿的日常表现，对有特殊需要的婴幼儿进行准确评估，并在个人成长档案中和学情分析中进行标注，为特殊需要婴幼儿建立"一人一案"。

第二，设计一些针对有特殊教育需要婴幼儿的教学方法，将分层教学和个别化指导有机结合起来，使群体内所有婴幼儿都获得发展。

第三，给普通教师提供特殊教育与教学的咨询，并提出具体的教学建议。

第四，给普通教师提供特殊婴幼儿生理与教育方面的基础知识，使其能够胜任特殊婴幼儿的教育工作。

第五，给特殊婴幼儿家长提供咨询和培训，使其能够协助托育机构做好婴幼儿的教育教学工作。

(三) 专(兼)职资源教师

资源教师是指承担特殊婴幼儿评估和个别化教育计划的制订、资源教学、咨询以及日常管理和行政事务等多方面工作的主要资源人士。[①] 专(兼)职资源教师主要指在资源教室或资源中心任教的教师。依据《第二期特殊教育提升计划(2017—2020年)》，各地以区县为单位统筹规划，重点选择部分普通学校建立资源教室，配备专门从事残疾人教育的教师，指定其招收残疾学生，其他招收残疾学生5人以上的普通学校也要逐步建立特殊教育资源教室。融合教育资源中心(教室)是依托普通学校建设的、具有实施特殊教育的专业能力、为有特殊教育需要的儿童及其家长提供个别化教育与康复服务的机构，旨在帮助有特殊教育需要的儿童最大限度地融入普通教育，促进其身心更好地发展。

资源教室也可以让有特殊教育需要的婴幼儿和普通婴幼儿一起在融合班级接受教育。其中，有特殊教育需要的婴幼儿要花一部分时间到资源教室接受个别辅导。资源教室为一所托育机构服务，而资源中心是一个资源群，相对集中，功能齐全，能同时为几所托育机构服务。

资源中心不仅仅是一间间教室，而且是综合考虑各项资源整合使用的场域，相关资源教室包括个案辅导室、活动专用室、心理工作室、管理室、阅览室、科技室、艺术室等。资源中心一般开展以下工作：评估行为，提供建议，为教师和家长提供咨询和支持；帮助教师专业发展，帮助家庭训练，加强家长对特殊婴幼儿的认识；提供特殊材料和设备；帮助寻找国家或地区更专业的中心，提供更大范围的服务；从事有限的直接教学。[②] 资源中心的有效使用为有

① 王和平. 随班就读资源教师职责及工作绩效评估[J]. 中国特殊教育,2005,7：37-41.
② 刘春玲,江琴娣. 特殊教育概论[M]. 上海：华东师范大学出版社,2008：28.

特殊教育需要婴幼儿的课程实施提供了保障。

资源教师是为有特殊教育需要学生提供咨询、诊断、评估、制订个别化教育计划等支持性教育服务的专业化教师，主导着资源中心的正常运作。[①] 资源教师是融合教育的主力军，资源中心（教室）建设是区域推进融合教育的主抓手，建设一支有理论技能、有专业情怀的专（兼）职资源教师队伍，是融合教育高质量发展的前提和基础。

1. 来源

资源教师有专职的，也有由任课教师和特殊教育学校的教师兼任的。

2. 专业技能

普罗伊斯（Preuss）认为，资源教师的基本能力有：诊断评量，运用教学策略，教室管理，实施课程，沟通，挖掘小区资源与转介等技能。[②]

黄瑞珍提出学校遴选资源教师时，需要考量的几项基本能力：教育诊断与评量能力；观察，即行为评量技术；课程设计能力；改编教材或设计教材的能力；行为改变技术；人际沟通技术；家长咨询能力；求新求变，喜欢追求新知，积极的工作态度；寻求教学资源的能力；团队合作共识的能力。[③]

2015 年，国务院《"十三五"加快残疾人小康进程规划纲要》中曾指出，要大力推行融合教育，建立随班就读支持保障体系，在残疾学生较多的学校建立特殊教育资源教室，提高普通学校接收残疾学生的能力。[④] 2016 年，教育部出台了《普通学校特殊教育资源教室建设指南》，对资源教师提出以下要求：资源教师原则上须具备特殊教育、康复或其他相关专业背景，具备特殊教育和康复训练的基本理论、专业知识和操作技能。[⑤]

在资源教师的培养上，有计划、按步骤、分层次对资源教师进行特殊教育发展形势，融合教育政策保障、文化建构、环境支持与课程教学，以及融合教育资源中心（教室）使用与管理，各类特殊教育需要学生教育诊断与评估、咨询指导、转衔安置、教育教学方法与策略、个别化教育计划与个别化支持计划的制订与实施、康复训练等专题的培训。[⑥]

3. 职责

资源教师的职责除直接对特殊儿童施以教学外，亦对有需要的校内外教师、家长及其他

① 常建文. 融合教育资源教师素养刍议[J]. 现代特殊教育，2020(7)：73－74.

②③ 刘慧丽. 融合教育理念下资源教师角色的指导模式研究[D]. 湖北：华中师范大学，2013(5)：22.

④ 中华人民共和国中央人民政府. 国务院关于印发"十三五"加快残疾人小康进程规划纲要的通知[EB/OL].
(2016－08－17)[2023－03－24]. http://www.gov.cn/zhengce/content/2016-08/17/content_5100132.htm.

⑤ 中华人民共和国教育部. 教育部办公厅关于印发《普通学校特殊教育资源教室建设指南》的通知[EB/OL].
(2016－01－27)[2023－03－27]. http://www.moe.gov.cn/srcsite/A06/s3331/201602/t20160216_229610.html.

⑥ 胡洪全，沈剑辉，谈秀菁. 发挥社会服务功能，提高随班就读师资专业水平[J]. 现代特殊教育（高等教育研究），
2020(7)：9－13.

人员兼有辅导、指导与咨商的功能。资源教师在专门开设的资源教室或资源中心内,利用感统器材对有特殊教育需要的婴幼儿提供个训辅导,担任着教学辅导、行为矫正、教育康复等多种角色。其职业特性要求教师必须具备双重教师的职业素质,既要注重普通教师的教学能力、管理方法,也要掌握特殊教育教师所需要的基本技能与方法。资源教师需要对婴幼儿付出爱心与耐心,这是教师都要有的专业态度,具有普遍性;还应具有特殊教育所有的独特性要求,对服务对象的更加深层次的认识与理解,为有特殊教育需要的婴幼儿提供符合其自身发展需求的帮助,个别化教育计划或是补偿训练等。

二、受教育者(婴幼儿)

(一) 0—3 岁普通婴幼儿

融合教育是旨在实现普通婴幼儿与有特殊教育需要的婴幼儿(包括肢体伤残、视觉受损、听觉受损、智力障碍、有天赋、有语言障碍等有特殊教育需要的婴幼儿)在一起共同接受教育,给每个孩子提供个性化支持的一种教育模式。对于普通婴幼儿来说,与有特殊教育需要的婴幼儿共同接受教育,能够培养其开放包容的态度、助人为乐的精神。

好的融合教育一定是让有特殊教育需要婴幼儿和普通婴幼儿双方受益。它不仅能让有特殊教育需要的婴幼儿学习社会规范,早日回归主流,同时能让普通孩子通过和有特殊教育需要的孩子相处,了解世界的多元,学会如何尊重和善待他人。

(二) 0—3 岁有特殊教育需要的婴幼儿

婴幼儿早期的融合教育,是帮助有特殊教育需要的婴幼儿回归主流世界的重要渠道,帮助有特殊教育需要的婴幼儿与其他孩子一样,享受公平的教育资源和教育机会,为有特殊教育需要的婴幼儿制订有针对性的干预方案,根据婴幼儿的实际情况实施个别化教育,刺激特殊婴幼儿的身心发展,改善其感知、运动、语言、社会交往等能力。同时,与仅仅接受特殊教育机构的教育相比,婴幼儿在接受融合教育的过程中能获得来自同伴的更多支持。

三、课程资源

将 0—3 岁有特殊教育需要的婴幼儿和正常发展的婴幼儿安置在同样的环境中共同进行学习,满足婴幼儿多样化的需求,实现特殊教育与普通教育的融合统一是婴幼儿融合教育的内在要求。要满足特殊婴幼儿的需要,保证融合教育的质量,这离不开为有特殊教育需要的婴幼儿提供其所需要的教学资源和相关服务,从而构建一个能够支持其成长发展的环境。下面主要从婴幼儿教育机构内部的课程资源、婴幼儿教育机构外部的课程资源以及信息化的课程资源三方面进行阐述。

（一）机构内的课程资源

融合教育教师在教学时，需要更多使用形象的、直观的、特殊婴幼儿容易理解的方式方法，这同时也会帮助普通婴幼儿更容易理解教学内容。这就要求机构内部要具备丰富的课程资源。

教师要不断加强课程开发意识，积极参与相关培训和研究，更新传统的教学观念，结合区域、机构和婴幼儿的特点，力求将生活课程资源引入教学课堂中。将普教一日活动与课程模式融入特教活动中，将个别化教育体现在普教集体活动中，实施全面发展教育和因材施教。在教学过程中，教师应利用多种形式开展灵活、有效、多样的教育教学，发展婴幼儿潜力，从婴幼儿发展情况出发，结合区域、机构、婴幼儿的特点有效地开展课程资源的开发。例如，在机构内部开辟种植区，开展蔬菜种植活动。在种植实践活动中积累种植经验，让普通婴幼儿和有特殊教育需要的婴幼儿形成合作学习和探究学习的学习方式，在操作中发展动手能力、观察能力和语言沟通能力，提升实践能力和生存能力。

（二）机构外的课程资源

婴幼儿教育机构应当与医疗机构、康复中心以及特殊教育学校等单位取得联系，寻找资源，通过融合教育对有特殊教育需要的学生进行帮扶。这需要教师付出艰辛的努力，也离不开经费和资源的保障。建设资源教室、购买特殊教具、开发个别化课程、开展教师培训等，都会增加额外支出，需要经费保障。设立资源教室、合理调整课程内容、制订个别化教育方案、对婴幼儿进行综合评价、创设校园融合文化等诸多细节性规定均契合了融合教育的理念实质，目标指向提升融合教育的教育质量，意味着融合教育纵深化发展的趋势。同时，对有特殊教育需要的婴幼儿进行帮扶需要与医疗卫生、社会福利机构密切配合，需要卫生健康部门专业人士对特殊婴幼儿进行诊断和干预，形成跨部门的协同合作。

（三）信息化的课程资源

我国教育教学改革和教育信息化发展日新月异，要学会借助网络，实现融合教育教学资源的共享，进行教师业务素质的在线培训，加大教学课件、教学设计、教学素材等建设力度。搭建起融合教育资源平台，链接社区内外资源和公益力量，提供专业指导，提升其管理的专业化水平，发挥信息技术优势，突出优质教学设计，提炼优质教学课件，丰富教学素材，实现网络教学资源共享，提高教学质量，实现融合教育的教育资源丰富化。

第二节　婴幼儿融合教育的实施途径

婴幼儿融合教育通过将有特殊教育需要的婴幼儿与普通婴幼儿安排在一起接受教育,为特殊婴幼儿营造正常的学习与生活环境,使他们能够平等地享受来自社会各界的关爱和教育,获得更加充分的发展。这是融合教育的最终的目的。本节将从婴幼儿托育机构的角度,探讨落实融合教育的路径,促进有特殊教育需要的婴幼儿与普通婴幼儿的健康成长。

一、婴幼儿托育机构中的融合教育

(一)丰富融合教育理念

理念、政策和实践不仅各自对融合教育产生影响,它们相互之间更是存在着紧密复杂的联系。理念对实践发挥着指导和引领的作用,融合教育理念的更新促使政策制度不断完善,推动实践不断深入。

融合教育的理念和内涵不断变化和丰富,关于融合教育的理解,可归纳为以下六种。[①]

第一种,将有特殊教育需要的婴幼儿安置在普通教室。

第二种,满足有特殊教育需要学生的社会学习需求。

第三种,满足所有学生的社会学习需求。

第四种,创建接纳、融合的学校和社区。

第五种,经由融合教育迈向包容性社会。

第六种,融合、权利、自由的价值系统。

(二)推动融合教育实践

琦琦从康复中心转来,耳戴助听器。她妈妈希望她能和正常的孩子在一起生活和学习。她虽然有听力障碍,但活泼、热情,性格很外向。她会在吃饭的时候大声表达:"这饭很好吃的。"但也会在午睡时爬来爬去,嘴里发出"呼哧呼哧"的声音,还会在活动时转来转去,拉别人的衣服、领子……这些都是因为她听不清,不能很好地建立规则意识。

对于琦琦,教师给予了更多的宽容和耐心:让她坐到教师的面前,并让能力强、习惯好的孩子坐在旁边,发挥榜样和同伴的力量去帮助她;午睡时,为了避免影响其他孩子,教师将她

---

① 庞文.改革开放以来我国融合教育的演进脉络、经验反思与未来展望[J].残疾人研究,2020(4):51-60.

安排到单人床上，并坐在旁边安抚、陪伴她入睡，帮助琦琦逐渐建立睡眠习惯，按时入睡。

教师还充分与其家长交流合作，邀请琦琦参加美术兴趣小组，扩展兴趣，提高能力。平时，教师也经常将教学活动的进度、一周教学内容、一日生活安排及琦琦在生活学习及活动中的表现及时告知琦琦妈妈，请其在家也能给予引导支持。渐渐地，琦琦建立了良好的规则意识，养成了良好的生活学习习惯，变得既懂事又能干，还交到了很多好朋友。[①]

新时代是我国教育事业发展的新起点，让包括残疾人在内的每个孩子都能享有公平而有质量的教育，促进其更好地融入社会生活是未来融合教育的目标追求。融合教育的发展是一个循序渐进的过程，一定要符合当地的实际情况，符合托育机构的实际情况，符合本班幼儿的实际情况。在课程方案制订的过程中，要注意尽可能做到具体、可操作、好施行，具有可行性。融合教育实践不仅是特殊教育范畴的转型，更是普通教育体系的变革。

1. 融合教育教师的现状

融合教育教师是伴随融合教育应运而生的新型教师角色，教师主体角色赋权增能体现在教师个体专业提升的过程当中。融合教育教师以"探索者"与"行动者"的姿态从事教育教学活动，在行动—反思—再行动的模式中不断增强自身专业能力。融合教育教师要系统学习特殊教育的相关知识和技能，加强系统训练，增加对特殊婴幼儿的教育经验，不断深化对融合教育的认识和了解，以便更好地应对各种现实状况。

2. 职前融合教育教师的培养

融合教育教师的素质直接影响到融合教育实施的质量。合格的融合教育教师能为特殊婴幼儿创造平等和谐的学习环境。在正确的引导下，特殊婴幼儿能够建立信心，树立正确的人生观，从而尽可能健康、全面地发展。

完善课程培养体系。推动普通师范院校和综合性院校的师范专业试点开设特殊教育课程，培养师范生的融合教育理念。在高等师范院校的教师培养课程体系中，应明确包含特殊教育课程模块，将特殊教育知识系统地纳入普教教师培养中来，系统、广泛地开设特殊教育知识或学科专业知识的选修课和必修课。

加大托育人才培养力度。建立托育人才贯通培养体系，支持高校和职业院校根据行业和市场需求开设婴幼儿照护相关专业，扩大学前教育专业招生规模，鼓励学校通过中高贯通、高本贯通等方式，培养育婴、保育、保健及托幼管理等相关专业人才，将婴幼儿心理学、婴幼儿卫生保健与护理、婴幼儿行为观察与评价等内容纳入课程体系，为社会培养高素质的托

---

① 朱燕芹.直面 宽容 关爱——融合教育背景下的特殊幼儿教育[J].山西教育（幼教），2022(2)：79.

育服务人才。此外,要明确托育行业上岗制度,规范工作人员的上岗资格审查,对在岗人员也要加大培训力度,督促从业人员不断提高自身业务水平,全面提升托育服务人员的整体水平。

3. 职后融合教育教师的培训

天津市北辰区特殊教育服务中心推行学龄前融合教育,探索出孤独症谱系障碍亲子园、特教学校幼儿园(普通班、实验班)、融合幼儿园、独立就近入园(或衔接普通小学)几种安置方案,满足不同程度孤独症谱系障碍儿童的需求。北辰区特殊需求服务指导中心会对融合幼儿园中孤独症谱系障碍幼儿所在班级的教师进行培训,并做好工作考核,以此保证需要特殊支持的孤独症谱系障碍幼儿所在学校全体教职员工的接纳性。[①] 天津市北辰区的经验为我们办好婴幼儿融合教育带来哪些启示?

面对庞大的教育需求以及融合教育发展趋势,不仅要培养专业化的早教教师,而且要加大特殊教育教师的培养力度,实现跨专业合作,以此促进教育质量的提升。[②]

改变教师对于有特殊教育需要婴幼儿的认识。平等对待有特殊教育需要的婴幼儿。特殊婴幼儿只有在教学过程中感受到教师对于自己的关注,才能够真正融入教学活动中。教师要在教学过程中引导普通婴幼儿正常地、正确地对待特殊婴幼儿。在教学过程中,教师应当鼓励其他婴幼儿与特殊婴幼儿交朋友。朋友是婴幼儿健康成长过程中必不可少的。特殊婴幼儿能够在交朋友的过程中,通过主动模仿学习基本的社交常识,建立与他人正常的友谊,建立人际交往的信心。

加强随班就读教师队伍建设。在国家和地方的培训中,增加融合教育教师培训,提升普通教师的融合教育素养,提高普通学校教师胜任随班就读工作的能力。探索引入社工、康复师等机制,承担随班就读学生照护、康复训练及辅助教学等工作。安排专、兼职特殊教育教研员,加强对随班就读工作的研究、指导和服务,通过专题教研活动或优质课评选等方式,有效支持随班就读教师的专业发展。将随班就读工作纳入教师绩效考核指标,在绩效工资分配、教师职称评定、评优表彰等方面向承担随班就读工作的教师倾斜。

教师与特殊婴幼儿的家庭建立统一的教学。融合教育也应当注重使特殊婴幼儿能够拥有更加丰富的生活,促使他们能够时刻感受到温暖。所以,教师应当结合学生的家庭教育开展工作。特殊婴幼儿的第一任教师是他们的父母。但是一般来说,特殊婴幼儿的父母不具备专业性育儿知识,特殊婴幼儿在成长过程中很容易遭受打击。教师应当与特殊婴幼儿的

---

① 中华人民共和国教育部. 融合教育:特教老师培养不可忽视[EB/OL]. (2021 - 04 - 19)[2023 - 03 - 27]. http://www.moe.gov.cn/jyb_xwfb/s5147/202104/t20210419_526981.html.

② 林超. 我国特殊儿童学前教育进展探析[J]. 文教资料,2017(2):139 - 140.

家庭建立统一的教学,保证特殊婴幼儿不管在家庭还是在幼儿园中都能够接受正确良好的教育,从而促使特殊婴幼儿全面发展。

师资培养单位应加强对新教师的入职指导和在职教师的继续教育培训,将特殊教育理论与技能纳入教师培训体系。开展针对性的职后培训,建立培训长效机制,针对不同学科背景、不同层级的融合教育教师设置不同的培训课程,突出个性化特征和专业化特点。

融合教育教师自身也应着眼于个人专业素质的全面提升,强化角色意识,学习角色技能,以应对在角色实践中面临的复杂工作,以理论观照实践,不断增强自身专业发展的自主性、参与性与反思性,不断激发专业自主意识,助推融合教育教师的专业化进程。

构建融合教育教师共同体。加强融合教育教师共同体建设,组建一支由特教教师、普校教师、心理咨询师、物理治疗师组成的跨学科专业团队,创建为融合教育的发展提供技术服务、资源链接以及工作督导等专业服务的团队,凝练教师共同体的群体力量,为融合教育的实施提供全方位高效的支持保障。此外,吸纳服务机构、高校组织等的志愿者,建设社工专业服务队伍,以弥补教师专业师资匮乏问题,为实现教育资源教师支持服务社会化夯实基础。

平平,女,3周岁,患有孤独症谱系障碍,不会主动表达,主要问题是情绪自我控制能力失调,严重时会出现自我伤害行为。平平入读托班一个星期被退学,转到康复中心做康复训练。父母工作比较繁忙,很少去关注孩子的学习情况或情绪。平平大部分时间由奶奶照料,老人家对孩子百依百顺,样样事情包办代替;孩子发脾气,无论对错都让着孩子,哄着孩子。所以,孩子比较自我、霸道,遇到不顺心的事情容易哭闹。[①] 教师应该如何帮助他呢?

二、托育机构与家庭联合的婴幼儿融合教育

张喜连是天津市中慧未来幼儿园的园长,过去的一年,她招收过 2 名孤独症谱系障碍儿童入园与其他孩子一起接受融合教育,因为家长的反对,今年她决定取消这个试点班。[②] 你觉得应该取消试点班吗? 为什么? 如果你是张喜连园长,你会怎么做?

(一) 提高普通家长对融合教育的接纳度

长期以来,普通教育和特殊教育像两条平行线,按照各自的轨迹发展。同样,人们也常常将普通婴幼儿和有特殊教育需要的婴幼儿区分开来,对有特殊教育需要的婴幼儿抱有偏

---

① 本案例由聊城实验幼儿园张娜老师撰写。

② 中华人民共和国教育部. 融合教育:特教老师培养不可忽视[EB/OL]. (2021－04－19)[2023－04－04]. http:// www. moe. gov. cn/jyb_xwfb/s5147/202104/t20210419_526981. html.

见。家长是否接纳普通婴幼儿和特殊婴幼儿在同一场所接受教育直接影响着融合教育的具体实施。例如,有学者对普通学生家长了解适龄听障儿童入学的情况进行了调查研究,研究显示,约有8%的学生家长认为听障儿童在普通学校上课不会对普通儿童的学习产生影响;52%的学生家长认为听障儿童与普通儿童在一起上课会对普通儿童产生影响;40%的学生家长认为听障儿童与普通儿童在一起上课会对普通儿童产生较大的影响。总之,家长普遍认为听障儿童在普通学校就读会对普通儿童产生不利影响。[①] 家长对教育的担心和顾虑,主要源于对融合教育的不了解,不知道融合教育是什么,不知道实施过程是什么,不清楚实施教师的专业性。

应加强宣传引导,积极争取普通婴幼儿家长的理解和支持,提高家长对融合教育的接纳度。开展针对普通婴幼儿和特殊婴幼儿家长的教育工作,引导普通婴幼儿家长接纳、理解特殊婴幼儿及其家庭,引导特殊婴幼儿家长打消顾虑,积极鼓励特殊婴幼儿融入普通班级,营造和谐的家长沟通氛围。借助微信、直播软件等现代信息化手段,宣传推广融合教育,可以让更多家长了解融合教育,增强对融合教育的认可度和接纳度。

(二) 提高特殊婴幼儿家长的融合教育参与度

涵涵是一个漂亮的小女孩,但她的一只眼睛是蓝色的,可能是基因病变造成的。第一次见面,她的母亲就悄悄请求朱老师提前告知其他孩子别盯着涵涵看,因为涵涵最怕别人看她,会认为是在嘲笑她,回家便会偷偷哭泣。朱老师听了却有不同的理解:幼儿的好奇心强,一味地要求和限制并不能阻拦孩子们,反而会激起他们的好奇心,加深对涵涵的伤害。而涵涵的心理承受能力也较弱,怎样才能摆脱这种无形的伤害呢? 朱老师和家长商量后,决定让大家"看个够"。

朱老师找来了几张外国小朋友的图片,让孩子们对照镜中的自己进行比较,找找有哪些不同。孩子们纷纷发言,提出了许多外貌上的异同点:"金黄色的头发好漂亮,像太阳一样闪亮。""蓝色的眼睛像大海一样。""黑色的皮肤特别有光泽。"……最后,朱老师总结了孩子们的探究结果:并不是所有的人都长得一样,也有人有黄头发、棕色头发、蓝眼睛、黑皮肤、白皮肤等许多种不同的外貌特点。而中国人也不一定都是黄皮肤、黑眼珠、黑头发的。不一样并不代表是不好的,他们有不同的美。这时,朱老师请涵涵上前来,搂着她,请大家欣赏这特别漂亮的蓝眼睛。"哇,好漂亮呀!"文文惊叹道。孩子们惊喜着、感叹着、赞美着,在孩子纯净

① 王倩,菅金辉.普通学生家长对适龄听障儿童入学了解情况的调查研究——以潍坊市为例[J].潍坊学院学报,2017,17(4):100.

102

的世界里没有嘲笑和偏见。而涵涵呢,刚开始还有点不知所措、有点胆怯,不一会儿就自如地笑起来,敢于面对了,因为她看到的是热切、友善的目光。活动后,她很快就和小伙伴们玩在了一起。孩子们也悄然接受并完全忘却了这份特殊,真正保护了涵涵的自尊心。[①]

当我们面对有缺陷的孩子,托育机构、家庭、社会怎样才能形成教育合力,帮助有特殊教育需要的婴幼儿取得进步呢?

家人是婴幼儿最早接触和最亲密的人,家长的处事方式和教育形式都对婴幼儿有深刻的影响。融合教育需要发挥好家庭的作用。家长不能把教育孩子的任务全都交给教育机构。尤其是特殊婴幼儿的家长,更要重视对孩子的教育,积极参与融合教育,主动关心孩子在托育机构内的表现,主动与教师沟通孩子的问题,帮助教师从各个方面全面了解孩子。特殊婴幼儿对社会的理解也是从对自己与父母关系的认识开始的。家长尊重孩子,积极参与孩子的康复训练,那么孩子未来才会融合得更好。

(三) 重视家园合作

社会学家费孝通和教育家梁漱溟认为中国社会是家庭本位的,社会团结首先依赖家庭的团结。家庭对其成员有一种包容性支持的义务,家庭成员则需承担为家庭单位增加财富和资源的责任,生活共通性、时空一致性使得家庭内部的支持关系成为可能。[②]

强化家园共育,形成教育合力,才能为特殊婴幼儿的成长创造良好的教育环境。特殊婴幼儿受身心发展水平的限制,有时需要父母或者家人陪伴上课。在上课的过程中,婴幼儿与父母会有很多的眼神交流,身体接触,这样有利于培养父母与子女的亲子关系。高水平的托育教师会采取各种方式让婴幼儿与父母互动。这样,父母在托育机构陪伴孩子学习的同时,也建立了良好的亲子关系。不仅如此,教师与家长保持密切联系,能够提升家庭教育工作水平。教师在与特殊婴幼儿家长进行沟通的过程中可以解答家长在育儿过程中的疑惑,为家长提供科学、合理的育儿指导。

强化家园合作。家庭应重视特殊婴幼儿的发展,将家庭教育贯穿于特殊婴幼儿发展的全过程,为特殊婴幼儿的成长创设良好的氛围。托育机构应充分调动社区资源,搭建社区平台帮助特殊婴幼儿家庭了解、掌握当地康复资源,满足特殊婴幼儿在康复医疗、训练等不同方面的需求,落实融合教育工作的实施与管理,切实做好特殊婴幼儿的登记工作、转介服务和后续跟踪服务。融合教育教师需要与家庭保持紧密联系,积极联动合作,做好特殊婴幼儿

---

① 朱燕芹.直面 宽容 关爱——融合教育背景下的特殊幼儿教育[J].山西教育(幼教),2022(2):79.
② 王思斌.中国社会的求助关系——制度与文化的视角[J].社会学研究,2001(4):1-10.

家长的沟通工作。托育机构和教师要让家长充分了解孩子的情况,与家长共同分析孩子问题的成因并制订个别化教育计划,切实做好家园配合工作,强化家园合作。

三、托育机构与社区联合的婴幼儿融合教育

加强社区婴幼儿照护服务设施与社区服务中心(站)及社区卫生、文化、体育等设施的功能衔接,发挥综合效益。支持和引导社会力量依托社区提供婴幼儿照护服务。发挥网格化服务管理作用,大力推动资源、服务、管理下沉到社区,使基层各类机构、组织在服务保障婴幼儿照护等群众需求上有更大作为。

(一) 自如的社会生活环境

从物质和精神上为特殊婴幼儿构建一个温馨、宽容、接纳、关怀的环境是开展婴幼儿融合教育的基础。每个人生而平等,又各有不同,要形成平等对待、尊重差异、全员接纳、发展全面的自如的生活环境。每个人都能够用欣赏的眼光看待不同,都能发现特殊婴幼儿身上的独特性和发展潜力,对待弱势群体有更多的耐心和爱心。

首先,要加大宣传力度,让人民群众了解基本公共服务政策,不再把育儿当成全家的难事、大事,让每个家庭可以多一种育儿选择,尽快解决一部分急需帮扶家庭的育儿之难。其次,要加大科学托育宣传教育力度,深化全社会对托育工作的认识和理解,引导家长高度重视早期照护和教育,增强婴幼儿照护能力。最后,做好宣传和培训。托育机构的每一位教师都应了解各类特殊婴幼儿的常识性知识,理解特殊婴幼儿,关爱特殊婴幼儿的家庭。应当发挥托育机构和社区内整体教师资源的优势。

(二) 普及的融合文化环境

融合教育对特殊婴幼儿的重要性不言而喻。融合教育能够帮助特殊婴幼儿在普通教育环境中获得发展。"只有特殊学生是融合教育的受益者",这个观点是片面的。融合教育的意义在于促进包括特殊学生在内的所有学生在普通教育环境中获得实质性进步与潜能发展。因而融合教育的要义在于面向全体学生,促进每一位学生的发展。

婴幼儿融合教育的文化目标是使托育机构中的照护人员、婴幼儿及其家长和社区人员形成共同的融合教育价值观,创建平等、接纳、尊重、合作的融合教育文化环境。

积极开展宣传教育,构建多元包容的文化氛围。要想让更多的特殊婴幼儿随班就读,需要形成良好的氛围,需要社会的包容。可以由多种媒介一起参与宣传,改善广大民众的文化理念,使更多的人进一步接纳融合教育这种教育形式。

（三）资源信息共享的网络环境

1. 搭建融合教育新型平台

建立包括特殊婴幼儿家长、特殊婴幼儿、一线教师、学校领导、研究者在内的所有人员共同参与，对融合教育教师进行培训的"教师专业学习学校"，以此搭建融合教育互动交流平台。托育机构要积极构建跨学科、跨院校、跨部门、跨领域的合作，打破种种壁垒，帮助婴幼儿获得共享学习的途径。还可以通过"慕课"等平台宣传推广融合教育理论与实践。

2. 一体化服务模式

借助网络关联融合教育涉及的各部分、各主体，使之成为一个有机整体，构建一体化的服务模式。加强教育、民政部门、卫生健康委员会、残疾人联合会等部门间的合作，加强与财政、人力资源社会保障等相关部门的协同，优化特殊教育指导中心建设，完善融合教育支持服务体系。建立特殊教育专家委员会和特殊婴幼儿诊断与评估团队。加强特殊教育专业技能培训，专（兼）职资源教师队伍建设。强化顶层设计与区域规划，为融合教育提供政策、资源、制度保障。从理念、制度与实践等多个维度推动融合教育向更广领域、更深层次拓展。为特殊婴幼儿提供便利和帮助，让孩子们在同一片蓝天下健康快乐地学习生活。

第三节　婴幼儿融合教育的实施策略

婴幼儿融合教育的顺利实施，需要多方协作，携手同行。须在科学的教育观、康复观、儿童观的指导下，尊重婴幼儿的身心特点和发展规律，综合运用多种方式和手段，既要满足特殊需要婴幼儿一般的身心发展需要，又要满足其特殊需求，促进婴幼儿全面发展。关于婴幼儿融合教育的实施策略，雷江华教授提出了以下四种方式。[①]

一、场所中心综合实施策略

实施融合教育的场所主要有家庭、托育机构和社区。场所中心综合实施策略就是根据所在场所的不同，为婴幼儿提供相应融合教育服务的策略。根据实施场所的不同，具体又分为单场所中心综合实施策略和多场所中心综合实施策略。

---

① 雷江华.融合教育导论(第二版)[M].北京：北京大学出版社，2017：649 - 684.

（一）单场所中心综合实施策略

单场所中心综合实施策略下，实施融合教育的地点明确，干预策略和方案都是在某个特定场所内实施，主要包括家庭中心综合实施策略、托育机构中心综合实施策略、社区中心综合实施策略。

1. 家庭中心综合实施策略

家庭中心综合实施策略是以家庭为中心的实施策略，实施场所在各个家庭的内部。有特殊需要的婴幼儿在家中等待特殊婴幼儿专家、融合教师等上门服务。送教上门是特殊教育中针对有重度残疾的学生进行的上门教育的教学方式。教师走进家门进行有计划、有目的、个性化的个别化教育，保证"一人一案"。根据特殊婴幼儿的实际情况开展具体的指导和治疗使每个婴幼儿都享受公平而有质量的教育。其优点是教师和专家在家庭内进行现场指导和现场操作，能给家长提供直观展示，便于指导家长熟悉教育和治疗方案，学习各项具体的教育和治疗措施，更加了解自己的孩子。其不足之处在于无法实现普通婴幼儿与特殊婴幼儿之间的交流互动和同伴之间的相互学习，不利于特殊婴幼儿良好同伴关系的建立和社会性的发展。

2. 托育机构中心综合实施策略

托育机构中心综合实施策略下，实施融合教育的场所在托育机构内。托育机构内有专业的融合教师、资源教师、心理咨询师等，有资源教室作为个别辅导的场所，有其他同龄伙伴。其优点在于设施设备更加完善，可以更好地借助仪器设备尤其是大型仪器设备对有特殊需要的婴幼儿进行治疗和帮助，还可以集合各类教师的优势，便于教师间相互商讨形成综合的教育和治疗方案。缺点在于不便于家长现场观摩学习。

3. 社区中心综合实施策略

社区是促进特殊婴幼儿发展的重要一环。以社区为中心开展融合教育，需要社区具备开放包容的环境，有完善的婴幼儿服务设施、和谐有爱的氛围。发挥社区内志愿者、党员等社会群体的力量，以社区为依托，借助各界力量共同促进特殊婴幼儿的发展。

（二）多场所中心综合实施策略

多场所中心综合实施策略下，综合干预策略、方案、计划等分别在不同的场所实施，主要包括家庭—托育机构综合实施策略、家庭—社区综合实施策略、托育机构—社区综合实施策略。

1. 家庭—托育机构综合实施策略

家庭—托育机构综合实施策略下，家庭与托育机构携手进行家园共育。对特殊婴幼儿的发现和治疗首先开始于家庭。家庭成员,尤其是父母是接触特殊婴幼儿最多的人。因此,在帮助特殊婴幼儿成长的过程中,家长的地位和重要性绝不亚于教师或相关专业人员。父母的角色与任务也不是其他人所能取代的。托育机构内有专业的教师团队,能够针对婴幼儿的身心特点和实际需求制订符合每个特殊婴幼儿的个别化教育计划。家庭与托育机构的合作,帮助家长更了解自己孩子的实际情况;帮助教师了解特殊婴幼儿的个体特点,从而制订个别化的辅助教学方法。

2. 家庭—社区综合实施策略

社会是由一个个小家庭构成的,家庭与社区的携手,有利于构建多元、开放、包容的文化环境;充分发挥家庭和社区协同育人的作用,借助社会力量,让家长了解并接受自己孩子是特殊婴幼儿的事实,减轻自身的焦虑、自我怀疑等不良情绪,积极学习相关理论,了解治疗方法,让孩子尽快尽早接受专业治疗与安排,以期通过干预治疗促进特殊婴幼儿的发展。

3. 托育机构—社区综合实施策略

托育机构在进行融合教育时,如果遇到人员、场地等问题,可以积极与社区协商,寻求社区的帮助。托育机构与社区的合作能够为孩子的成长提供及时、连续和持续的保障,让孩子掌握基本的生活技能,更好地适应社会、融入社会。

二、幼儿中心综合实施策略

幼儿中心综合实施策略主要是为某位或某类特殊婴幼儿量身订制的个性化综合干预策略。幼儿中心综合实施策略是以幼儿为中心的,但根据其中心侧重点的不同,分为以幼儿个体为中心的综合实施策略、以幼儿团体为中心的综合实施策略、幼儿个体—团体双中心的综合实施策略。

(一) 以幼儿个体为中心的综合实施策略

以幼儿个体为中心的综合实施策略是采用一对一或多对一的模式针对某个问题或某些问题进行综合实施的策略,既可能出现所有的策略在同一个场所实施的情况,也可能出现不同的策略在不同场所实施的情况。一对一的模式是指一名融合教师对一名特殊婴幼儿进行指导,实施综合干预。多对一的模式主要是指几名融合教师对一名特殊婴幼儿进行指导。最好的方式是将融合教师、资源教师、心理咨询师组成一个专门的团队,共同拟订教育和治疗方案、计划,提出具体的实施步骤,明确分工,各司其职。

（二）以幼儿团体为中心的综合实施策略

以幼儿团体为中心的综合实施策略主要采用一对多或多对多的模式来进行。一对多的模式主要是指一名融合教师负责多名特殊婴幼儿的综合指导。多对多的模式则指多名融合教师对多名特殊婴幼儿进行综合指导。特殊婴幼儿的数量不宜太多，最好限制在4人以内，因为特殊婴幼儿数量的增多必然导致教师处理婴幼儿突发问题的时间增加，从而影响教学效果。该模式一般适合在特殊婴幼儿熟悉的环境且比较配合的情况下实施。

以幼儿团体为中心的综合干预策略根据团体中特殊婴幼儿类型的不同，分为以同质婴幼儿团体为中心的综合实施策略和以异质婴幼儿团体为中心的综合实施策略。以同质婴幼儿团体为中心的综合实施策略是指将同类或者具有相同问题的特殊婴幼儿组成一个教学小组进行综合干预。以异质婴幼儿团体为中心的综合实施策略将不同类型或者具有不同问题的特殊婴幼儿组成一个教学小组进行综合干预，利用不同类型特殊婴幼儿的优势项目来促进彼此弱势项目的发展，但是，组织不好可能会导致弱势的互动胜过强势之间的互动，最后可能导致所有的特殊婴幼儿发展水平的下降。以异质婴幼儿团体为中心的综合实施策略还可以分解为含有普通婴幼儿参与的团体中心综合实施策略和没有普通婴幼儿参与的团体中心综合实施策略。

（三）幼儿个体—团体双中心的综合实施策略

幼儿个体—团体双中心的综合实施策略是指将以个体为中心的综合实施策略与两种类型的团体中心综合实施策略组合起来使用的策略。幼儿个体—同质团体综合干预策略在训练中心应用比较普遍，例如，有的特殊婴幼儿训练中心除了开展对特殊婴幼儿的一对一训练外，还可以定期组织同一类型的特殊婴幼儿及其家长聚会，组织亲子游戏活动以及相关的交流咨询活动，既达到了综合干预的效果，也起到了咨询培训的作用，可谓一举多得。

三、项目中心综合实施策略

项目中心综合实施策略主要是指对特殊婴幼儿某一个方面或几个方面的问题采取有针对性措施的综合实施策略。其主要特点是根据特殊婴幼儿的具体行为问题、语言问题或者其他问题采取具体的综合干预策略，包括单一项目中心的综合实施策略和多种项目中心的综合实施策略。

（一）单一项目中心的综合实施策略

单一项目中心的综合实施策略包括生活保健中心、感觉统合训练中心、语言矫治中心、行为矫正中心、游戏治疗中心、认知疗法中心等综合实施策略。

（二）多种项目中心的综合实施策略

多种项目中心的综合实施策略是以两种或多种项目为主要方式，其他次要的辅助方式相配合的综合实施策略，例如，感觉统合训练为主—行为矫正为主—认知疗法为辅的综合干预策略就是将几个项目元素整合成若干综合实施策略。

四、多维中心综合实施策略

多维中心综合实施策略是指将场所、幼儿、项目三个维度进行各种不同的组合所形成的综合性的实施策略，其主要特点是可以灵活应对特殊婴幼儿所需要的各种治疗和训练，具有很强的针对性。多维中心综合实施策略主要包括以场所为主、幼儿与项目为辅的综合实施策略，以幼儿为主、场所与项目为辅的综合实施策略，以项目为主、场所与幼儿为辅的综合实施策略。

思考题：

1. 婴幼儿融合教育的实施要素有哪些？
2. 婴幼儿融合教育的实施途径有哪些？
3. 咚咚，患有唐氏综合征，刚入托一个月，没有语言，也没有托育机构生活的经验。教师发现他有动手打小朋友，不爱喝水的习惯。发现这个情况后，教师可以采取哪些措施来帮助咚咚呢？

第五章　婴幼儿保育在早期融合教育中的实施

☞　**教学导航**

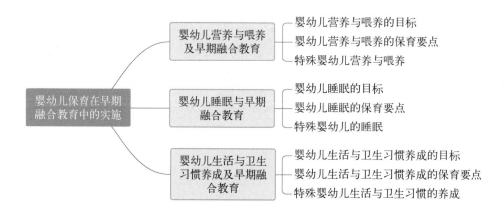

☞　**学习目标**

1. 了解婴幼儿营养与喂养、睡眠、生活与卫生习惯的保育目标。

2. 掌握婴幼儿营养与喂养、睡眠、生活与卫生习惯的保育要点。

3. 能够在早期融合教育中对特殊婴幼儿的营养与喂养、睡眠、生活与卫生习惯养成进行相应指导。

第一节　婴幼儿营养与喂养及早期融合教育

与普通婴幼儿相比,特殊婴幼儿的生长发育受到的限制更多,这也就意味着照护者需要花费更多的时间和精力去呵护他们的身心健康。合理的营养可以起到维持生命、促进生长发育、保持健康及预防疾病的作用。[1] 营养不足或过量都会影响身体的正常代谢,甚至引发疾病。特殊婴幼儿的营养与喂养是早期融合教育的重要内容。为了帮助特殊婴幼儿获得充

---

①　郑德元.平衡膳食与婴幼儿健康[J].实用儿科杂志,1992(6):293-294.

足营养,照护人员须主动学习婴幼儿营养基础知识以及特殊婴幼儿的喂养要点与策略,用心守护特殊婴幼儿的成长。

一、婴幼儿营养与喂养的目标

(一) 婴幼儿营养目标

营养是指机体摄取、消化、吸收和利用食物中身体所需的物质来维持生命活动的过程,是一种动态生理过程,而非专指某一种养分。[①] 婴幼儿时期是人一生当中生长发育最快速的阶段之一,人的生长发育越快速,所需的营养就越多。若营养供给不足,可导致婴幼儿营养障碍和缺乏,造成生长迟缓、疾病,严重情况下甚至导致死亡。若营养长期供给过量,也会对婴幼儿的生长发育带来不利影响。

1. 婴幼儿对营养素的需求

营养素是指食物中能被人体消化、吸收和利用的一些有机或无机物质。[②] 包括六大类,即蛋白质、脂类、碳水化合物、矿物质、维生素和水。不同食物含有不同营养素,不同营养素又有着不同的作用,不同年龄的个体对营养素的需求量也不尽相同。由于婴幼儿胃肠功能不完善,其饮食既要考虑食物的质,又要考虑食物的量。

(1) 蛋白质

蛋白质是含氮的大分子有机物,以氨基酸为基本单位。构成人体蛋白质的氨基酸可分为必需氨基酸和非必需氨基酸。必需氨基酸是指体内需要但不能自行合成,必须由食物提供的氨基酸。[③] 非必需氨基酸则是体内可以合成的氨基酸。膳食中蛋白质的食物来源主要有动物性蛋白质和植物性蛋白质,其中动物性蛋白质有畜禽肉类、蛋类、鱼类、奶类等,植物性蛋白质有谷类、豆类、干果类等。[④]

(2) 脂类

脂类是机体贮存能量、供给能量的主要形式,是构成人体组织细胞的重要成分,具有帮助机体维持正常体温,保护机体内脏器官和关节的作用。[⑤]脂肪的食物来源主要有动物性食物和植物性食物,其中动物性食物有猪油、蛋黄、奶油等,植物性食物有大豆、花生、核桃等。[⑥]

(3) 碳水化合物

碳水化合物又称糖类,由碳、氢、氧三种元素构成,是构成细胞和人体的重要成分,是人

---

①②　戴旭芳.特殊儿童学校卫生学[M].重庆:重庆大学出版社,2014:140.

③　朱家雄,汪乃铭,戈柔.学前儿童卫生学(修订版)[M].上海:华东师范大学出版社,2006:111.

④⑤　同上:114.

⑥　同上:115.

体热能的主要来源,具有维持心脏和神经系统正常功能,促进消化与排泄等作用。[1] 虽然母乳可以满足婴幼儿所需的基本营养供给,但其实在6个月就应适当添加辅食,才能够保障婴儿所需碳水化合物的供给。碳水化合物大部分来源于谷类和块根类食物,水果和蔬菜也含有少量单糖。

（4）矿物质

碳、氢、氧、氮主要以有机化合物形式存在,除此之外,存在于人体内的其他元素均统称为矿物质,又称无机盐。矿物质元素共20多种,分为常量元素和微量元素。人体内含量超过体重万分之一的矿物质被称为常量元素,如钙、磷、镁、钠、钾、氯、硫;人体内含量不超过体重万分之一的矿物质被称为微量元素,如铁、锌、碘、铜等。[2]

钙是人体内含量最高的一种无机元素,也是构成骨骼和牙齿的主要成分,参与调节神经系统,促进血液凝结。钙的食物来源比较丰富,有母乳、乳制品、海产品、绿叶蔬菜、豆类和豆制品等。铁是人体必需微量元素中含量最多的一种,作为血红蛋白的成分之一,参与体内氧和二氧化碳的转运、交换和组织呼吸过程。富含铁的食物有动物肝脏、蛋黄、虾、海带、黑木耳、芝麻酱等。锌可以促进婴幼儿智力发育和视力发育,改善婴幼儿的味觉,增强食欲。锌的食物来源有海产品等。碘是人体必需微量元素之一,人从胚胎发育开始就需要碘。海产品含碘量高,如海带、紫菜、海鱼、海参、海虾等。[3]

（5）维生素

维生素是人体不可缺少的一种营养素,在体内不能合成或合成量不足,必须通过食物供给,被称为"维持生命的营养素"。[4] 维生素可以分为脂溶性和水溶性两大类。脂溶性维生素主要包括维生素A、D、E、K,水溶性维生素主要包括B族维生素、维生素C等。维生素A又叫视黄醇,植物性食物中的胡萝卜素可在小肠与肝脏中通过酶的作用转化为维生素A。[5] 维生素A具有维持上皮健全、增强机体免疫、促进机体生长发育的功能,食物来源主要是动物性食物,如动物的肝脏、蛋黄、乳类等;植物性食物如菠菜、豌豆苗、辣椒、胡萝卜等。[6] 维生素C是一种酸性多羟基化合物,可以防治坏血病和贫血,促进胶原蛋白的形成,加速创口愈合,促进激素合成,以及增强机体抵抗力和解毒机能。食物来源主要为新鲜蔬菜和水果。[7]

---

① 张海丽.学前儿童卫生与保健[M].北京:北京理工大学出版社,2018:60.

②③ 郦燕君.学前儿童卫生保健[M].北京:高等教育出版社,2007:132.

④ 戴旭芳.特殊儿童学校卫生学[M].重庆:重庆大学出版社,2014:148.

⑤ 欧新明.学前儿童健康教育[M].北京:教育科学出版社,2003:179.

⑥ 张海丽.学前儿童卫生与保健[M].北京:北京理工大学出版社,2018:68.

⑦ 同上:71.

（6）水

水是机体中含量最高的物质，又是维持机体正常生理活动不可缺少的物质。水具有输送营养，调节体温，促进物质代谢，滋润人体皮肤，润滑机体组织等作用。水主要来源于代谢水和食物中水。碳水化合物、脂类、蛋白质在体内氧化后产生的水称为代谢水；正常饮水、汤汁、水果等食物中含有的水分称为食物中水。婴幼儿新陈代谢旺盛，水分易蒸发，婴幼儿年龄越小，需水量越大。[①]

2. 婴幼儿对热量的需求

热量又称热能，是指食物中的蛋白质、脂类和碳水化合物等进入机体氧化分解后所释放出来的能量。机体的生长发育和一切活动都需要能量，适当的能量可以供应机体维持基本的生命活动，使机体保持较好的健康状况。食物中的蛋白质、碳水化合物、脂类都属于产热营养素，是热能的来源。食物的能量值通常用千卡（kcal）表示，国际上通用的热能单位是焦耳（J）或千焦（kJ）。1 千卡（kcal）的能量相当于 4.184 千焦（kJ）。根据中国居民膳食热能的参考摄入量，婴幼儿膳食热能的参考摄入量如表 5-1。

表 5-1　婴幼儿能量推荐摄入量[②]　　　　　　　　　　　　　　单位：kcal

年龄（岁）	男　　孩	女　　孩
1 岁以上	1 100	1 050
2 岁以上	1 200	1 150
3 岁以上	1 350	1 300

（二）婴幼儿喂养目标

婴幼儿的生长发育非常迅速，对于营养素的需求量很大，但由于婴幼儿消化和吸收能力还不成熟，婴幼儿阶段的喂养就变得格外重要。喂养行为对婴幼儿营养和饮食有显著的影响。顺应婴幼儿需求喂养，有助于健康饮食习惯的形成，并具有长期而深远的作用。[③]

1. 婴儿喂养目标

母乳喂养是最科学、最经济、最有效的喂养方式。对于 6 月龄内的婴儿，提倡母乳喂养，母乳喂养最好应持续至孩子 1—2 岁。母亲在母乳喂养前要清洁手部，若患有呼吸道疾病，则

[①]　龙明慧.学前儿童卫生与保育[M].北京：北京理工大学出版社,2018：159.
[②]　欧新明.学前儿童健康教育[M].北京：教育科学出版社,2003：175.
[③]　中国居民膳食指南.中国居民膳食指南 2016 版[EB/OL].(2016-05-13)[2021-05-20].http://dg.cnsoc.org/article/2016b.html.

喂奶时须佩戴口罩。

若无法进行母乳喂养,则须进行人工喂养。人工喂养是指完全由母乳以外的其他食物提供能量和营养素的喂养方式,[①]如采用牛乳、羊乳或其他乳品等非母乳喂养的方式。人工喂养的喂哺环境、照护者的身心健康以及喂养间隔及时长均须与母乳喂养的要求保持一致。同时,照护者还要对人工喂养婴儿做好配奶工作,每餐奶具均要严格消毒。

若母乳不足或不能按时喂养,应采用牛乳、羊乳或其他乳品来补充母乳的不足,这种喂养方式称为混合喂养。另外,在婴幼儿出生后 6 个月开始,就要根据其生长发育需要,有计划地、科学合理地添加辅食,以满足婴幼儿对各种营养的需求。

2. 婴幼儿饮食目标

幼儿 18 个月后,可以按三餐一点或三餐两点为其制订食谱。食谱要适合幼儿的年龄,使幼儿能吃到各种营养丰富的食物,以保证得到充足的营养和热能。食物选取要多样,搭配要合理,加工与烹调要科学适宜,尽可能保留食材原本的营养价值,以防维生素的损失。

另外,婴幼儿须按时进食,正餐间隔时间 3.5—4 小时,进食时间 20—30 分钟,餐后安静活动或散步时间 10—15 分钟。[②]

二、婴幼儿营养与喂养的保育要点

(一) 进食环境与膳食营养

营造安静、舒适、愉悦的进餐环境有利于婴幼儿身心放松、专心进食,促进其食欲及消化功能的发展。合理的膳食营养为婴幼儿提供生长和发育所必需的能量和营养素,为婴幼儿的生长发育保驾护航。

1. 进食环境的准备

托育机构餐前应做好充分准备。食品加工用具必须生熟标识明确、分开使用、定位存放。餐饮用具、熟食盛器应在食堂或清洗消毒间集中清洗消毒,消毒后保持清洁存放。库存食品应当分类、注有标识、注明保质期、定位储藏。托育机构应让婴幼儿按时进餐,保证婴幼儿情绪愉快,培养婴幼儿良好的饮食行为和卫生习惯。

2. 婴幼儿膳食计划

婴幼儿的食物种类要尽可能丰富,可使食物之中的各种营养素相互补充。有条件的托育机构可为贫血、营养不良、食物过敏等婴幼儿提供特殊膳食。不提供正餐的托育机构,每

---

① 荫士安. 中国婴幼儿的生长发育与辅食添加现状[J]. 中国儿童保健杂志,2004(6): 509–511.

② 中国政府网. 卫生部关于印发《托儿所幼儿园卫生保健工作规范的通知》[EB/OL]. (2012–05–23)[2021–08–20]. http://www.gov.cn/govweb/fwxx/jk/2012-05/23/content_2143213.htm.

日至少提供1次点心。托育机构应制订食谱,1—2周更换1次,食物品种要多样化且合理搭配,根据各类食物每日参考摄入量(表5－2)制订婴幼儿膳食计划。

表5－2　婴幼儿各类食物每日参考摄入量[1]

食　物　种　类	1 至 3 岁
谷类	100—150 克
蔬菜类	150—200 克
水果类	150—200 克
鱼虾类	100 克
禽畜肉类	
蛋类	
液态奶	350—500 毫升
大豆及豆制品	—
烹调油	20—25 克

注:《中国孕期、哺乳期妇女和0～6岁儿童膳食指南》(中国营养学会妇幼分会,2010年)

（1）膳食与平衡膳食

膳食是指日常进用的食物。平衡膳食又称合理膳食或健康膳食,在营养学上是指全面达到营养素供给量的膳食。婴幼儿处于生长发育和智力发展非常重要的时期,每天必须从膳食中获得充足的营养素和能量,才能满足其生长发育和活动的需要。[2]因此,合理组织婴幼儿膳食是保证婴幼儿身心健康的主要措施。

（2）婴幼儿膳食的配置原则

在保证母乳喂养的同时,婴幼儿满6个月起,应为其添加辅食,并随着年龄增长逐渐为其添加多样食物。婴幼儿膳食应科学合理地遵守膳食配置原则,具体配置原则如下。

① 满足婴幼儿对营养的需求

任何一种食物都不可能为机体提供所有的营养素,为了促进婴幼儿的生长发育,应尽可能保证食物的多样化。各类食物的选用要多种多样,达到食物营养素互补,总体营养均衡的目的。

② 适合婴幼儿的消化和吸收能力

婴幼儿消化系统发育尚未成熟,易受损伤,消化吸收能力较差。因此,婴幼儿食物的品

---

[1]　中国政府网.卫生部关于印发《托儿所幼儿园卫生保健工作规范的通知》[EB/OL].(2012－05－23)[2021－08－20].http://www.gov.cn/govweb/fwxx/jk/2012-05/23/content_2143213.htm.

[2]　欧新明.学前儿童健康教育[M].北京:教育科学出版社,2003:186.

种、数量和烹饪方法应符合其消化系统的特点,在保证营养价值不受破坏的前提下,应尽量做到细、软、烂、新鲜,避免摄入含脂肪和糖过多的食物或刺激性食物。

③ 有利于婴幼儿增进食欲

为了增进婴幼儿食欲,应从多方面考虑。不仅要保证食物的多样性,还要尽可能做到色、香、味俱全。

④ 符合饮食卫生要求

婴幼儿肠道抵抗力弱,因此需要格外重视婴幼儿膳食的卫生。托育机构从食物采购、加工到成品,以及食物的保存都必须严格遵守卫生制度。婴幼儿食品应当在具有食品生产许可证或食品流通许可证的单位采购。禁止加工变质、有毒、不洁、超过保质期的食物,不得制作和提供冷荤凉菜。①

(3)婴幼儿膳食计划的制订

膳食计划是指根据婴幼儿的营养需求选择食物品种,计算食物的数量,选择适宜的烹调方法,制订膳食制度,拟定食谱,从而保证婴幼儿的合理膳食。

① 选择食物的品种

6 个月内的婴儿应坚持纯母乳喂养,6 个月起开始添加辅食。随着年龄的增长,婴幼儿膳食中的食物应趋向丰富多样。主要包括以下几种:含有优质蛋白质的食物,如牛奶、鸡蛋、瘦肉、鱼、禽肉、豆制品等;富含维生素、无机盐和粗纤维的食物,如新鲜的蔬菜、水果等;提供热能的食物及调味品,如薯类、植物油、盐、醋等。

② 选择适宜的烹调方法

选择恰当的烹饪方式是改善婴幼儿膳食问题的关键。首先,照护者应保证在食物准备环节及炊具的选择上尽量减少营养素的流失;其次,照护者在处理食材环节要尽可能做到细、软、烂、新鲜,适宜婴幼儿消化系统的特点;另外,照护者在食物成品的呈现上还要考虑到色、香、味、形俱全,促进婴幼儿食欲;最后,照护者确保婴幼儿膳食卫生的前提下,须采用简单的烹调方式处理婴幼儿的膳食,避免采用油炸、烘烤和烟熏等方法。

③ 制订膳食制度

膳食制度是规定每日进餐次数、间隔时间,合理分配各餐食物的数量和质量的一种制度。照护者不仅要根据婴幼儿生长发育的规律,不失时机地提供产热能和营养性的食物,还

---

① 中国政府网.卫生部关于印发《托儿所幼儿园卫生保健工作规范的通知》[EB/OL].(2012 - 05 - 23)[2021 - 08 - 20].http://www.gov.cn/govweb/fwxx/jk/2012-05/23/content_2143213.htm.

要根据婴幼儿消化的生理特点建立合理的膳食制度。[①] 合理的膳食制度要求按照"早餐吃好、中餐吃饱、晚餐吃少"的原则,将食物恰当地分配到各餐点中。

(二) 喂养过程与照护

1. 喂养氛围的营造

在婴幼儿喂养过程中,创设一个既温馨又安全的喂养环境至关重要。照护者应选择在相对安静、舒适的环境下对婴幼儿进行喂养。

2. 婴幼儿的喂养

婴幼儿喂养是婴幼儿健康保育的重要内容之一。婴幼儿的喂养包括母乳喂养、人工喂养和混合喂养。母乳是婴儿最理想的食物,是能满足0—6个月婴儿生长发育需求的天然食物。因此,母乳喂养是婴儿最理想的喂养方式。

根据不同阶段婴幼儿的发展规律以及不同的喂养方式,人类从出生以后就要经历三种食物的形态:液体食物阶段、泥糊状食物阶段和固体食物阶段(图5 1)。液体食物主要是指母乳。泥糊状食物是指由液体食物向固体食物过渡阶段的主要食物,如谷类糊、水果糊、菜泥、水果泥、肉泥等。固体食物是指富有营养的自然食物。

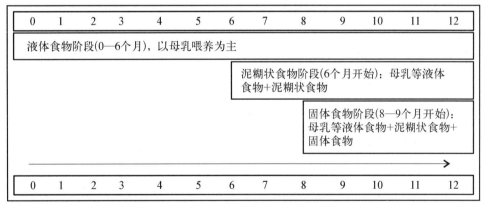

图5-1 人类出生以后经历的三种食物形态

甜甜妈妈在甜甜婴儿时期就坚持给她添加适量辅食,保障了甜甜营养的供给。甜甜妈妈制作的辅食有蔬菜类、水果类、五谷根茎类等。通过查阅各种书籍资料,甜甜妈妈还研制出了一套科学而细致的制作方法,制作重点如下。

---

① 人力资源和社会保障部,中国就业培训技术指导中心.国家职业资格培训教程——育婴员[M].北京:海洋出版社,2009:228.

蔬菜类：制作成蔬菜汤汁。将新鲜的蔬菜清洗干净并切碎,经锅中沸水煮约3分钟后取出,盛放冷却后即可食用。

水果类：制作成果汁。如橙子、橘子类,将其切片后挤汁,与凉开水按照1∶1混合后即可食用;如西瓜等瓜类,将瓜肉挖出放于碗中,再用汤匙挤压出汁即可食用;如葡萄、西红柿类,将其用开水浸泡约2分钟后,去皮并用干净纱布包起,挤压出汁即可食用。

五谷根茎类：制作成米糊、麦糊等。取适量五谷根茎类粉末于碗中,加入热奶或温开水搅匀后即可食用。

你还知道哪些辅食制作方法?

2岁9个月的乐乐语言表达能力十分有限,每次进食还在使用婴儿奶瓶。有专家质疑:"这个孩子已经快3岁了,从生理发展的角度来看,他是有能力进食固态食物的,为什么到现在还允许他用奶瓶进食呢?"经过了解,得知乐乐每次吃饭总是慢吞吞的,甚至还要妈妈追着喂,于是乐乐妈妈便干脆把食物做成液态状或者泥糊状,让乐乐自己用奶瓶喝。专家认为,让乐乐继续使用婴儿奶瓶进食会间接鼓励他持续婴儿化的行为,不利于培养乐乐该生理年龄所应具备的自主性和独立性习惯,建议乐乐妈妈纠正乐乐的进餐方式。

如果你是乐乐妈妈,你会如何改善乐乐的进食问题?

三、特殊婴幼儿营养与喂养

(一) 特殊婴幼儿营养与喂养常见问题

与对普通婴幼儿的照护相比,对特殊婴幼儿的照护具有更多不可控因素。也正因为如此,特殊婴幼儿的营养与喂养会比普通婴幼儿的营养与喂养存在更多现实问题,具体如下。

1. 照护者喂养理念不科学

照护者对婴幼儿的膳食进行健康管理是影响婴幼儿发育及成长的最主要因素。目前,喂养理念缺乏科学性是主要问题。在特殊婴幼儿处于流体食物喂养阶段时,照护者对母乳喂养的认识尚不系统,特别是对母乳喂养的重要性、母乳科学喂养的注意事项等认识不明确。当特殊婴幼儿处于泥糊状食物喂养阶段时,照护者普遍存在对泥糊状食物的错误认知,总是把它看成是辅食,认为其不能替代主食,但其实泥糊状食物和母乳一样重要,是人类饮食必经的一种食物形态。当特殊婴幼儿处于固体食物喂养阶段时,部分照护者屈从于特殊婴幼儿的饮食要求而忽略营养的均衡搭配,可能造成特殊婴幼儿身体素质偏差。

2. 特殊婴幼儿存在进食问题

由于特殊婴幼儿的注意力、机能发育等各方面可能存在发展限制,其进食机能也可能存在不同程度的缺陷。当特殊婴幼儿进食过少时，可能产生轻度挑食或重度挑食问题，情况严重时还会导致婴幼儿生长发育迟缓，出现营养性矮小。当特殊婴幼儿进食过多时，会因摄入营养和热能超标而导致肥胖。当特殊婴幼儿进食不当时，可能会出现异食癖现象，如咀嚼呕吐物等。当特殊婴幼儿的进食技能存在缺陷时，会出现口腔运动延时现象，如唇不合、吃得慢、流涎不止、舌外伸等。

3. 特殊婴幼儿常见营养性疾病

（1）佝偻病

佝偻病是指维生素 D 缺乏性佝偻病，是 3 岁以下婴幼儿的常见病。主要病因是婴幼儿体内维生素 D 不足，体内钙磷不能正常吸收与利用，从而导致骨骼病变。特殊婴幼儿若户外活动少，日照不足，则会成为维生素 D 缺乏性佝偻病的高危人群。

（2）营养性缺铁性贫血

营养性缺铁性贫血是一种婴幼儿常见疾病。主要病因是先天储铁不足、铁摄入量不足等。缺铁性贫血在任何年龄均可能出现，大多见于 6 个月至 2 岁的婴幼儿，但特殊婴幼儿往往更易存在偏食等进食问题，导致铁摄入量不足，若不补充蛋类、肉类等含铁量较高的辅食，易造成营养性缺铁性贫血。

（3）小儿厌食症

小儿厌食症是婴幼儿常见的脾胃病症，以长期食欲减退或食欲缺乏为主要症状，主要由喂养不当、饮食失节而导致。比如，有些照护者缺乏育婴保健知识，给婴幼儿喂食超越其脾胃承受能力的营养品，导致婴幼儿脾胃损伤，进而使得婴幼儿拒绝进食。特殊婴幼儿受药物影响或者由于照护者缺乏科学喂养知识，更易患小儿厌食症。

（二）特殊婴幼儿营养与喂养策略

1. 提升照护者营养与喂养理念和技能

婴幼儿时期是个体发育和成长最为重要的一个阶段。照护者应了解特殊婴幼儿身心发展的特殊性与普遍性规律，掌握婴幼儿残疾类型、原因、程度、发展水平、发展速度等方面的个体差异及教育的策略和方法。[1] 对于特殊婴幼儿营养与喂养而言，照护者应根据婴幼儿的生理变化、营养需求以及发育特点进行科学喂养，并制作符合婴幼儿饮食健康的食谱，减少婴幼儿在外食用加工食品。[2] 母乳喂养和正确的配方奶粉喂养是大众普遍坚持的喂养理念。

---

[1]　中华人民共和国教育部. 教育部关于印发《特殊教育教师专业标准（试行）》的通知［EB/OL］.（2015 - 08 - 26）［2021 - 08 - 20］. http://www. moe. gov. cn/srcsite/A10/s6991/201509/t20150901_204894. html.

[2]　董威辰. 幼儿发展与膳食健康管理研究——评《婴幼儿膳食指导手册》［J］. 中国酿造，2020，39(8)：233.

因此,照护者既要加强对特殊婴幼儿营养的供应,监测其身体健康状况,又要为无法接受母乳喂养的特殊婴幼儿做好科学人工喂养的充分准备。另外,还应该为特殊婴幼儿提供粗、细粮合理搭配,动物性、植物性食物数量适宜的食物,以培养不挑食、不偏食的好习惯。总之,照护者应对特殊婴幼儿的融合教育形成积极态度,让特殊婴幼儿能够真正地体会到归属感,并获得有效服务。[①]

2. 制订个别化营养与喂养计划

为特殊婴幼儿制订个别化营养与喂养计划是非常有必要的,可使特殊婴幼儿的膳食达到科学合理的平衡。个别化营养与喂养计划的制订流程主要为:确定婴幼儿营养与喂养目标;测量与评估婴幼儿的营养状况和进餐行为习惯;制订营养与喂养长短期目标;设定完成营养与喂养长短期目标的时间;为各目标的达成设计具体的营养与喂养计划。在以上五环节中,照护者可以通过相关的评价方式对各环节进行反馈,在此过程中调整个别化营养与喂养计划的目标。

3. 定期监测特殊婴幼儿生长发育及营养状况

照护机构至少每季度进行1次膳食调查和营养评估,[②]对特殊婴幼儿的生长发育及其营养状况进行定期监测。特殊婴幼儿生长发育的监测范围主要有身高、体重、头围、胸围、坐高、囟门、牙齿等。特殊婴幼儿营养监测主要通过评价食物的营养水平,即评价婴幼儿摄入膳食中营养成分的数量与质量、膳食结构、烹调加工等方面达到合理营养要求的程度。

小华是一名唐氏综合征儿童,从他的长相就可以看出他与普通孩子不同。我开始了与唐氏宝宝的托育生活。

小华没有语言,开心时会发出咿咿呀呀的声音。他的各项行为习惯与自理能力真是让人着急,甚至大小便都不能自理。孩子们上课时,他会到处乱跑,不开心就知道哭。最头疼的事是进餐。别说能自己吃了,老师喂他,他都不愿意张嘴,甚至推开老师的手不让喂,真是没办法。于是,我将小华在园不好好配合吃饭的事与家长沟通,家长随口回答:"不吃就让他饿着,饿两顿就吃了。"我心想:这样怎么行呢,得想想其他办法!一次活动时,我偶然发现他一直抱着一个水果模型玩具,都不愿意松手。中午进餐时间,我就把玩具给小华玩,把玩具作为刺激物,慢慢教会他自己用勺子吃饭。之后,我再趁孩子不注意时把玩具拿开。到现在,孩子完全可以自己吃饭了。如果你是小华的老师,你还有哪些解决办法?[③]

---

① 孙玉梅. 湖北省幼教工作者学前融合教育观念与态度的研究[D]. 武汉:华中师范大学,2008.

② 中国政府网. 卫生部关于印发《托儿所幼儿园卫生保健工作规范的通知》[EB/OL]. (2012-05-23)[2021-08-20]. http://www.gov.cn/govweb/fwxx/jk/2012-05/23/content_2143213.htm.

③ 本案例由昆明学院附属幼儿园托育中心杨青妍老师撰写。

第二节 婴幼儿睡眠与早期融合教育

睡眠对婴幼儿的大脑发育起着至关重要的作用。照护者不仅要保障婴幼儿获得充足睡眠，还要及时关注婴幼儿的睡眠状态和质量。有发育问题的特殊婴幼儿更容易产生睡眠问题，这就需要照护者在早期融合教育中科学、合理地进行引导。

一、婴幼儿睡眠的目标

（一）睡眠时长

充足的睡眠是婴幼儿健康成长的重要保障。照护机构要根据不同年龄婴幼儿的生理特点、睡眠次数及时长需求，合理地安排一日生活。不同年龄婴幼儿睡眠时长概况如表5-3。

表5-3 不同年龄阶段婴幼儿睡眠次数和时长概况表[①]

年龄	白昼睡眠次数	白天持续时间（小时）	夜间持续时间（小时）	合计（小时）
初生	每日16—20个睡眠周期，每个周期0.5—1小时			20小时
2—6个月	3—4次	1.5—2小时	8—10小时	14—18小时
7—12个月	2—3次	2—2.5小时	10小时	13—15小时
1—3岁	1—2次	1.5—2小时	10小时	12—13小时

托育机构可根据婴幼儿年龄及季节，动静结合，制订出具体的、合理的一日生活作息制度。同时，托育机构还须对一日生活各环节提出质量指标，通过家园合作共同对婴幼儿的一日生活进行监测，并及时进行评价和总结。

（二）睡眠质量

保证婴幼儿拥有良好睡眠质量的首要前提是照护者要为婴幼儿创设适宜的睡眠环境。生活在嘈杂环境中的婴幼儿出现睡眠问题的概率更高。因此，照护者要注意尽量避免突然的大声干扰。保证婴幼儿具备适宜的生理条件也是婴幼儿良好睡眠质量的保障。一是要保证婴幼儿的饮食质量；二是要保证婴幼儿精神饱满，使其主动关注外界动态，愿意与照护者交流，建立良好的互动关系；三是要保证婴幼儿运动量适当。

---

① 欧萍，刘光华.婴幼儿保健［M］.上海：上海科技教育出版社，2017：74.

二、婴幼儿睡眠的保育要点

婴幼儿时期是人一生中身心健康成长的重要时期,人的生长发育迅速。照护者必须掌握婴幼儿睡眠的相关理论知识,了解婴幼儿的睡眠周期,学习科学、合理的婴幼儿睡眠保育要点,为婴幼儿的身心健康发展做好照护工作。

(一)婴幼儿睡眠

1. 睡眠的生理学知识

人的正常睡眠有非快速眼动睡眠和快速眼动睡眠两种类型。非快速眼动睡眠共有三期:入睡期、浅睡期、深睡期。快速眼动睡眠表现为快速眼球运动,这种睡眠被称为"活跃"睡眠,这一睡眠期通常发生在非快速眼动睡眠期的 1—2 个完整的周期之后。[1]

两种睡眠交替出现。新生儿期快速眼动睡眠所占比例高,占总睡眠时间的 50% 左右。随着年龄增长,快速眼动睡眠的比例会逐步下降。[2] 新生儿期非快速眼动睡眠是安静睡眠,无明显的眼球运动。深睡期是分泌生长激素最高的时期,能够促进婴幼儿生长发育。

2. 婴幼儿的睡眠周期

睡眠周期是快速眼动睡眠和非快速眼动睡眠不断交替循环的过程。不同年龄阶段的婴幼儿在不同的环境中所需要的睡眠时间是不同的。有的婴幼儿睡眠时间长,有的婴幼儿则隔一段时间清醒后又继续入睡,有的婴幼儿睡眠十分规律,也有的婴幼儿睡眠毫无规律。

(1)新生儿

新生儿每日睡眠时间大约为 20 小时,出生的头几天睡眠的时间可能会更长。新生儿两次睡眠之间间隔 1 小时左右,短的甚至只有 30—45 分钟。新生儿快速眼动睡眠比例相对高,所以新生儿在睡眠中不时会挥动肢体或发出声音,照护者不宜贸然打扰,以免影响新生儿进入下一个睡眠周期。同时,照护者还应把握新生儿入睡和醒来的节奏,避免其受刺激过度或疲劳。如果一个睡眠周期结束,新生儿入睡时间很短或哭着醒来,可试着安抚新生儿继续入睡。[3]

(2)1—12 个月婴儿

随着婴儿逐渐长大,白天清醒的时间越来越多,晚上睡眠的时间也越来越长,逐渐趋向协调。月龄 4—8 个月,大部分婴儿白天需要睡 3 觉,分别是晨觉、午觉和黄昏觉。晨觉时长

① 雷切尔·Y.穆恩.美国儿科学会睡眠手册[M].崔玉涛,译.北京:化学工业出版社,2020:16.
② 赵昌萍.婴幼儿喂养与护理[M].呼和浩特:内蒙古人民出版社,2009:167.
③ 王冰.0—3 岁婴幼儿日常照护[M].北京:北京师范大学出版社,2020:29.

在 40 分钟左右,午觉时长在 2 小时左右,黄昏觉时长在 40 分钟左右。月龄 7—12 个月,大部分婴儿只需要睡 2 觉。若白天太累,婴儿可能会补黄昏觉。黄昏觉一般不超过 1 小时。[①]

（3）1—3 岁幼儿

随着年龄的增长,婴幼儿每日睡眠时间逐渐减少。1 岁时,通常白天睡两觉,也有幼儿只睡一觉。这中间的过渡是个非常不稳定的过程,不是突然在某天就完成了,一般需要持续 2 周以上。照护者要将这期间幼儿夜晚入睡的时间尽早提前,同时要多关注幼儿的情绪和状态,随时进行调整。[②]

（二）婴幼儿睡眠的保育

1. 睡眠环境的营造

（1）温度

过冷或过热的室内温度都会影响婴幼儿的睡眠,一般要求卧室温度保持在 22 至 25 摄氏度。值得注意的是,婴幼儿入睡时体温会下降,照护者务必及时给婴幼儿保暖;注意睡衣的舒适性和透气性,不宜给婴幼儿穿太厚和太紧的衣服睡觉;还要注意睡觉时不宜蒙住婴幼儿头部,以免影响正常呼吸。[③]

（2）湿度

婴幼儿睡眠时室内相对湿度控制在 55%—60% 比较适宜。婴幼儿的鼻腔发育不成熟,对环境的干湿反应比成人敏感。建议北方冬季使用暖气,南方使用空调时,尽量在卧室使用加湿器,也可摆一盆清水替代加湿器。[④]

（3）声音

噪声会引起神经系统的敏感和兴奋,影响婴幼儿睡眠质量。所以应该保证婴幼儿入睡环境无噪声。如果无法有效改善噪声干扰,可给婴幼儿戴耳塞或塞棉团,也可适当播放柔和的、单一的、缓慢的助眠音乐,辅助婴幼儿入睡。

（4）光线

婴幼儿在光线较暗的环境中比较容易入睡。若婴幼儿因环境太过黑暗而出现不安情绪,可以在卧室放置小灯,帮助婴幼儿入睡,但要注意光源不要出现在小床的正上方。白天睡觉时可以用轻纱遮挡窗户,而不要把房间布置得很暗,应该让婴幼儿认识和习惯白天的光线,尽快适应白天的自然光照,以便逐渐建立昼夜节律。

---

① 王冰.0—3 岁婴幼儿日常照护［M］.北京：北京师范大学出版社,2020：78 - 79.
② 同上：138.
③④　同上：29.

（5）卧室装饰

婴幼儿的卧室要避免颜色过于艳丽，否则容易使婴幼儿处于兴奋状态，难以入睡。家具摆放的位置应有助于睡眠，不要放置导致婴幼儿恐惧不安的物品和干扰睡眠的杂物。室内空气要保持流畅，确保夜晚睡眠时空气中有足够的氧气。婴幼儿的呼吸功能和心肺发育还不够成熟，若夜间卧室的空气不够清新、流通，或含氧量不达标，都会影响婴幼儿的睡眠。

2. 婴幼儿睡眠照护

（1）1—12个月婴儿的睡眠照护

刚出生的婴儿每天睡眠时间最长。照护者要注意观察婴儿的睡眠状态，学会识别婴儿的睡眠信号，通过常规睡前活动帮助婴儿采用仰卧位或侧卧位姿势入睡。睡眠过程中要防止被褥遮盖婴儿的头面部。新生儿的颈部和脊柱呈一条直线，没有形成脊柱特有的生理弯曲，因此新生儿睡觉不用枕头。若使用过高的枕头，会让其颈部形成曲度，甚至弯折到呼吸道，影响新生儿的正常呼吸和生长发育。研究发现，与和父母同床睡眠的孩子相比，与父母同屋不同床的孩子夜晚入睡潜伏期短，夜醒次数更少，连续睡眠时间更长，夜晚睡眠质量也更高。另外，父母与孩子同睡一张床可能引发婴儿窒息事故。因此，在孩子出生后的第一年，为方便夜间照顾婴儿，可以采取成人与婴儿同屋但孩子单独睡小床的方式。

（2）1—3岁幼儿的睡眠保育

随着生长发育，婴幼儿的睡眠时长较新生儿逐渐减少，但依然比成人睡眠时间长很多、频次高很多。因此，照护者应掌握1—3岁幼儿睡眠的保育要点，注意观察幼儿的睡眠状态，既要固定幼儿的睡眠和唤醒时间，逐渐建立规律的睡眠模式，又要固定幼儿的睡眠区域，培养幼儿独自入睡的习惯。

这个阶段的幼儿特别活泼好动，照护者要正确引导幼儿自主做好睡眠准备，固定睡眠区域，使其养成良好的睡眠习惯。

三、特殊婴幼儿的睡眠

（一）特殊婴幼儿睡眠常见问题

1. 入睡困难

入睡困难是婴幼儿期常见的睡眠问题。中枢神经系统的成熟度，遗传、气质、环境等因素均能影响睡眠稳定性。入睡困难与婴幼儿睡眠稳定性受损有关，从而导致了婴幼儿长期持续的短睡、睡眠障碍、睡眠碎片。[1]

---

① 李文藻，赵聪敏. 婴幼儿睡眠与睡眠问题[J]. 重庆医学，2009，38（21）：2752－2753.

细致的照护者会发现,有些入睡困难的特殊婴幼儿在睡眠时总是出现"奇怪现象"。这实际上是婴幼儿浅睡眠时间较长的原因。当婴幼儿较长时间处于浅睡时,面部可能出现诸如噘嘴、皱眉或做鬼脸的表情,有时发出奇怪的声响或者呼吸快慢不均等。另外,婴幼儿浅睡过程中做梦能够促进神经系统的发育。因此,照护者不必因婴幼儿睡眠时出现"奇怪现象"而过于担心,以免干扰婴幼儿的正常睡眠。入睡困难的特殊婴幼儿根据程度不同可采取不同措施,例如教师陪伴、延迟睡眠等。如果不及时纠正婴幼儿的睡眠问题,其影响往往会越来越大,导致后期出现更多睡眠障碍。

托班刚满 3 岁的龙龙被诊断患有孤独症谱系障碍,同时伴有语言发育迟缓。龙龙每次午睡总是很难入睡,还自言自语。教师为了让他安静入睡,不影响其他幼儿,尝试边唱儿歌边拍他入睡,但越哄龙龙越兴奋。龙龙妈妈反映,龙龙在家很喜欢看动画片,很多语言都是从动画片里习得的,而且也认为动画片能够帮助她带孩子,方便又省事。如果你是龙龙的老师,你会如何跟他的父母沟通?[1]

2. 夜醒

夜醒是指婴幼儿睡眠维持困难,不能连续地整夜入睡。夜醒主要是由于环境、疾病、喂养或护理不当等因素造成的。2—3 岁后,孩子夜醒的次数明显减少。随着年龄的增长,孩子会逐渐获得正常的睡眠。

婴儿出生后,不论昼夜,大部分时间都在睡眠中。以后,随着夜间喂奶和护理时间的减少,夜睡时间逐渐延长。但在日醒夜睡的规律尚未完全形成以前,夜间有可能出现夜醒。照护者应避免立即抱着摇哄,以免让婴幼儿产生依赖性,加剧夜醒的发生频率。[2]

园中有个特殊的幼儿——浩浩。浩浩在 1 岁多的时候,被诊断为各方面发育都不理想,且与人没有眼神交流,不愿说话。2 岁 2 个月时,浩浩在某康复医院被诊断为中度自闭。浩浩妈妈表示,浩浩很少和小朋友玩,但是和大人有眼神交流,会简单地吐字,不会完整、清晰地表达。目前令家长比较困扰的问题是睡觉。浩浩经常很晚才睡觉,半夜醒了之后也不好好睡觉,且睡前非常依赖秋千,只有荡着秋千,他才能安心睡着。请你说说要如何改善特殊婴幼儿夜醒的睡眠问题?[3]

---

① 本案例由昆明学院附属幼儿园托育中心任正梅老师撰写。

② 欧萍,刘光华.婴幼儿保健[M].上海:上海科技教育出版社,2017:156.

③ 本案例由昆明学院附属幼儿园资源中心段月丽老师撰写。

3. 梦游

梦游是指在熟睡中突然坐起或下床活动,如穿衣服、行走、翻东西或做些游戏动作等。梦游中的幼儿往往意识不清、面无表情、动作刻板,甚至会自言自语。梦游发作时,幼儿意识紊乱,很难被唤醒,对试图唤醒他们的人可能会给予反抗、攻击行为或表现出受惊吓后的恐慌,但醒来后却对梦游中发生的事件没有记忆。这一系列的行为常持续数分钟至半小时,以梦游者回到床上继续睡眠后告结束。[①]

4. 玩弄生殖器

婴幼儿在成长发育过程中,对自己和异性的生殖器官产生好奇是非常正常的。婴儿出生后几个月就开始探索自己的身体,其中包括生殖器。抚摸生殖器带来的快感往往比抚摸其他部位更强,所以他们会对生殖器特别关注。这不仅是一种正常现象,也是婴幼儿探索自身的求知欲的表现。对待婴幼儿的此类行为,照护者要注意不要过早让婴幼儿上床,也不要让其养成赖床习惯,同时也可以简单地给孩子讲道理,告诉孩子这样做对身体健康有害。随着年龄的增长,这种行为会自然消失。

5. 不良睡眠姿势

正确的睡眠姿势有助于婴幼儿的健康成长。照护者要注意纠正婴幼儿的不良睡眠姿势,为婴幼儿的生命安全保驾护航。对婴幼儿来说,俯卧是最不健康的睡姿。尤其是婴儿的自主活动能力差,无法自行翻身,颅骨柔软,易受压变形,俯卧时间过长会造成面部五官畸形,长期向一侧卧或仰卧容易使头颅发育不对称。

(二) 特殊婴幼儿睡眠策略

1. 营造适宜的睡眠条件

创造适宜的睡眠环境是保证婴幼儿高质量睡眠的前提,因此,照护者要为婴幼儿提供一个温馨、舒适、安静的睡眠环境。首先,保持室内空气新鲜,经常开门、开窗通风,室温以18至25摄氏度为宜;其次,卧室中可拉上窗帘、调暗灯光、保持安静、减少噪声;第三,寝室用具要干净、舒适,不宜让婴幼儿穿太多衣服睡觉。

2. 提升照护者的睡眠照护技能

照护者须不断提升婴幼儿睡眠照护技能。首先,照护者要对睡眠时间进行把控。婴幼儿的睡眠时间存在个体差异性,照护者不仅要关注睡眠的时间,更要关注睡眠的质量。比如,午睡时间、睡前玩耍时间均不宜过长,以免影响睡眠质量。其次,照护者要对睡眠条件进

---

① 金星明.儿童心理行为及其发育障碍 第5讲 儿童少年睡眠障碍[J].中国实用儿科杂志,2002(5):312.

行把控。不要让婴幼儿睡前饮水过多,穿过多过紧的衣物入睡,或是夜间频繁喂食。若频繁喂食,婴幼儿摄入大量的液体,夜尿次数增多,将干扰婴幼儿的晚间睡眠,造成婴幼儿睡眠不安。[①] 同时,照护者也要避免室温过高或过低,避免空气干燥、灯光太强、噪声过大等。照护者要掌握睡前的婴幼儿抚触按摩方法。按摩时间是照护者与婴幼儿美好的互动时刻。在按摩之前,必须营造温馨、舒缓的氛围,才能将温柔和爱传递给婴幼儿。

3. 进行婴幼儿独立睡眠个别化的训练

每个婴幼儿都是一个独特的个体,最好的教育就是适宜每个婴幼儿个性发展特点的教育。因此,个别化特殊婴幼儿独立睡眠训练就显得很有必要。训练计划的具体操作过程为:制订睡眠仪式;准备睡眠过程中必备的寝室用具;按约定的时间准时引导婴幼儿入睡。对于5个月以内的婴儿,照护者可以根据其特点直接进行训练。对于年龄稍大的婴幼儿,照护者要先与其进行沟通,与婴幼儿熟悉之后再实行睡眠计划,并注意做好个别化独立睡眠计划实施的记录。

首先是制订入睡仪式。入睡仪式有助于婴幼儿形成睡眠条件反射,[②]让婴幼儿将睡前要做的事情与睡眠联系起来,一旦完成入睡仪式,婴幼儿便明白即将要入睡。制订的入睡仪式可以是阅读绘本,也可以是自己动手关灯等。当婴幼儿按照要求完成,照护者便及时给予肯定和鼓励,让婴幼儿学着遵守规则,自我控制。其次是按照婴幼儿的睡眠习惯准备寝具,还可以准备一个喜欢的小熊玩偶,一盏光线微弱的灯等。最后,按约定的时间准时引导婴幼儿入睡。按约定时间入睡不代表强制婴幼儿入睡,而是让婴幼儿做好入睡准备,酝酿睡眠情绪。

绵绵3岁了,患有孤独症谱系障碍,白天不肯与人交流。就算是面对亲近的家人,绵绵也很少正面互动。绵绵有一个习惯,就是晚上一定要妈妈陪她睡觉。每天晚上到了睡觉时间,她就必定要拉着妈妈,黏着妈妈陪她睡,即使是爸爸要陪她一起睡她也不同意。所以妈妈一直很苦恼,因为单位每次派她出差,她都没有办法抽身,为此也错过了很多事业上升的机会。在专业指导老师的建议下,绵绵妈妈开始使用"替代物"来取代她的角色,尝试用绵绵自己挑选的一个小猫布偶陪绵绵入睡。刚开始的时候,妈妈依然陪伴绵绵睡觉,但是会把小猫布偶放在中间,然后让绵绵和小猫布偶"交朋友",营造一个温馨的环境让绵绵逐步接受小猫布偶陪她入睡。过了一段时间,妈妈便尝试让绵绵和小猫布偶一起睡,并承诺第二天早晨一觉醒来就出现在绵绵眼前。慢慢地,绵绵便可以一个人睡觉了,小猫布偶成功"取代"了妈妈的角色。看到绵绵的进步,妈妈既激动又感到非常开心。

---

① 麦坚凝. 婴幼儿常见睡眠障碍及对策[J]. 实用儿科临床杂志,2002(4):364-366.
② 王惠珊. 睡眠养育照护行为与儿童健康[J]. 中国儿童保健杂志,2021,29(5):465-467.

亮亮比较喜欢秋千,且过于依赖荡秋千来入睡。陈老师在给亮亮上感觉统合个训课时,会把荡秋千作为奖励,并严格控制亮亮荡秋千的次数,同时加重其他训练的强度。亮亮妈妈表示,亮亮接受了感觉统合训练后,入睡的问题有所改善,由之前的荡秋千荡一两个小时才能入睡变为荡半小时就能睡着了。[1]

请根据所学知识及自身经验,谈谈特殊婴幼儿睡眠问题的改善策略。

第三节　婴幼儿生活与卫生习惯养成及早期融合教育

2021年国家卫生健康委出台的《托育机构保育指导大纲(试行)》对婴幼儿良好的生活与卫生习惯提出具体指导要求,可见生活与卫生习惯的养成是早期教育中必不可少的内容。特殊婴幼儿由于受到身心健康状况的影响,往往容易出现很多生活与卫生习惯问题,这就需要照护者在早期融合教育中能够科学、合理地引导特殊婴幼儿养成良好的生活与卫生习惯。

一、婴幼儿生活与卫生习惯养成的目标

陈鹤琴先生说过:"习惯养得好,终生受其益,习惯养不好,终生受其累。"好的习惯必须从小抓起。婴幼儿时期是各种习惯形成的重要时期,培养良好的生活、卫生习惯应始于婴幼儿时期。因此,婴幼儿学习盥洗、进餐、睡眠、如厕及穿脱衣服等生活技能,形成良好的卫生习惯,对其一生的发展都会产生重要的影响。

二、婴幼儿生活与卫生习惯养成的保育要点

(一) 婴幼儿的生活与卫生习惯

婴幼儿年龄越小,神经系统的可塑性越大,各种好习惯越容易形成。对婴幼儿生活与卫生习惯的培养主要可以从生活技能和卫生习惯两方面入手。

1. 婴幼儿的生活技能

照护者应根据婴幼儿的年龄特点,让婴幼儿养成良好的生活习惯。首先,要注意培养婴幼儿良好的饮食习惯,饮食要定时定量、不挑食、不偏食等。其次,要注意保持婴幼儿良好的作息规律,在相对固定的时间节点就餐、睡觉、活动等。与此同时,还要注意培养婴幼儿良好的作息习惯,例如,让婴幼儿习惯独自入睡、按时起床等。

---

① 本案例由昆明学院附属幼儿园资源中心段月丽老师撰写。

2. 婴幼儿的卫生习惯

要根据婴幼儿的年龄特点,帮助婴幼儿养成基本的卫生习惯,培养自理能力。首先,要保障婴幼儿个人卫生用品的清洁与消毒。照护者要注意婴幼儿须每人一巾一杯,日常生活用品专人专用,每日换洗;婴儿尿布要勤换。其次,要注意婴幼儿个人卫生习惯的培养。婴幼儿每天早晚要清洁口腔,2 岁以上的幼儿可以学着自己刷牙,餐前便后要及时清洗双手,饭后要及时漱口。除此之外,还要养成不随地吐痰、大小便,不乱扔纸屑、瓜果皮等文明行为。

(二) 婴幼儿生活与卫生习惯的养成与保育

1. 如厕技能的培养

对于婴幼儿来说,如厕是一项重要的自理能力,照护者应培养婴幼儿的如厕意识,帮助其养成文明的如厕技能,以提高婴幼儿的自理能力。婴幼儿时期养成的文明习惯,将会为婴幼儿积极情感的培养、健康人格的塑造以及人际交往能力的提高打下坚实的基础。

如厕技能的培养有以下几个要点。第一,每天在规定的时间内让幼儿坐上便器进行适应,保持幼儿双膝水平略高于臀部,双脚牢牢支撑在地上。第二,让幼儿学会有规律地排便用力,即吸气后屏气增加腹压来用力排便,协调肛门括约肌运动,集中精力反复训练,直至排出大便。第三,排便时间可以设定在早晨醒来后和晚餐后 1 小时左右,消化饭后食物产生的动力可以促进肠蠕动,有助于幼儿将粪便排出。第四,每天坚持 2 次如厕训练,每次训练 10 分钟左右。照护者记录幼儿每日的排便情况,以此发现幼儿的排便规律。总而言之,当发现幼儿有便意信号时,如蹲下或是抓、摸尿布等,应及时引导幼儿如厕。照护者可以对幼儿说:"你现在想要上厕所吗?"或"你是想要拉粑粑吗?"鼓励幼儿一有便意就要立即表达出来。照护者千万不要用粗暴、命令的语气,以免幼儿产生抗拒心理。最后是停用尿布的时机问题。在如厕训练之初,幼儿在家可穿内裤,睡觉和出门可继续使用尿布,一段训练期过后,可逐渐去除尿布。

蓉蓉刚刚入托时,还不会自己上厕所,对陌生的环境也很排斥。她基本不上厕所,要么憋着,要么就是憋不住弄脏裤子。张老师为此每天带她去卫生间熟悉环境,且在其他幼儿上厕所时,不断鼓励和安抚蓉蓉。蓉蓉渐渐地尝试自己走进卫生间,逐渐突破了上厕所的障碍。[1] 你会怎么解决特殊婴幼儿不愿到陌生卫生间上厕所的问题?

2. 盥洗技能的培养

盥洗技能的养成有助于婴幼儿形成爱干净的品质。婴幼儿自身保持整洁的同时能够促

---

① 本案例由昆明学院附属幼儿园资源中心段月丽老师撰写。

进身体健康。很多疾病就是通过手口途径传播的,所以正确科学地培养婴幼儿的盥洗技能就显得十分必要。

以洗手为例,正确的洗手方式包含以下几点:用流动水充分浸湿双手;取适量肥皂或者皂液均匀涂抹至双手各个部位;认真揉搓双手所有皮肤,包括指背、指尖和指缝,有效清洁 20 秒以上;冲洗干净。具体可参照"七步洗手法"。

第一步:湿润双手,涂抹洗手液,掌心相对,手指并拢,相互揉搓;

第二步:手心对手背沿指缝相互揉搓,双手交换进行;

第三步:掌心相对,双手交叉沿指缝相互揉搓;

第四步:弯曲手指使关节在另一手掌心旋转揉搓,双手交换进行;

第五步:右手握住左手大拇指旋转揉搓,双手交换进行;

第六步:将五个手指尖并拢放在另一手掌心旋转揉搓,双手交换进行;

第七步:必要时应对手腕、手臂进行清洗,双手交换进行。

3. 饮食习惯的培养

合理的饮食结构和良好的饮食习惯是婴幼儿健康成长的基本保证。要培养婴幼儿良好的饮食习惯,首先,照护者要营造轻松的进食氛围,避免强迫婴幼儿进食。每次进餐,照护者可以为婴幼儿提供一个清洁整齐、安静舒适的进餐环境,通过进餐时间和环境的刺激,使婴幼儿建立起固定的条件反射,以利于胃液的分泌,促进消化和吸收。进餐过程中,照护者不能训斥婴幼儿,应把问题放在餐后处理。其次,照护者要尽可能引导幼儿独立进餐,让幼儿学会使用适宜该年龄阶段的餐具。另外,照护者要引导婴幼儿吃多种多样的食物。婴幼儿适应各种食物的口感和味道,就不易挑食、偏食。

三、特殊婴幼儿生活与卫生习惯的养成

融合教育理念强调为特殊儿童创设一个普通的发展环境,以期帮助他们融入正常的社会生活。因此,我们应抓住习惯养成的最佳时期,制订适宜的特殊婴幼儿生活与卫生习惯培养方案,并耐心、持久地加以实施。

(一) 特殊婴幼儿生活与卫生习惯常见问题

特殊婴幼儿成长过程中常常会伴随着生活与卫生习惯问题的出现,其自身障碍是主要影响因素,而照护者不恰当、不科学的指导方式也会成为影响特殊婴幼儿良好生活与卫生习惯养成的因素之一。

1. 照护者的引导方式不当,缺乏个别化指导

当特殊婴幼儿需要特殊照护和引导时,照护者的引导方式需要根据不同特殊婴幼儿的情况进行调整和改善。但在实践中,照护者的引导方式往往比较单一,照护者在指导过程中不能抓住不同特殊婴幼儿的特点和需求,以至于特殊婴幼儿得不到有效引导。

2. 特殊婴幼儿发展特点有差异,影响良好卫生习惯的养成

特殊婴幼儿,如听觉障碍、视觉障碍、肢体障碍、智力障碍、情绪行为障碍等婴幼儿在一定程度上由于发展的差异化,与普通婴幼儿相比,更难形成良好且有规律的生活与卫生习惯。如智力障碍婴幼儿,除动作的协调、步态、精细动作技能等常出现问题之外,还常附带诸如语言、听力、视力、情绪行为失常等其他障碍,且具有相当高的比例。[①] 而良好的生活与卫生习惯的养成则要求婴幼儿对行为有一定的控制能力和执行能力。

(二) 特殊婴幼儿生活与卫生习惯养成策略

1. 进行个别化的生活自理能力训练

(1) 营造良好的精神环境,打开特殊婴幼儿封闭的心灵之门

照护者要营造良好的融合环境,根据特殊婴幼儿的特点帮助其建立良好的同伴关系,帮助其打开心灵之门。如孤独症谱系障碍婴幼儿喜欢独自玩耍,与同伴及照护者之间互动较少,照护者可在掌握其兴趣爱好后,给特殊婴幼儿建立"自然支持来源"。这种"自然支持来源"主要依靠普通婴幼儿群体。[②] 照护者应注重引导普通婴幼儿与特殊婴幼儿之间建立和谐有效的同伴关系,通过营造良好的心理环境让特殊婴幼儿在生活与卫生习惯养成方面获得同伴支持。

(2) 设置奖励,激发特殊婴幼儿的积极性

当特殊婴幼儿不愿意配合活动时,可分散一下他们的注意力,转移目标,然后再把活动内容呈现一遍,再次引发他们的兴趣。只要他们能够按照护者的要求去做,则立即给予物质奖励。同时,照护者也应辅之以语言表扬和拥抱等精神层面的奖励,保证特殊婴幼儿处于积极的情绪状态以配合完成每次训练。

(3) 开展个别化训练,提高特殊婴幼儿的执行能力

照护者应为特殊婴幼儿提供尽可能生活化、活动化的环境,通过个别化训练帮助特殊婴幼儿养成良好的生活与卫生习惯。例如,在对情绪行为障碍婴幼儿进行听儿歌记洗手动作的游戏训练时,照护者应引导特殊婴幼儿根据动作念出儿歌,掌握动作要领。当婴幼儿情绪

---

① 雷江华,刘慧丽. 学前融合教育［M］. 北京：北京大学出版社,2015：158.

② 同上：133.

不稳定的时候,照护者应安抚其情绪,稳定其行为表现,必要时可以使用康复训练玩教具对其加以引导;当婴幼儿情绪稳定或开心的时候,照护者可以把知识内容的传授贯穿在游戏中,让特殊婴幼儿边说边做。好的照护机构拥有良好的师资队伍,种类齐全的康复训练玩教具,丰富多彩的教育活动,众多可参照的婴幼儿,是家庭教养和一般的康复中心所不能比拟的。[①] 因此,照护者要让特殊婴幼儿在专业的个别化训练环境中,一步一步提高执行能力,切忌过于急躁。

童童是一位孤独症谱系障碍患儿。在开展生活自理能力训练时,赵老师发现她总是不配合,甚至反抗。慢慢地,赵老师明白了一定要多肯定和表扬特殊婴幼儿,他们的心理是非常脆弱而敏感的,更需要照护者无微不至的爱与关心。所以每次训练过程中,看到童童有不配合的迹象,赵老师就想办法提高她的兴趣,给予她及时的鼓励和肯定。同时,赵老师还注意到,对童童的康复训练还要把握好难度和进度的问题,训练内容不能频繁变化,要小步子多重复,直到童童能一样一样地掌握为止。

2. 采用多元化的激励方法

(1) 兴趣驱动法

为了促进特殊婴幼儿生活与卫生习惯的养成,照护者应该采用正面激励的方法对特殊婴幼儿生活与卫生习惯的养成进行督促和检查,形成督促检查清单。

高质量的学前教育是保障学前融合教育有效实施的前提。[②] 照护者要想办法以特殊婴幼儿能够接受的方式实施教育,培养其良好的卫生习惯。在培养特殊婴幼儿的兴趣爱好或者习惯的时候,可以为特殊婴幼儿提供一些色彩鲜明的图片,一些有趣的漫画、动画和舞蹈、音乐等,让他们在具体情境中感知。在培养特殊婴幼儿卫生习惯的时候,照护者可以利用视频进行教学。比如,一只小白兔在吃饭前没有洗手,吃完饭后肚子突然疼了起来。兔妈妈把小白兔送到医院后,大熊医生告诉小白兔吃饭之前要把手洗干净。从此,小白兔就养成了饭前洗手的好习惯。另外,照护者也可以借助生动形象的绘本或漫画实施教育。照护者还可以将一些卫生习惯编成顺口溜或者儿歌,帮助特殊婴幼儿记忆。

(2) 榜样激励法

榜样激励法是指让特殊婴幼儿通过照护者对其良好行为表现给予表扬和肯定,产生自我认同感,从而尝试不断优化自己行为的一种教育方法。婴幼儿辨别是非的能力较差,特别

---

① 贾玉玲,等. 幼儿园该不该收这样的孩子[J]. 幼儿教育,2002(3): 20 - 22.

② 张国栋,曹漱芹,朱宗顺. 国外学前融合教育质量: 界定、评价和启示[J]. 中国特殊教育,2015(4): 3 - 8, 23.

是特殊婴幼儿,但不管是普通婴幼儿还是特殊婴幼儿,他们对照护者的爱与善意是非常敏感的。照护者应保持爱与善意,及时肯定特殊婴幼儿的良好行为,进而使其逐渐养成良好的行为习惯。例如,为了使特殊婴幼儿摒弃不愿洗手的坏习惯,照护者可以让已养成洗手习惯的婴幼儿做示范,展示给特殊婴幼儿看,并与特殊婴幼儿交朋友。在这基础上,照护者再引导特殊婴幼儿学会洗手。当特殊婴幼儿把手洗干净后,照护者应及时给予表扬和鼓励,使婴幼儿获得荣誉感,逐渐养成饭前便后洗手的好习惯。

俗话说,榜样的力量是无穷的。照护者是婴幼儿学习、生活的引导者。对于特殊婴幼儿来说,照护者的一言一行、一举一动都会对其产生影响。因此,照护者要从规范自己的言行做起,时时处处做特殊婴幼儿心灵的守护者,让特殊婴幼儿能够勇敢地踏出每一步,最终走向美好而包容的世界。

冬冬,2岁11个月,唐氏综合征患儿。该幼儿能听懂指令和日常对话,但不能用语言交流,对环境熟悉后能够用肢体语言表达。

冬冬进入托班的第一天,教师用冬冬的小杯子给冬冬喝水,冬冬端起杯子抿了一口之后,无论教师怎么哄怎么劝,冬冬都不愿意再喝第二口,甚至拒绝端水杯。教师用勺子喂冬冬也没有成功。最后,教师只能跟冬冬约定:只喝三勺水。冬冬这才勉强喝了三勺水。但这样的约定时而有效时而无效。冬冬入托的第一天以"12小勺水"告终。教师与冬冬父母沟通后得知,冬冬自出生后,摄取的水分基本来源于牛奶和果汁。他在家也不愿意喝水。家长日常会给冬冬提供蜂蜜水,他愿意喝就喝一点,不愿意就不勉强。

针对这一问题,教师采取了以下措施并进行观察。

1. 同伴教育

在班级中,教师在喝水环节会告诉冬冬:"水是很重要的,每个人都须要喝水,不喝水我们的身体就会生病。"教师请冬冬帮忙给班级里其他小朋友接水,带着他观察小朋友们喝水的情形,听听小朋友们喝水吞咽的声音。最后,教师和冬冬一起接水,一起喝水。

【观察发现】冬冬观察到小朋友们都会自己拿杯子喝水,冬冬也愿意自己端着小口杯了。起初一两次,教师与冬冬干杯,引导他喝水。冬冬能够抿2—3口水,但是这个办法之后失效了。在干杯的过程中,教师发现冬冬对老师的玫红色透明水杯比较感兴趣。有一次,趁教师没注意,冬冬还端起教师的水杯喝了一口水。于是教师思考:"会不会是冬冬以为有颜色的杯子中装的是果汁,所以比较愿意用有颜色的杯子喝水?"

2. 有颜色的杯子

基于第一次的尝试与猜想,教师与冬冬妈妈沟通,请冬冬妈妈从家里带一个平时冬冬很喜欢的橙色水杯来。冬冬看到橙色杯子之后很激动,一把抢过杯子开始大口喝水,但是喝了一口之后就停下了,又端起自己的小水杯看。教师引导他:"冬冬,这是妈妈给冬冬拿来的水杯哦,妈妈让老师告诉冬冬要多喝点水。"但是,教师的尝试无效。

【观察发现】冬冬能发现杯子里装的不是饮料。冬冬看到自己的小杯子一把抢过来,不是因为他愿意喝水,而只是因为喜欢这只杯子。

3. 有味道的水

通过之前的尝试,教师发现,直接让冬冬饮用无色无味的水有些勉强。所以,教师跟冬冬妈妈沟通,请冬冬妈妈从家里带一些他平时喝的果汁粉来,让冬冬在班级中也能喝果汁,然后慢慢减少果汁粉的比例,直至过渡为白开水。第一次按照冬冬妈妈的方法用冬冬的小杯子给他调配果汁,冬冬拒绝饮用。教师换了一个白色纸杯给他调配,引导冬冬观察果汁的颜色,闻果汁的气味,用勺子尝果汁后,冬冬发现杯子里是自己喜欢的果汁,就端起纸杯大口喝了起来。在这之前,教师从来没有见过冬冬大口喝水的样子,甚至怀疑他不会连续吞咽。之后每次喝水前,教师都会在冬冬面前给他调配果汁。教师与冬冬爸爸妈妈约定,每天减少五分之一勺的果汁粉,而且每次减少开始于早晨入园的第二次喝水活动,家中同步果汁粉的用量。从此之后,冬冬开始喝水了。经过快一个月的调整,冬冬已经能够通过饮用白开水来补充身体所需水分。

【观察发现】第一次按照冬冬妈妈的方法用冬冬的小杯子给冬冬调配果汁,冬冬拒绝饮用,说明其实冬冬完全拒绝饮水。好在教师及时调整了策略。冬冬开始饮用白开水是一个很大的进步,但是冬冬的饮水时间很长。通过计时发现,50毫升左右的水,其他小朋友的饮用时间大概是1分半钟,但是冬冬在教师不断的鼓励和提醒下需要13分钟才能喝完,饮水时间太长。

4. 计时器和酸角糕

与冬冬妈妈沟通后,教师发现,冬冬最喜欢的小零食是酸角糕(云南的一种小零食)。教师请冬冬妈妈带来了10块酸角糕。每次喝水前,教师准备好小番茄计时器以及八分之一块酸角糕,并告诉冬冬:"要喝快点,小番茄在跟冬冬比赛,小番茄喝完水就会叫,如果冬冬能比小番茄喝水喝得更快,就给冬冬吃一块酸角糕。"前三次定时10分钟,冬冬在酸角糕的诱惑以及教师的催促下,在闹钟响起之前喝完了水,获得了酸角糕。第四次,教师不再催促。冬冬喝水超时没有获得酸角糕。第五次,教师再次催促,冬冬获得了酸角糕。第六次,教师催促,冬冬超时,没有在规定时间内喝完水,但是当小番茄闹钟响起的时候,冬冬被吓到了,开始大口喝水。之后的喝水环节,教师会不规律地催促冬冬。慢慢地,冬冬完全理解了教师的话语和喝水的规则。每隔两到三天,教师就会将冬冬喝水的时间减少1分钟,每周减少2至2.5

分钟。经过一个月的调整,冬冬喝水已经能达到跟其他小朋友一样的速度了。冬冬的喝水习惯已经完全与班级其他幼儿同步。

【观察发现】所有的规则都会在一遍又一遍的实践中被理解和适应。当冬冬听到小闹钟响起,被吓到的那一刻,说明他已经开始理解规则了。

虽然冬冬不爱喝水的问题解决了,但面对同样也不爱洗手的冬冬,教师又开始思考"如何让冬冬养成洗手的好习惯"这个问题了。① 请你说说如何让冬冬养成爱洗手的习惯,并制订一份指导计划。

思考题:

1. 请为 2 岁左右的幼儿制订一份合理的一日膳食计划。

2. 请谈谈特殊婴幼儿营养与喂养的常见问题有哪些,并提出改善对策。

3. 结合已有经验和所学知识,请你为一名不爱睡午觉的 2 岁孤独症谱系障碍患儿制订一个指导计划。

---

① 本案例由昆明学院附属幼儿园托育中心刘渊媛老师撰写。

第六章　婴幼儿课程在早期融合教育中的实施

☞　**教学导航**

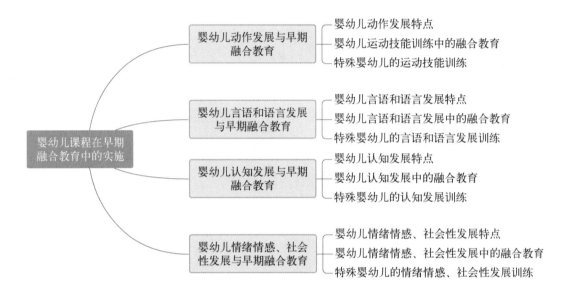

☞　**学习目标**

1. 了解婴幼儿动作、言语、认知、情感及社会性发展的特点。

2. 掌握语言能力、认知能力、良好的情绪情感与社会性的培养策略与方法。

3. 能够根据特殊婴幼儿的个体差异进行相应的融合教育。

第一节　婴幼儿动作发展与早期融合教育

　　动作发展对人一生的发展有极其重要的意义。身体的发展都是通过动作完成的,身体动作受大脑指挥。反之,身体动作本身又促进了大脑的发育,对促进婴幼儿体能、技能、健康行为和认知发展都有重要影响。

一、婴幼儿动作发展特点

（一）影响婴幼儿动作发展的因素

1. 生理因素

（1）遗传因素

先天遗传因素为婴幼儿动作的发展打下了基础。生理和心理方面的疾病会阻碍婴幼儿动作的发展。

婴幼儿脑部的损伤会影响动作发展。早产儿、缺氧性脑病患儿、黄疸严重的新生儿等婴幼儿的动作发展会明显落后于正常婴幼儿。通常，发生呼吸道或消化道感染的婴幼儿会失去更多动作训练的机会，从而影响动作的发展。

（2）生理成熟

动作发展的前提是生理成熟。美国著名心理学家格塞尔（Arnold Lucius Gessell）的"双生子爬梯实验"说明了这一点。通过该实验，验证了动作训练应建立在生理成熟的条件上。只有生理上足够成熟，动作训练才能取得成效。

2. 环境与教育

动作的发展并不是一个按照固定的顺序出现而消极发展的过程，而是在婴幼儿对环境主动的探索中产生的。环境对于婴幼儿的动作发展起到非常重要的影响，其中，家庭教育的影响尤其重要。

父母的育儿方法对婴幼儿的生长发育会造成直接影响。例如，某些家长会为新生儿戴上手套，以免他们的指甲划伤自己。但这种做法限制了婴幼儿双手的感知，触觉的发展会受到影响，势必也会影响手部精细动作的发展。

3. 个体差异

婴幼儿动作的潜能存在个体差异。判断婴幼儿动作发展是否正常，照护者还应综合考虑婴幼儿的生长情况。比如，一名幼儿在书写方面表现出低于平均水平的眼手协调能力，同时，该幼儿的身高、体重和协调性等也低于平均水平，这说明其精细动作的发展与个体全面发展的模式相符合，因此可以把他看作成熟较慢的幼儿。

（二）婴幼儿动作发展的主要规律

总的来说，0—3岁婴幼儿动作的发展遵循从整体到分化、从上到下、从近到远的客观规律。[①]

---

① 周念丽.0—3岁儿童观察与评估［M］.上海：华东师范大学出版社，2021：41.

1. 从整体到分化

婴幼儿早期的动作表现是整体性、全身性、笼统的，而后逐渐表现出局部、准确、专业化的发展特征。这也体现出0—3岁婴幼儿动作发展"由粗到细"的特点。婴幼儿首先学会手臂和腿的动作，然后才慢慢学会手和脚的精巧动作，尤其是手指的精细化动作，如可以用手拿捏物体、玩建构类玩具、使用餐具剪刀等。这种发展规律被称为"整分规律"。

2. 从上到下

0—3岁婴幼儿的生长发育遵循从上到下（从头到脚）的顺序。最开始学会趴着抬起头，接下来是抬头的同时抬高胸部，俯撑，翻身，坐和爬，最后才学会站立和走路。这也就是俗称的"三抬、五翻、六坐、八爬"。这一系列的动作发育都是由头部逐渐发展到躯干，又进一步发展到上肢以及下肢。这种发展规律被称为"首尾规律"。

3. 从近到远

0—3岁婴幼儿先开始发育的是头部和躯干的动作，紧接着是两只手臂和腿部的动作，最后是与手相关的精细化动作。这种发展规律被称为"近远规律"，即越接近躯干部位的动作发展越早。

（三）婴幼儿动作发展的主要特点

0—3岁婴幼儿的粗大动作主要包括头部控制、翻身、坐、爬、走、跑、跳、平衡、投、抛、攀爬等。精细动作主要是手部动作的发展，如手功能发育，双手配合能力发展，手眼协调能力和绘写能力发育等。[①]

1. 粗大动作的发展

0—3岁婴幼儿的头部动作是婴幼儿最早发展，也是完成较早的动作。躯体动作的发展表现为翻身和坐的动作发展。行走动作发展主要经过爬行、站立、行走这三个过程。

新生儿满月时，头部还不能直立起来，在俯卧时只能稍微抬起下巴。出生2—3个月时，头不仅可以竖直，还可以平稳地抬起。3—4个月大的婴儿，头已经可以平稳竖直，开始学习翻身。5个月的时候，可以从侧卧翻成仰卧。6个月的时候，可以尝试坐在带有护栏的椅子上，坐着时会使用手部力量来支撑身体。7个月的时候，俯卧时可以靠着膝盖和腿部的力量移动，身体可以往后退。8个月时，可以借助腹部力量和手臂力量脱离地面，来带动身体和两条腿往前爬行，肚子可以离开地面。10个月的时候，婴儿可以扶手站立。11个月的时候，可以在站着的情况下凭借自己的力量坐下或蹲下。大概到1岁以后，婴儿开始独立行走，经过

---

① 周念丽.0—3岁儿童观察与评估［M］.上海：华东师范大学出版社，2021：42.

不断的训练,行走技能逐渐提高。2岁后,可以双脚跳起,可以扶物用单脚站立较短的时间,也可以踮着脚尖走几步,从较低的台阶上跳下来。3岁时,可以单脚保持平衡站立姿态,四肢运动逐渐协调。0—3岁婴幼儿粗大动作技能发展的具体顺序,可通过表6-1详细了解。

表6-1　3岁前儿童粗大动作技能发展的顺序①

顺序	动作项目名称	达到年龄(月)	顺序	动作项目名称	达到年龄(月)
1	稍微抬头	2.1	25	自蹲自如	16.5
2	头旋转自如	2.6	26	独走自如	16.9
3	抬头及肩	3.7	27	扶物过障碍棒	19.4
4	翻身一半	4.3	28	能跑但不稳	20.5
5	扶坐直立	4.7	29	双手扶栏上楼	23.0
6	手肘支床胸离床面	4.8	30	双手扶栏下楼	23.2
7	仰卧翻身	5.5	31	扶双手,双脚跳稍跳起	23.7
8	独坐前倾	5.8	32	扶一手,双脚跳稍跳起	24.2
9	扶腋下站立	6.1	33	独自双脚跳稍跳起	25.4
10	独坐片刻	6.6	34	跑能控制	25.7
11	蠕动打转	7.2	35	扶双手单脚站不稳	25.8
12	扶双手站	7.2	36	一手扶栏下楼	25.8
13	俯卧翻身	7.3	37	独自过障碍棒	26.0
14	独坐自如	7.3	38	一手扶栏上楼	26.2
15	给助力能爬	8.1	39	扶双手双脚跳好	26.9
16	从卧位坐起	9.3	40	扶一手单脚站不稳	26.7
17	独自能爬	9.4	41	扶一手双脚跳好	29.2
18	扶一手站	10.0	42	扶双手单脚站好	29.3
19	扶双手走	10.1	43	独自双脚跳好	30.5
20	扶物能蹲	11.2	44	扶双手单脚跳稍跳起	30.6
21	扶一手走	11.3	45	手臂举起抛掷	30.9
22	能站片刻	12.4	46	扶一手单脚站不稳	32.3
23	独站自如	15.4	47	独自单脚站不稳	34.1
24	独走几步	15.6	48	扶一手单脚跳稍跳起	34.3

① 李甦.学前儿童心理学[M].北京:高等教育出版社,2013:56-57.

2. 精细动作发展

0—3岁婴幼儿精细动作的发展主要表现在手部动作的发展上。婴儿出生后的一段时间内，其动作往往是混乱的。2—3个月的婴儿会触摸偶然碰到的物品，如被子等，但不会抓握。此时，抚摸的动作也没有任何的目的性和方向性。4—5个月以后，婴儿的手眼协调能力逐步发展，动作有了简单的目的和方向。6个月以后，婴儿的双手开始可以配合着拿取物品，能把物品从一只手放到另一只手里。到了7个月左右，婴儿的五指分工动作已经逐渐灵活，如可以伸手去拿小盒盖，把它盖在小盒子上，又拿开，再盖上。[①] 8个月的时候，婴儿的抓握成功率可以到达100%。[②] 0—3岁婴幼儿每个年龄阶段精细动作技能的发展顺序详见表6-2。

表6-2 3岁前儿童精细动作技能发展的顺序[③]

顺　　序	动作项目名称	达到年龄（月）
1	抓住不放	4.7
2	能抓住面前的玩具	6.1
3	能用拇指食指拿	6.4
4	能松手	7.5
5	传递（倒手）	7.6
6	能拿起面前的玩具	7.9
7	从瓶中倒出小球	10.1
8	堆1寸立方积木2—5块	15.4
9	用匙外溢	18.6
10	用双手端碗	21.6
11	堆1寸立方积木6—14块	23
12	用匙稍外溢	24.1
13	脱鞋袜	26.2
14	串珠	27.8
15	折纸长方形近似	29.2
16	独自用匙好	29.3

---

① 陈帼眉.学前心理学[M].北京：人民教育出版社,2011：31,35.

② 李甦.学前儿童心理学[M].北京：高等教育出版社,2013：57.

③ 同上：58-59.

顺　　序	动作项目名称	达到年龄（月）
17	画横线近似	29.5
18	一手端碗	30.1
19	折纸正方形近似	31.5
20	画圆形近似	32.1

二、婴幼儿运动技能训练中的融合教育

通常，婴幼儿在 3 岁时就已经完成抬头—翻身—坐—爬—站—走—跑—跳的动作发展过程。运动训练对婴幼儿各个阶段的生长发育都起到重要的作用。

（一）婴幼儿运动技能训练的意义和作用

肢体运动是婴幼儿认知发展的重要基础。运动能力的提升有利于交往、表达、认知能力的提升。0—3 岁婴幼儿阶段是运动技能学习的黄金期，具有主动、灵活的特点。婴幼儿出生后就应该开始有目的、有计划的训练，以此提高各种运动技能。

运动技能的发展促进人体的形态结构和生理机能协调发展。运动技能的训练能使人的潜能得到充分发掘，提高对外界的适应能力。

（二）婴幼儿运动技能训练的策略与建议

1. 从婴幼儿实际出发

在对婴幼儿开展运动技能训练的过程中，要以个体发展情况出发，因材施教，选择不同的训练策略。同时，要从婴幼儿的兴趣爱好出发，采取合理的方法来激发婴幼儿对运动技能训练的兴趣，最大限度促进婴幼儿运动技能的提升。

2. 采用多样化活动形式

为了保证与增强婴幼儿运动技能训练的效果，教师要采用多样化的活动形式，更好地实现目标。

3. 倡导家园合作模式

动作发展是婴幼儿和谐全面发展必不可少的要素。通过托育机构与家庭两方面的共同努力，达成家园共识，才能促使婴幼儿运动技能得到良好发展。托育机构须要提高家长对居家运动技能训练的认识，请家长积极配合，以此促进婴幼儿整体的进步与发展。

四肢运动训练：跳跃过障碍(24个月以上)

目的：

对幼儿进行平衡觉和空间距离知觉的训练。

对象：

粗大动作发展欠佳的幼儿或脑瘫等特殊婴幼儿。

方法：

1. 在地上放6—8个用纸做的脚印，分成两排，两排之间隔10—15厘米，让幼儿踩着地上放置的脚印行走。

2. 在地上放6块木头或砖，每两块之间相隔5—10厘米，让幼儿在木块或者砖上面行走，每一步都踩在木块或砖上。家长须要在一边保护，防止幼儿发生危险。

3. 在地上画多个边长为15—20厘米的格子，家长与幼儿一起玩跳格子游戏。

4. 在地上放一张宽185毫米，长260毫米的纸，鼓励幼儿用单脚跳或者双脚跳的动作从纸片的上方越过。

注意点：

1. 注意幼儿跳跃时的安全。

2. 行走和跳跃要保持正确的姿势。

三、特殊婴幼儿的运动技能训练

部分特殊婴幼儿的运动能力正常，身体较协调，另一部分特殊婴幼儿的运动能力落后或显著落后。因此，须要根据特殊婴幼儿运动能力发展的水平制订具有针对性的干预计划。

(一) 特殊婴幼儿运动技能训练常见问题

一般来说，特殊婴幼儿表现出的运动能力不足或障碍主要以运动协调性明显损害为特征。不同障碍类型、不同障碍程度的特殊婴幼儿(如孤独症谱系障碍、脑瘫等)会表现出不同程度的运动能力不足或障碍。

运动能力不足或障碍可能包括：肌张力过高或过低、肌肉力量不足、持久性不足、关节或非关节运动不足、运动的精细程度不足、运动的控制能力低下、运动的稳定性不足、运动的协调性弱等。

(二) 特殊婴幼儿运动技能训练策略

1. 特殊婴幼儿运动技能训练的原则

(1) 个别化原则

特殊婴幼儿的障碍与缺陷各不相同。在运动技能的训练中，要遵循个性化的原则制订相应的教学和康复训练计划与目标,并在教学和康复训练过程中不断调整训练计划和训练方式。

（2）安全性原则

运动技能的训练一般不是在静止状态下开展的,有时会需要较大强度、较大幅度的活动。因此,运动技能训练过程须要特别注意安全问题。

（3）灵活性原则

运动技能训练是可以灵活调整的。可以根据婴幼儿当日的状态灵活地调整评估和训练的形式、强度、节奏、顺序与内容等。

2. 特殊婴幼儿运动技能训练的注意事项

（1）选择适合的项目,细致分解运动步骤

使用小步子、小分量、递进式的教学方式才能满足大部分特殊婴幼儿的需求。要根据他们的实际情况进行合理训练。此外,还要对每个运动项目进行详细分析,逐步分解训练,最后完成整个项目的训练。

（2）多表扬,多赞美,多鼓励

每一个人都希望得到肯定和赞美,特殊婴幼儿也是如此。在训练过程中,可以从特殊婴幼儿的态度、专注程度、动作的改善等方面表扬他们,让他们感受到,每一次细小的进步都可以得到认可和鼓励。

特殊婴幼儿行走活动训练(18 个月以上)[①]

目的:

提高特殊婴幼儿在行走中控制下肢及躯干的能力,渐渐扩大其活动范围。

方法:

1. 扶物行走活动。特殊婴幼儿取站立位,双手或单手扶物;训练者位于婴幼儿身后,根据婴幼儿的能力辅助双侧髋关节或肩关节,引导婴幼儿左右脚交替迈步。

2. 助行器行走活动。助行器分为前置式和后置式,两者分别适用于不同类型的特殊婴幼儿。前置式助行器主要适用于全身伸展肌张力高的特殊婴幼儿;后置式助行器主要适用于腰背臀伸展肌力不足的特殊婴幼儿。助行器的高度应适当,避免脑瘫婴幼儿骨盆、躯干过度前倾或后倾。活动过程中,应鼓励或引导婴幼儿尽量减少上肢用力支撑。

3. 训练者辅助行走活动。使用木棍进行支持和引导。训练者将木棍保持在特殊婴幼儿

---

① 周念丽,潘紫剑. 特殊婴幼儿的心理发展与保教[M]. 上海:上海科技教育出版社,2019:111－112.

胸部高度,避免棍子放得太高或太低。主要让婴幼儿用下肢支撑体重,并由训练者引导特殊婴幼儿躯干竖直,避免前倾或后仰,进行行走活动。

注意点:

1. 注意婴幼儿行走时的安全保护。

2. 适当时候,需要特殊婴幼儿家长的辅助。

第二节　婴幼儿言语和语言发展与早期融合教育

蒙台梭利曾说,语言是儿童最早获得的能力之一,且将成为儿童在其未来的进步与发展中影响最大的助力。言语和语言能力是人类交往过程中必要的基本技能,与日常生活、认知关系极为密切。言语和语言能力是思维能力,特别是抽象思维能力发展的重要前提。婴幼儿期言语能力的发展直接影响到今后认知、情感和社会性的形成。一些婴幼儿因为特殊原因在语言的理解和表达方面出现了种种问题,影响了认知及社会性的发展。因此,对婴幼儿早期出现的言语和语言问题进行及时有效的干预显得尤为重要。

一、婴幼儿言语和语言发展特点

(一) 影响婴幼儿言语和语言发展的因素

1. 听觉发展的影响

婴幼儿只有听得到、听得真切才可以给出相应的反应。听觉帮助婴幼儿获得形成语言的原材料。通过听觉产生信息的输入,是他们开口说话的第一要素。婴幼儿的听觉系统有问题,可能造成传入大脑内的声音与实际声音不一致,严重影响婴幼儿学习发出声音,导致吐词不清的现象。听觉障碍使婴幼儿缺少声音刺激而影响其言语和语言的发展。

2. 大脑功能发展的影响

有研究者发现,遗传、神经结构和功能的失调可能导致语言障碍的出现。例如大脑皮质的语言理解中枢、语言运动中枢等的损伤,会引起显著的语言发展异常。而继发性语言障碍是由其他障碍导致的。[①] 大脑没有办法根据正确的信息分析处理并下达指令,造成语言学习困难,例如,发音不清晰,对语义无法认知,无法正确表述等。例如,智力障碍婴幼儿都会表现出以语言发展迟缓为中心的各种语言障碍;孤独症谱系障碍也会造成婴幼儿异常的语言

---

① 朱楠.特殊儿童发展与学习[M].武汉:武汉大学出版社,2016:230.

和刻板的行为等。这些婴幼儿有重复性的语言,讲话时没有逻辑性可言。

3. 口腔咀嚼能力发展的影响

0—3 婴幼儿学习吐词发声时,需要唇、舌、下颚和口腔肌肉之间相互配合。因此,有些婴幼儿的语言发育较慢,与咀嚼能力发育不良、没有很好地接受训练有关。如果婴幼儿的口腔触觉锻炼不够,肌肉训练不够,会由于舌头的灵活度不够、口唇封闭性不佳、下颚稳定差等原因导致吐词不清晰、结巴等语言问题。

4. 环境因素的影响

环境因素也是导致儿童出现言语和语言发展问题的原因之一。在婴幼儿学语期间,由于各种原因致使儿童缺乏文化刺激或生活经验,或者没有让个体感觉到说话的需要和乐趣,也极有可能造成婴幼儿的语言发展问题。另外,父母的过度保护或严重忽略、婴儿期母子语言交流不足等,也是造成儿童言语和语言障碍的原因。研究发现,母亲对婴幼儿早期语言发展具有重要作用,婴幼儿早期与母亲分离会影响语言的发展。[1]

(二) 婴幼儿言语和语言发展的主要特征

婴幼儿期是言语能力迅速发展的时期,表现为词汇量不断增加,口头语言更加熟练,外部言语逐渐向内部言语过渡,到幼儿末期已能基本掌握本民族的口头言语。婴幼儿期言语的发展主要表现在语音、词汇、语法、语用等方面的发展上。主要的发展特征见表 6-3。[2]

表 6-3 婴幼儿期语言发展阶段表

言语发展阶段	年 龄	主 要 特 征
言语准备阶段	0—1 岁	2 个月后已能够发出 ai、a、e、ei、ou 等音 4—8 个月发出连续音节,ba-ba, da-da, ma-ma, ge-ge 9—12 个月能够模仿成人的语音,能够听懂成人的一些语言并对语言作出相应的反应
言语形成阶段	1—3 岁	1—1.5 岁,单词句阶段:幼儿说出的词往往单音重叠,以词代句。如说"帽帽",可以指"帽子掉了",也可以指"妈妈拿帽子"或"我要戴帽子" 1.5—2 岁,双词句阶段:幼儿开始说出由 2 个词或 3 个词组成的句子,如"妈妈抱抱" 2—3 岁,完整句阶段:会用简单的句子表达意愿,如"我要喝水",词汇量达到 1 000 个左右
言语丰富化阶段	3—6 岁	3—4 岁,能够使用复合句,如"我不睡觉,因为还不困"。会用一些代词、副词及形容词,掌握 1 600 至 2 000 个词汇 4—5 岁,能够复述别人的话或听过的故事,能够用完整的语句表达自己的感受,掌握 2 200 至 3 000 个词汇 5—6 岁,能较灵活地使用各种类型的句子,说话流利,掌握 3 000 至 4 000 个词汇

---

① 周念丽,潘紫剑. 特殊婴幼儿的心理发展与保教[M]. 上海:上海科技教育出版社,2019:123.

② 雷江华,刘慧丽. 学前融合教育[M]. 北京:北京大学出版社,2015:238-239.

大概从 4 岁开始,幼儿会出现过渡语言。此后,过渡语言逐步发展便形成了内部语言。[①]这与人的思维意识的形成有着直接关系。自言自语的产生说明此时的婴幼儿已经有了自我中心化的特征。

自我中心语言是一种由外向内转化的语言,它将语言的交际能力转化为自我调节的能力。从人类语言发展过程来看,它是一个新的质变,也是人的思维意识形成的开端。[②]

言语和语言障碍在特殊婴幼儿中较为常见。特殊婴幼儿言语的发展受多方面因素的影响。其言语问题覆盖面广,障碍的表现也非常复杂。言语和语言障碍可发生在倾听理解、语言发出和言语过程中的任何一个环节。[③] 言语和语言障碍具体可分为语言发育迟缓、言语流畅性异常、构音异常、声音异常。其中,语言发育迟缓为语言障碍,言语流畅性异常、构音异常、声音异常为言语障碍。

二、婴幼儿言语和语言发展中的融合教育

(一) 婴幼儿言语和语言发展训练的意义和作用

婴幼儿的语言能力包含倾听和表达两方面,"听"和"说"两者之间是密切联系、融为一体的。只有听得见才可以说,只有听得清楚才可以说得准确。婴幼儿学习说话,首先是"听"再就是"说"。

3 岁之前是婴幼儿学习语言的最佳时期。这时候,婴幼儿的语言功能区受到语言刺激,对听到的语音可以很快地整理和归纳。婴幼儿的听说能力是他们与同伴、成人之间进行交流沟通的一种方式。语音是通过口腔与鼻腔、咽腔及其他部位的配合运动而发出的,因此,只有准确发音才会开口讲话。对婴幼儿进行发音训练,有利于发音器官的发育成熟和协调功能的发展。

听 音 拾 物[④]

目的:培养听觉能力较弱的婴幼儿学会判断声音的"有""无"。

准备:鼓一面、各种小玩具若干(如:小猫、皮球、娃娃、小铃铛)。

方法:把小玩具放在孩子的面前,成人开始拍打鼓面。婴幼儿听到鼓声后,立即从面前

---

① 陈帼眉. 学前心理学[M]. 北京:人民教育出版社,2011:280.

② 同上:280 - 281.

③ 周念丽,潘紫剑. 特殊婴幼儿的心理发展与保教[M]. 上海:上海科技教育出版社,2019:121.

④ 本案例由天津市残疾人联合会综合服务中心都亚楠老师撰写。

的玩具中捡起一个高举到自己的头顶上直到鼓声消失,再将玩具放回原位。没有鼓声的时候,婴幼儿保持不动的姿势。游戏反复进行。

提示:这个游戏非常适合听力弱的婴幼儿和刚开始佩戴助听器正在做听觉训练的婴幼儿。训练时,婴幼儿要背对着声源发出的地方。在家庭中进行训练时,可以使用其他的物品来代替击鼓,比如盆碗、木棒等。想一想,在活动过程中,教师和家长可以采取哪些方法防止孩子注意力的分散?

(二) 婴幼儿言语和语言发展训练的策略与建议

婴幼儿的言语和语言发展过程中,最重要的一项就是为其打造一个让他们可以畅所欲言的语言环境,使其主动积极地获取、加工和传输语言信息,让他们的语言能力得到提高。

1. 通过直接感知,在认识周围事物的过程中发展婴幼儿的语言

婴幼儿学习语言,要将现实生活中的人、物、大自然、社会现象充分结合在一起,使用各种感官感知。要注意的是,发展语言能力应与认知能力结合在一起。根据婴幼儿对事物感知比较直接的特点,为他们创造良好的语言环境以及丰富的生活内容,能够使其语言能力得到发展。

2. 创设更多条件,引导婴幼儿多看、多听、多说、多练

婴幼儿只有从真正意义上学会说话,才可以使用准确的语言来表达自己的愿望,才可以轻松自如地与人交际。进行语言训练时,要创设条件,有步骤地引领婴幼儿进行观察。使用直观、形象的手法,使其产生兴趣,让婴幼儿拥有清晰的吐词、准确的发音,为婴幼儿创造更多的训练机会以及更好的训练氛围。

俊俊,发育迟缓婴幼儿。目前语言仅有单音词,沟通方式主要为肢体语言。平时多由母亲照顾,教养态度较严格,家里的主要语言为方言。父母希望孩子在幼儿园期间提升其生活自理、认知、沟通等各方面能力,尤其是语言方面。孩子对陌生环境适应能力相对较差,智力、认知发展相对同龄儿童较慢。俊俊能在家中模仿妈妈说简单叠词,例如,"爸爸""妈妈""谢谢"等,其他情况下基本以"咿呀"等声音表达需求。俊俊的学习态度积极,意愿强烈,教师鼓励效果明显;依赖性较强,易放弃;不知怎么正确与人交往,环境适应能力差,在陌生环境中有不适应行为;常常哭;上课注意力不集中,总是往外跑;团体活动时,喜欢一个人玩;午休不睡觉,一个人躺在床上转枕头角,嘴里发出声音影响其他小朋友睡觉。[①] 俊俊为什么爱

---

① 本案例由昆明学院附属幼儿园托育中心杨智米老师撰写。

哭呢? 如何对俊俊进行语言训练并做好父母的沟通工作?

三、特殊婴幼儿的言语和语言发展训练

(一) 特殊婴幼儿言语和语言发展训练的常见问题

1. 语言发展训练效率偏低

一些特殊婴幼儿因为无法听清或听懂教师与家长的话,而无法正确接收外界有用的信息。他们或因无法理解语言声音系统的规则,而无法很好地形成言语发音,从而训练受阻。[①]因此,依据"早发现,早干预"的原则,要尽量在早期对特殊婴幼儿展开言语和语言发展训练。训练要依据婴幼儿的生理和心理发展水平,采用不同的训练方式。

2. 不能根据不同障碍类型婴幼儿制订适宜的训练计划

导致言语和语言障碍的原因有很多,要依据特殊婴幼儿的实际需求和障碍类型制订不同程度的训练。比如,对听力有问题的婴幼儿来讲,形成语言系统便是语言教育的教学目标;对因智力而造成语言障碍的婴幼儿,要先引导他们学会听辨语音、建立语音概念,慢慢过渡到社会交往能力的培养;对先天性唇腭裂的婴幼儿,在进行手术后辅以针对口腔功能的恢复训练,让他们形成清楚的发音功能。[②] 因此,教师要在充分分析特殊婴幼儿各项基本能力的基础上,选择最适合的训练内容。

3. 在语言训练中婴幼儿出现退缩等情绪困扰

特殊婴幼儿在言语方面的特殊表现,如异样的声音语调、发音、言语不畅等,可能使他们受到同龄人的嘲笑或奚落。因此,他们在言语和语言发展训练的过程中更容易出现焦虑、厌烦等负面情绪。[③] 这些消极的心理问题会使特殊婴幼儿在训练中遭受打击和挫折,影响主观能动性,不利于语言发展训练的顺利开展,影响康复进程。

(二) 特殊婴幼儿言语和语言发展训练策略

1. 遵循语言获得的自然规律

言语和语言障碍婴幼儿与普通婴幼儿相比较,言语和语言能力的发展方式基本一致,只是效果与普通婴幼儿相比有区别。照护者要以普通婴幼儿的一般情况为参考依据建立特殊婴幼儿的阶段性教育目标。

2. 多采用游戏形式的教学方法

有的时候,进行言语和语言发展训练会单调乏味。为了减少婴幼儿厌学的心态,在

---

① 朱楠.特殊儿童发展与学习[M].武汉:武汉大学出版社,2016:244.
② 刘建梅,赵凤兰.特殊儿童早期训练与指导[M].上海:复旦大学出版社,2016:112.
③ 朱楠.特殊儿童发展与学习[M].武汉:武汉大学出版社,2016:244.

进行言语和语言发展训练时建议使用游戏的方式。比如,开展听音、发音的训练课程时,先让特殊婴幼儿对动物叫声、自然的声音进行分辨或模仿;句子和词语的教学内容要围绕婴幼儿的日常生活展开,随机进行;照护者可以利用多媒体或电子化设备来提高婴幼儿的学习积极性;照护者还要找到婴幼儿比较感兴趣的话题与他们进行沟通交流。

3. 扩大特殊婴幼儿的生活范围

一个人生活的范围与语言能力有着紧密关联。让有言语和语言障碍的婴幼儿和普通婴幼儿一同处在宽广的社会环境中生活,从中获得语言刺激,对于特殊婴幼儿言语和语言能力的发展有积极的影响。

4. 及时评价与调整,争取家长参与

婴幼儿的言语和语言发展进度会与设定的教学目标、教学环节存在一定的差异。因此,训练者的及时观察和评价在整个训练中非常重要。在训练中,照护者应根据婴幼儿的训练效果不断进行改进,改进内容包含训练内容、时间、方式等。另外,家长要积极主动地参与婴幼儿的言语和语言训练,将训练课堂延伸至家庭中。

洋洋,男孩,32个月。

言语发育情况:5个月左右时,能发出类似"巴巴"的音。20个月左右才会说"爸爸""妈妈",词汇量很少。24个月左右到当地儿童医院就诊,诊断结果为语言发育迟缓。家长不以为意,并未做任何早期干预。31个月左右时,洋洋只会仿说。家长开始着急,再次检查,发现语言能力没有进步,检查结论是语言发育障碍。

医院早期语言发育评估报告:只有口腔、下颌、舌、唇等协调运动,构音才不会偏离。构音练习就是使这些器官能够协调运动,并发出清晰的语音。31个月的洋洋的言语和语言表达水平与20个月的幼儿接近,听觉感受和理解的水平与18个月的幼儿接近,视觉相关的理解和表达水平与23个月的幼儿接近。

行为观察:发 a 音相对较好,其他音基本上以 en 音代替,且口部肌肉几乎不动,存在构音障碍。认知较好,有主动行为,能够与他人进行简单互动,可以排除孤独症谱系障碍。

托育机构干预方案(建议家庭中同步进行):

1. 构音练习

构音涉及言语发声的多个器官,只有器官协调运动,构音才不会偏离。照护者引导洋洋调整呼吸,协调发音器官,模仿发声,从单音节的元音开始,慢慢过渡到辅音。

2. 言语理解练习

在日常生活中和洋洋玩指令游戏,如"把杯子给我""请排队"等,让洋洋学会理解对话,并按照指令做事。随后,在一个个指令游戏的基础上,增加难度,要求洋洋按照顺序完成一系列的动作。照护者与洋洋一起读简单绘本,建立文字、言语与事物之间的联系。

3. 表达练习

耐心等待语言出现。洋洋有需求时,要求他慢慢说出自己的需求,哪怕一个音一个音地说。这样能够帮助他逐渐学会运用语言表达自己的感受和想法。[①]

第三节 婴幼儿认知发展与早期融合教育

支持婴幼儿认知能力的发展,可以在一定程度上提高其生活自理能力和社会适应能力,促进其智力、语言、情感、社会性和个性等方面的发展,可以使得婴幼儿以更为复杂的方式来理解世界。对于特殊婴幼儿来说,若其认知能力得不到提高,则不能自理自立,难以适应社会生活。

一、婴幼儿认知发展特点

(一) 影响婴幼儿认知发展的因素

婴幼儿认知发展受主客观多方面因素的综合影响。这里从生物因素、环境因素和个体主观能动因素三个方面论述婴幼儿的认知发展。

1. 生物因素

(1) 遗传因素

遗传因素对于婴幼儿认知发展起到的作用,集中表现在两个方面。一方面,遗传为婴幼儿的认知发展创造了最基本的自然物质保障。另一方面,遗传为婴幼儿认知发展差异化打下了基础。

(2) 生理成熟

生理成熟为婴幼儿的心理发展创造了自然物质基础。比如,婴幼儿的大脑发展还没有完善时就不具有语言能力。让一个刚刚出生的婴儿开口学习说话有点异想天开。这说明,在生理尚未成熟时,对婴幼儿的发展训练和教育都是徒劳无功的。

---

① 周念丽,潘紫剑.特殊婴幼儿的心理发展与保教[M].上海:上海科技教育出版社,2019:136.

2. 环境因素

环境因素分为自然环境和社会环境两种。自然环境可以为婴幼儿的生存提供物质保障;社会环境具体可以划分为家庭环境、学校环境和社会环境。

第一,家庭环境。家庭环境对婴幼儿的身心成长有着非常重要的影响。一个家庭的教育方式、经济情况、文化背景等方面都会对婴幼儿的发展带来影响。

第二,学校(托育机构)环境。托育机构为婴幼儿提供集体生活的场所,也为婴幼儿的成长创造了物质条件。机构内的硬件环境、教学质量、伙伴关系等对婴幼儿的成长会产生积极或消极的影响。

第三,社会环境。婴幼儿生活的年代及其社会环境对婴幼儿的成长有着不可忽视的影响。具体来讲,社会经济、政治、传统文化、风俗等因素都将直接或间接地影响婴幼儿的身心。

3. 个体主观能动因素

婴幼儿的主观能动性指的是婴幼儿为应对外界影响产生的选择、吸取和消化的主观应对能力,也包含婴幼儿对外界刺激作出创新性应对的能力。这种应对能力可以帮助婴幼儿积极勇敢地面对外在干扰。

婴幼儿拥有的主观能动性越强,环境和教育因素对婴幼儿发展的影响才可能越大。

(二) 主要特征

随着年龄的不断增长,人类的认知能力不断提高。婴幼儿的认知发展包括感知觉、记忆、思维和想象等方面。

1. 感知觉与注意的发展

(1) 感知觉发展

① 视觉

新生儿的视觉神经仍处在发育的阶段。刚出生的婴儿只可以分辨出黑白两色,视神经尚未发育成熟,视力只有成人的三十分之一。[①] 到了 4 个月后,才能识别较为明显的色彩,视觉集中表现得更灵活。[②] 6 个月时,婴儿的视觉飞速发展,可以准确地注视。3 岁时,视力可达到 0.6—0.7 的水平。[③]

---

① 周念丽.0—3 岁儿童观察与评估[M].上海:华东师范大学出版社,2021:2.
② 陈帼眉.学前心理学[M].北京:人民教育出版社,2011:63.
③ 周念丽,潘紫剑.特殊婴幼儿的心理发展与保教[M].上海:上海科技教育出版社,2019:28.

表6-4 婴幼儿视觉发展过程的里程碑①

年 龄	视敏度、颜色知觉、聚焦以及探索	深度知觉	图案知觉	物体知觉
出生至1个月	1. 视敏度为10% 2. 扫视视野里的东西,跟踪移动的物体	对运动深度线索作出反应	1. 倾向于大而显眼的图案 2. 扫视图案的外沿	表现出大小恒常性和形状恒常性
2—3个月	1. 能像成人一样具有聚焦能力 2. 能感知光谱中的色彩	对双眼深度线索作出反应	喜欢细节复杂的图案	把物体和环境分开,开始使用运动和空间线索
4—5个月	像成人一样对颜色进行组织分类	对双眼深度线索的敏感度增加	观察图案中的主要边缘	运用深度线索对物体进行感知
6—8个月	视敏度提升至20%	对图示深度线索有反应	在整体图像缺乏时能抽取出有关形式的信息	
9—12个月	1. 能有效追视物体 2. 视敏度继续提升	能回避视觉悬崖中较深的一边		

② 听觉

胎儿期,个体就已经具备了最初的听觉能力;新生儿听觉阈限比较高,喜欢听妈妈的声音;4个月时,婴儿可以寻找声音的来源;5个月时,婴儿可以辨别本民族语言的语音,并可根据成人的语音语调辨别推测其情绪并给予适当的回应。②

③ 触觉

婴幼儿的触觉经历一段时期的发展,会从口腔触觉过渡到手的触觉。慢慢地,婴儿会通过视觉、触觉的协调发展,拿起眼前的事物。③ 5个月大的婴儿会运用视觉、触觉共同参与口部的探索活动,常常出现把看到的东西拿起来,再放到嘴里的情况。

（2）注意发展

关于婴幼儿的注意,早期表现为无条件的定向反射。2个月的婴儿,如果带有亮度或颜色鲜艳的东西出现在眼前,会睁着眼睛注视或者发出高兴的声音。随着婴幼儿头部运动能力的提升,视觉注意会得到进一步加强。婴幼儿喜爱有意义的人或物品,比如喜欢望着母亲、喜欢的吃食、感兴趣的玩具等。他们的注意力会放在体积小、数量多的物品上;对一些复杂、精细的物品,他们目光停留的时间较长;其对事物的分辨能力和转移注意力的能力不断提高。④ 3岁以

---

① 周念丽.0—3岁儿童观察与评估[M].上海:华东师范大学出版社,2021:3.
② 左志红.0—3岁婴幼儿认知发展与教育[M].上海:华东师范大学出版社,2020:60.
③ 陈帼眉.学前心理学[M].北京:人民教育出版社,2011:71-73.
④ 同上:98-99.

前,婴幼儿的注意会以复杂和多样的方式慢慢呈现出来,注意的稳定性会随着年龄的增长而慢慢提升。他们会进行选择性的注意,这就是最初形成的有意注意形式。注意和认知过程的结合,使婴幼儿能够获取更多的知识,这也说明他们在注意观察生活中的事物。[①]

2. 思维和记忆的发展

（1）思维发展

婴儿形成清晰的客体永久性概念的时间为 8—12 个月。到 2 岁时,他们已经能够充分理解客体永久性的概念了。[②] 皮亚杰指出,2 岁时,幼儿思维发展会出现质的变化。2 岁前,婴幼儿的思维处于感知运动时期,他们以感觉器官和手的动作来进行思维活动。2 岁之后,思维发展进入前运算时期,幼儿的思维方式表现出的突出特点是"以自我为中心"。[③] 婴幼儿常按照事物表面的直观联系或者偶然的个别外部特点来判断问题,易受事物非本质特征的影响。他们不会概括故事的中心思想,往往从自己的角度出发看待问题,缺乏站在客观事物或他人的角度分析问题的能力。

总体来说,婴幼儿思维的发展存在固定性、表面化和拟人化的特点。[④]

（2）记忆发展

记忆的发展与言语技能的发展密切相关,与婴幼儿的想象能力、理解能力发展紧密联系。0—3 岁婴幼儿的记忆能力随着年龄的不断增长而提升,但记忆会存在很大的随意性,那些生动的、具体直观的、鲜明活动的事物很容易被记住。婴幼儿会很容易记住那些能满足个体需求的、能激起强烈情绪体验的事物和能引起兴趣的对象。[⑤] 从记忆的保持时间来看,这一年龄段的婴幼儿记忆保留的时间较为短暂,但随着年龄的增长逐渐增长。[⑥]

二、婴幼儿认知发展中的融合教育

（一）婴幼儿认知能力培养的意义与作用

0—3 岁是个体一生中最容易受外界影响的阶段,是个体发展的最佳时期,也是人生的奠基时期。照护者要根据 0—3 岁婴幼儿的认知发展特点,主动积极地为婴幼儿创设有利条件,促进婴幼儿的认知发展。

未满 6 周岁的儿童如有认知等方面的发展异常或预期会有发展异常的情况,则须要接受

---

① 陈帼眉.学前心理学[M].北京：人民教育出版社,2011：105.

② 李甦.学前儿童心理学[M].北京：高等教育出版社,2013：82.

③ 周念丽.0—3 岁儿童观察与评估[M].上海：华东师范大学出版社,2021：85.

④ 陈帼眉.学前心理学[M].北京：人民教育出版社,2011：197－198.

⑤ 钱峰,汪乃铭.学前心理学[M].上海：复旦大学出版社,2012：39.

⑥ 同上：37.

早期干预,3 岁前称为"最佳干预时期"。对于特殊婴幼儿而言,早期干预不但能减轻婴幼儿发展迟缓或障碍的程度,更能预防特殊婴幼儿的衍生障碍,发挥他们的最大潜能。轻度障碍儿童能生活自理,正常发展;中重度障碍儿童亦能增强其功能,减少他们对家庭和社会的依赖。[①]

(二)婴幼儿认知能力培养的策略与建议

1. 创设有利于认知发展的环境

0—3 岁婴幼儿的认知能力正处于飞速发展中,所以教师和家长要以鼓励为主,不要轻易地指责婴幼儿过于活泼好动,不要打击他们的自尊心,不要限制婴幼儿的思维,让他们走出害怕犯错误的恐惧。

2. 尊重婴幼儿在认知发展过程中的主体地位

照护者要有策略地让婴幼儿形成独立观察的能力,让他们有目的地对事物进行认真观察,使其拥有自己独特的观察方式;鼓励婴幼儿自发地与环境进行相互作用,主动探索。

3. 通过各种活动,促进婴幼儿认知的发展

婴幼儿的主导活动是游戏,游戏可以锻炼婴幼儿的创造性思维。照护者不能过度干预婴幼儿的游戏,可以通过引导的方式让他们开展适当的游戏。此外,美术、音乐、阅读等活动本身都属于认知活动,都有利于提升婴幼儿的认知技能。

搭 建 积 木

活动目的:利用搭建积木提升幼儿的协调能力,让他们的视觉和触觉都能够得到快速发展。同时,也可以锻炼幼儿对手的控制能力。搭建积木还可以提高幼儿的模仿能力,使其空间知觉得以发展完善。

活动对象:普通托育机构融合班级中的幼儿(1.5—2 岁)。

活动用具:各种积木。

活动过程:

1. 学着搬运积木,感受积木的质感,观察、感受积木的外在形状与颜色。

2. 搬运积木并按形状要求放置。

3. 搬运积木并按颜色要求放置。

4. 按给出图片形状堆放积木。

5. 自由搭建积木,并且愿意表达自己的搭建思路。

① 左志宏.0—3 岁婴幼儿认知发展与教育[M].上海:华东师范大学出版社,2020:139.

活动反思：鼓励幼儿通过操作获得一定的成就感。同时，教师也可以鼓励幼儿进行合作，鼓励他们运用相关的词汇，发挥自己的空间想象能力。尤其是特殊幼儿参与游戏时，教师应当引导他们和其他小朋友共同完成任务，鼓励、增强他们的自信心。

三、特殊婴幼儿的认知发展训练

（一）特殊婴幼儿认知发展训练的关键问题

1. 用于认知训练的形象要直观

特殊婴幼儿的心理活动与普通婴幼儿有较大差距。特殊婴幼儿的自我调节能力与控制能力都较差，照护者应重视训练内容的直观性与训练内容的生动性，多举例，多使用玩教具。

2. 注意引导性发展

引导性发展要结合特殊婴幼儿的认知规律，重视对他们潜能的挖掘。首先，训练的内容和进度必须符合特殊婴幼儿的年龄特征和认知水平。其次，必须关注训练内容的逻辑性。

3. 注意培养语言能力

许多特殊婴幼儿会出现自创语言，他们可以用自己独特的词汇来称呼或标记自己感兴趣的事物，用词不准确。因此，照护者必须注重培养特殊婴幼儿物体和语言之间的联结能力；在认知活动过程中，提升他们的言语表达能力。

4. 注意训练的坚持性和连贯性

提升认知能力是一个循序渐进的过程，不是短期就可以完成的。对于特殊婴幼儿而言，认知训练须要长期坚持。因此，照护者须要制订长期且连贯的教育训练计划，并注意托育机构训练与家庭训练的良性衔接。

5. 照护者避免急躁情绪，保持平和的心态

照护者对婴幼儿进行训练，目的是使其潜力发挥到最大限度，而不是一定要把特殊婴幼儿训练到普通婴幼儿的水平。照护者一定要保持平和的心态，以特殊婴幼儿的身心发展状态为准，进行认知能力训练。

（二）特殊婴幼儿认知发展训练的策略

通常意义上，认知发展训练适用于所有的婴幼儿。针对特殊婴幼儿进行的认知发展训练是一个由易到难的过程。对于特殊婴幼儿来说，认知发展训练主要有两个途径：托育机构内的课堂训练和日常生活游戏活动。

1. 课堂训练

课堂训练是一个传统的途径。一般情况下，课堂训练须要根据训练方案和预期效果来

进行。特殊婴幼儿可能会出现很多突发状况,比如情绪不稳定、学习兴趣不高、学习状态不佳等,这会使得训练计划难以正常进行。照护者要在课堂训练中尽量保持课程的灵活度。在设计训练方案时,要尽量将特殊婴幼儿可能出现的问题罗列出来,做好预案,若出现无法按照计划进行训练的情况,可以根据他们的需求及时调整计划,为特殊婴幼儿提供有意义的活动。

2. 日常生活游戏活动

普通婴幼儿可以较顺利地将在课堂上学到的知识迁移到生活场景中,而特殊婴幼儿存在知识迁移困难,刻意的训练会增加他们的负担。因此,家长要尽可能利用日常生活中的多种机会帮助他们练习和复习,巩固所学的内容,在自然的状态下丰富生活经验,提升学习效果。

小明是一名2岁半的疑似孤独症谱系障碍儿童,他能理解生活中常见的物品,具有利用单一行为学习技能的能力,在工具使用方面和使用多项行为组合的学习技能方面经验不足,在一些包含两个或三个步骤的任务上表现欠佳。虽然小明掌握了不少具体动作和事物的概念,听到语音也可以正确理解,但是对于一些相对抽象的概念掌握困难。母亲将在家指导小明学习黄色、红色、绿色的视频分享给梁老师。梁老师注意到,小明曾多次试图离开学习桌,学习最终在小明多次拒绝下结束。

课堂上,梁老师选择制作水果拼盘作为活动内容进行示范。互动过程中,教师和家长通过语言、示范和辅助等方式,与小明一起制作并分享了美味的水果拼盘。教师有序提供水果,在小明熟悉当前操作之后,改变水果种类,使小明保持新鲜感。20分钟内,教师和家长在活动中帮助小明丰富了大量的关于颜色的认知。整个活动过程中,小明的注意力基本没有分散。[①]

第四节 婴幼儿情绪情感、社会性发展与早期融合教育

婴幼儿的社会性发展中包括身体接触、喂养、与养育者交流等。在这些早期的社会性交往中又隐含着不同情绪情感的表达。安全的心理环境有助于婴幼儿与养育者形成良好的亲子关系,对其日后形成良好的社会性行为起到至关重要的作用。

---

① 本案例由昆明学院附属幼儿园资源中心梁双老师撰写。

一、婴幼儿情绪情感、社会性发展特点

(一) 影响婴幼儿情绪情感、社会性发展的因素

情绪情感与社会性发展对婴幼儿心理发展具有重要影响,0—3 岁的婴幼儿处于各类发展的初始阶段,影响其情绪情感和社会性的因素主要包括以下几方面。

1. 家庭和社会环境的影响

家庭是婴幼儿最先接触的外部环境,是他们生长和发展接触的第一所学校。家长是婴幼儿人生道路上的第一任教师,家庭环境对婴幼儿社会化和情绪情感的发展有巨大的影响。亲子关系是婴幼儿早期社会关系中最主要的部分,对婴幼儿身心发展以及社会性和情绪情感发展具有至关重要的影响。[①] 家长的世界观和价值观、行为方式和道德素养会在抚育子女的过程中展现出来,对婴幼儿社会性和情绪情感发展具有潜移默化的影响。长期处于强制教育下的婴幼儿容易形成胆怯、畏缩的消极性格,影响他们的社会性和情绪情感的发展。随着年龄的增长,社会性活动的增加,婴幼儿接触到的教师、同伴都会对他们情绪情感与社会性的发展产生重要影响。[②]

2. 个性和气质的影响

婴幼儿情绪情感、社会性的发展状态会影响他们在社交情境下的表现。与生俱来的气质类型是婴幼儿个性和社会性发展的生物基础,会影响其情绪情感及社会性行为的表达。[③] 在集体活动中,有的婴幼儿很受其他小朋友的欢迎,有的常常被欺负和孤立;有的婴幼儿对新事物充满好奇心,有的却不愿意尝试和冒险。不善于调节自己情绪的婴幼儿容易出现情绪失控,在压力情境下容易产生各种潜在心理问题。婴幼儿的个性特征与情绪情感发展、社会性发展的关系非常密切,良好的个性特征能够有效促进亲社会行为的形成。[④]

(二) 主要特征

1. 情绪情感的主要特征

婴幼儿时期的情感与情绪变化会有一定的原则和规律,这段时期,情绪情感变化的一般发展特点如下。

(1) 婴幼儿情绪情感表现外露且不够稳定

第一,婴幼儿的情感较为外露。他们开心了会扬起笑脸,伤心了就会显现出低沉的表

---

① 吴荔红. 学前儿童发展心理学[M]. 福州:福建人民出版社,2010:176.
② 吴孟飞. 幼儿心理与行为指导[M]. 天津:南开大学出版社,2020:83.
③ 吴荔红. 学前儿童发展心理学[M]. 福州:福建人民出版社,2010:275.
④ 同上:224.

情。婴幼儿有时会采用过于激烈的行为来展现自己的情绪。

第二,婴幼儿的情绪情感处于变化与不稳定中,对立情绪也会在很短的时间内互相转换。比如,婴幼儿时常哭着哭着就会笑起来。婴幼儿还会表现出明显易冲动性的情绪特点,往往会处于激动状态不能自控。

(2)婴幼儿情绪情感不断丰富和深化

第一,婴幼儿的情感表现会不断丰富。随着经验的积累,他们的情感逐渐会得到细化。以笑为例,与托育机构的婴幼儿相比,大班幼儿笑容中不仅有微笑和大笑,还有可能有偷笑、嘲笑等。

第二,婴幼儿在社会环境中的成长是与他们对事物的客观认知有根本联系的。随着认知过程的进步与发展,婴幼儿的社会性和情绪情感也逐渐成熟,日益深化。

2. 社会性发展的主要特征

(1)亲子关系

亲子关系是婴幼儿早期生活中最主要的社会关系。亲子交往是帮助孩子从自然人走向社会人,完成其社会化进程的重要途径之一。在与家长频繁的接触中,婴幼儿能够学习大量的日常生活知识,进行各种不同的探索。在家长的帮助和引导下,婴幼儿能够观察身边的事物。家长对婴幼儿所表现出的支持与关爱,有利于婴幼儿获得与发展积极、愉快的情绪情感,并有利于婴幼儿形成善良、关爱、体贴的亲社会性行为。[①]

教养方式是家长的教养观念、教养行为及其对儿童的情感表现的一种组合方式。家长教养方式有四种主要类型。[②]

① 权威型

家长对孩子积极肯定,尊重孩子的意见和观点,他们会对孩子的不良行为表示不快,而对其良好行为表现表示支持和肯定。这种情感上偏于接纳和温暖的教养方式,给孩子的心理发展带来许多积极的影响。

② 专断型

这种类型的父母亲倾向于拒绝和漠视孩子,很少考虑孩子的自身需求。在违反规则的情况下,他们常常会对孩子表示愤怒,甚至采用严厉的惩罚措施。这种教养方式下的孩子大多缺乏主动性,容易胆小、怯懦、畏缩,不善于与人交往。

③ 放纵型

这类父母和权威型父母一样对孩子具有积极肯定的情感,但是缺乏控制,很少训斥并纠

正孩子。这种教养方式下的孩子往往容易冲动和具有攻击性,缺乏责任感,行为缺乏自制力,自信心较低。

④ 忽视型

父母对孩子既缺乏爱的情感和积极反应,又缺少行为的要求和控制,且容易流露厌烦的态度。这种教养方式下的孩子容易出现攻击性行为,对人缺乏热情与关心。

(2) 同伴关系

大量观察和研究表明,婴幼儿从出生后的半年起就开始了同伴交往行为。同伴关系的形成会经历以下三个发展阶段。[①]

第一,以客体为中心阶段(6 个月至 1 岁)。这一阶段中的婴儿构建同伴关系时,会采用动作与表情进行友好的交流,比如微笑地看着对方,而对方也采用这种方式反馈信息。婴幼儿的动作和表情会得到同伴的反应和模仿。这会为往后婴幼儿发展同伴关系打下基础。

第二,简单交往阶段(1 岁至 1.5 岁)。此时的幼儿交往行为具有明显的社会指向性,因而会直接向同伴表现出不同的行为。在社会指向性动作中,幼儿动作最显著的特征就是互相模仿,与对方交往的目的也从自己获取玩具过渡到引起他人对自己的注意,这就产生了最简单的社会交流。

第三,互补性交往阶段(1.5 岁至 2.5 岁)。幼儿之间的交际变得更加复杂。2 岁以后,幼儿表现出和同伴共同玩耍的强烈倾向,他们一起玩耍正是合作能力的展现。

二、婴幼儿情绪情感、社会性发展中的融合教育

(一) 依恋关系

1. 良好的依恋关系的重要性

依恋关系会影响婴幼儿各种能力的发展。家长通常让婴幼儿参与集体活动以提升他们的社交能力,但是大部分社会适应能力都来源于父母和孩子的依恋关系。如果婴幼儿生活在安全型依恋环境中,他们会显得较为自信,在和他人交往时也表现得更加成熟和积极。具有焦虑—抗拒型依恋关系的婴幼儿在成长的过程中缺乏安全感,情绪不稳定,会莫名其妙地展现出焦虑,害怕和他人交际,有时会出现极端负面情绪,比如大哭大闹等,这都是焦虑心理的外在表现行为。具有焦虑—回避型依恋关系的婴幼儿对于身边的人和事物都不关心,情绪表面较为平静,但是内心却十分敏感。他们内心对于人际交往和外在世界充满了诉求,会出现攻击性行为,情绪管理能力较差。

---

① 李甦.学前儿童心理学[M].北京:高等教育出版社,2013:115.

在这三类依恋关系中,第一类依恋关系最有利于特殊婴幼儿的身心发展。安全型依恋能够帮助婴幼儿在成长过程中保持自信,更加自信大方地和他人交往,也能够学会正确地爱别人。

2. 培养良好依恋关系的策略与建议

从营造健康的心理环境的角度而言,0—3岁是婴幼儿和父母构建依恋关系的重要阶段。

(1)关注需要,更多陪伴

构建父母和婴幼儿之间的依恋关系,须要父母关注婴幼儿的情绪情感反应。无法满足婴幼儿的心理需求,可能导致他们无法形成安全依恋的人格特质。在人生早期的生活中,没有人可以替代父母的陪伴。家长通常要反思自己是不是忽略了婴幼儿。父母应当关注婴幼儿的需求,以婴幼儿为中心,让婴幼儿获得安全感。

(2)正视哭闹,调节情绪

婴幼儿时常会用大哭大闹的方式来博取父母的关注。如果婴幼儿通过哭闹、发泄的方式表达自己的情绪,家长与教师不能表现出厌烦的态度,而是应当关注他们的真正需求。如果需求不合理,要通过转移注意力等方式帮助他们控制自己的情绪。此外,婴幼儿对于父母的反应非常敏感。因此,父母在婴幼儿面前必须做好情绪管理,避免情绪失控而传递负面的情绪。

为了构建良好的人际关系,要为婴幼儿的成长营造良好的家庭环境,让他们在充满安全感的环境下积极成长。

(二)情感体验

1. 培养良好情感体验的重要性

关注婴幼儿的情绪情感,有利于帮助他们养成健康的人格。自信和自卑、乐观或悲观,都和婴幼儿这个时期的成长体验有很大的关系。婴幼儿情绪和情感的发展甚至还会影响其道德体系的构建和社会化水平。婴幼儿会模仿他人的情绪情感表现。成人要理解婴幼儿的情感,尊重他们表现出的各类行为,满足婴幼儿的合理需求。这样有利于培养婴幼儿自信、健康的情绪和情感。

2. 培养良好情感体验的策略与建议

婴幼儿有较高的心理敏感性,情感发展和外在情境是密不可分的,情感可以在学习情境中起到引入与输出的作用,又能促进婴幼儿和长辈之间的沟通和交流。教师应提供机会让婴幼儿提升对他人合理表达情绪情感的能力,充实婴幼儿的情感认知。

（1）转变策略

教师要根据婴幼儿的情绪变化适当改变策略。比如，当他们与朋友闹矛盾时，可以听他们诉说，结合实际情况引导婴幼儿化解矛盾和误会；当他们受到惊吓时，可以安抚婴幼儿的情绪，让他们平静下来。

（2）行为培养

教师首先要关照婴幼儿日常的表现，为婴幼儿制订严格的执行规范，从婴幼儿的日常表现中分辨出他们的积极情绪和不良情绪，引导他们的情绪往积极方向发展，有效改善他们不良的日常生活习惯，控制住不良的情绪，打造积极向上的情绪氛围。

（3）转换角度

教师须要有效提升自己的日常观察能力，采用适合的方式批评和表扬婴幼儿，配合家长进行家庭教育，与婴幼儿及时进行有效沟通，发现婴幼儿有负面情绪时，及时对婴幼儿进行引导。教师应多从家长的角度出发明辨问题，这是家园合作的重要事项。

佳佳，3岁，疑似轻度孤独症谱系障碍。无法独立建立正常的人际关系，语言表达能力及语言理解能力一般，交互式问答交流能力差。很少与同龄人互动，对别人的事情漠不关心，喜欢独自一人看绘本。遇到有难度的训练或者事情，容易丧失信心、失去耐性，出现情绪波动。佳佳妈妈脾气较大，习惯于训斥孩子。佳佳具有孤独症谱系障碍儿童特征，不喜人抱，喜欢通过哭闹达到目的，通过扔东西、喊叫等方式宣泄，情绪问题较为严重。

针对佳佳的问题，教师对佳佳进行了干预。

每天带佳佳与同一时间段训练的孩子打招呼，握手。通过具有一定规则性的互动游戏培养佳佳与同龄人一起玩耍的兴趣。通过游戏中协作、帮助别人、鼓励别人等环节引导佳佳体会其他人的情感，学着与同龄人建立正常的人际关系。

佳佳受到挫折或者感觉厌烦时会出现急躁情绪及问题行为。教师要态度平和，询问并引导她表达自己是因为什么而不高兴了，或者说出自己不想做什么了，用语言表达出自己的负面情绪。如果佳佳可以表达出来就对她表示奖励。

抓住佳佳爱看绘本的特点，通过《大卫，不可以》《我好害怕》等绘本帮助她宣泄自己的不良情绪。通过绘本帮助佳佳学着与人交往，学习一些应对负面情绪或负面评价的技巧。告诉她："我们都有做得不够好的时候，这很正常。这时候须要我们保持耐心，尝试做得更好，相信自己能做好。"在佳佳接受鼓励并做到后，给予高强度强化。[1]

---

[1]　段俊平.基于绘本阅读与自闭症儿童言语和行为发展作用的研究[J].新课程研究，2019(S1)：44-45.

让家长特别是母亲多多参与干预过程。在教师的指导下,增加亲子的良性互动,增进亲子感情,从而达到改善佳佳情绪问题的目的。[1]

三、特殊婴幼儿的情绪情感、社会性发展训练

（一）特殊婴幼儿情绪情感、社会性发展训练的常见问题

1. 训练的坚持性较差

特殊婴幼儿在接受训练的过程中会存在注意力不集中的问题。他们难以把注意力高度聚焦在训练内容上,易受干扰而分散注意力。容易轻易放弃当前未完成的任务而开始另一项任务。

2. 训练的主动性较差

大部分需要情绪情感和社会性发展训练的特殊婴幼儿存在训练主动性较差的问题,容易出现习得性无助。他们在训练的过程中往往因为自身的不良情绪或问题行为导致任务完成失败,可能会比普通婴幼儿产生更大的情绪波动,表现出攻击性等,有些可能表现出沮丧、焦虑、抑郁、退缩等。

3. 训练的合作性较差

大部分需要情绪情感和社会性发展训练的特殊婴幼儿不会协作,主观意识强,常常歪曲教师和同伴的意见,难以协调师生关系和同伴关系,逃避与教师和同伴之间的人际交往。这种退缩的行为特征加大了训练的难度。

（二）特殊婴幼儿情绪情感、社会性发展的建议与策略

特殊婴幼儿自身存在障碍,可能无法直接用准确的言语来描述自己内心的感受。教师必须关注婴幼儿的肢体语言和面部微表情,耐心地与他们互动,通过认真观察与倾听,捕捉婴幼儿流露出的情绪,从而了解他们的情绪情感发展情况。

第一,要建立融洽的师生关系。教师要学会打造和谐的氛围。特殊婴幼儿往往在生理或心理上存在缺陷,教师须要多亲近他们,让他们愿意和教师交往。教师要营造和谐的氛围,让特殊婴幼儿由"怕"变成"敢",由"厌"变成"爱"。

第二,采用适合的方式补偿孩子的情绪缺陷,让特殊婴幼儿获得良好的情绪情感,并养成正确的行为方式。教师可以对特殊婴幼儿进行情感培训,引导他们表现自己的情绪反应,采用鼓励或奖励的方式帮助特殊婴幼儿发泄不良情绪。

---

[1] 本案例由天津市滨海新区大港特殊教育学校任舟泉老师撰写。

第三,采用以鼓励为主的教育方式。特殊婴幼儿希望得到他人的认可。教师和家长应当发现他们的闪光点,表扬他们,肯定他们的进步,让特殊婴幼儿体会成功的喜悦,感受到快乐。这有利于他们保持较稳定、积极的情绪状态。

第四,要营造良好的家庭环境。家长必须注重自身的形象,改掉生活与行为上的不良习惯,为特殊婴幼儿树立榜样。家长应当尽可能保持家庭中氛围的和谐,为孩子创造良好的家庭环境,排除家庭中的各类干扰。

第五,营造充满关爱的社会氛围。特殊婴幼儿和普通婴幼儿同样都希望得到家长、教师和社会的鼓励及认可。所以,应当加大宣传力度,争取让更多的人对特殊婴幼儿表现出关注、理解、尊重与接纳,让所有孩子能在同一片蓝天下愉快地成长,拥有更多的机会体验积极情绪,从而更好地适应社会。

思考题:

1. 请谈谈用哪些方法可以帮助特殊婴幼儿进行大肌肉训练?
2. 在群体生活中,教师应如何帮助疑似孤独症谱系障碍婴幼儿培养良好的情绪?
3. 如果有运动技能发育不良的特殊婴幼儿参与运动技能训练,应如何指导其完成活动?
4. 说一说课堂训练和日常生活游戏活动两类干预方式的优势及不足。

第七章　托育机构融合教育环境创设

☞ **教学导航**

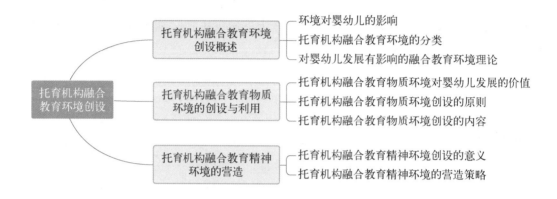

☞ **学习目标**

1. 了解托育机构融合教育环境创设的相关概念、分类及相关理论。
2. 掌握婴幼儿融合教育环境创设的原则、托育机构融合教育物质环境和精神环境
   创设的基本要求。
3. 能根据婴幼儿融合教育中环境创设的要求在实践中进行应用。

第一节　托育机构融合教育环境创设概述

对处于融合教育环境中的特殊婴幼儿来说，如何使其受到最低限制，如何使其能力
得到最大限度的发展，是托育机构环境创设的重要课题。托育机构融合教育环境创设
的目的就是促进普通婴幼儿、特殊婴幼儿与环境进行对话，帮助他们健康、快乐地
成长。

一、环境对婴幼儿的影响

（一）环境与融合教育环境

1. 环境

《辞海》中关于"环境"一词的解释有两条。第一种解释是环绕所辖的区域；周匝。另一种解释是围绕人类生存和发展的各种外部条件和要素的总体。第一种解释是广义的环境概念，其中心体可以是包括人在内的一切事物。第二种解释是指专门以人类为中心的外部客观存在，是狭义的环境概念。

可见，"环境"是由"中心体"和"周围"两个要素构成的。当研究的中心事物发生变化时，其周围事物也会相应发生变化。如生物学所称的环境主要指生物生活区域周围的气候、生态系统和其他种群等；文学、历史中所指的环境常常是具体的人的生活区域周围的情况和条件。

2. 教育环境

早期教育环境能够反映出教师的教育观念，它为所有身在其中的人——婴幼儿、家长和教育工作者提供信息。[①] 托育机构的教育环境是指：直接或间接影响个体的形成和发展的全部外在因素，包括先天环境（胎内环境）和后天环境（自然环境、社会环境）；以人这一主体为中心，围绕自我的事物，包括外部环境和个体内部环境；外部环境包括先天环境和后天环境，而内部环境包括生理环境和心理环境。[②]

教育环境总体上可分为心理环境和物质环境，物质环境要通过心理环境才能发挥作用，而心理环境又必须有物质环境为基础才能体现出来。它们两者不是孤立的。环境不仅是学习者赖以生存的要素，而且是对他们进行全部教育的基础。[③]

3. 早期融合教育环境

"学前融合教育"是指有特殊教育需要的0—6岁学前儿童能真正地和其他正常发展的同伴一起接受学前教育机构的保育和教育。[④] 它强调给身心障碍的儿童提供一个正常化的教育环境，而非隔离的环境，在普通班中提供所有的特殊教育和相关服务措施，使特殊教育及普通教育合并为一个完整的系统。

早期融合教育环境是指在托育机构创设一个为0—3岁普通婴幼儿和有特殊教育需要婴幼儿提供教育和服务的环境。

---

① 朱莉·布拉德.0—8岁儿童学习环境创设(第3版)[M].陈妃燕,苏丹,译.南京：南京师范大学出版社,2020：2.
②③ 夏宇虹,王荷香,王琳洁.学前教育学[M].天津：天津大学出版社,2018：287.
④ 周念丽.学前融合教育的比较与实证研究[M].上海：华东师范大学出版社,2008：1.

"紫荆园托育班"主要招收半岁以上的婴幼儿。这些宝宝有的牙牙学语,有的蹒跚学步,都十分可爱。托育班新来了一个 18 个月的小男孩闹闹,教师发现他的行为有一些特别。他不喜欢同伴靠他很近,害怕别人的碰触。别人离他近一点,不小心碰到他,他就马上尖叫起来,并用手推开同伴,有时还会哭。他午睡时不喜欢被子盖得太高,超过肩膀就会掀开。教师怕他着凉,趁他睡着了把被子往上拉一拉,他醒来后就会大哭不止。[①] 托育机构如何对这样有特殊教育需要的婴幼儿进行融合教育?

(二) 融合教育环境对婴幼儿的影响

1. 融合教育环境能促进婴幼儿认知能力的发展

婴幼儿认知能力的发展是心理发展的重要组成部分,婴幼儿大脑随时都在处理大量信息。婴幼儿并不是被动地学习和等待指导,而是以简单但重要的方式与环境互动,开始自己的学习。通过游戏,婴幼儿学习社会互动规则,培养社会能力并练习自我调节。游戏时,婴幼儿可以采纳他人的人格,尝试他人的角色,并且用新视角看问题。[②]

在托育机构创设融合的教育环境能使有特殊教育需要的婴幼儿产生安全感,缓解紧张不安的情绪。婴幼儿心理发育还不成熟,特别是特殊婴幼儿。创设融合教育环境能提升特殊婴幼儿对周围的事物进行合理分析、归纳、整理的能力,以促进其认知能力的发展。

感统游戏:运沙包[③]

游戏目的:在游戏中发展幼儿的前庭功能,提高动作的协调性及专注力。

适合年龄:2 岁左右。

游戏玩法:幼儿捡起一个沙包,首先走过"乌龟壳",然后走过"刺猬球",接着走过"乌龟肚",最后走上"独木桥",将沙包运送到终点。教师结合孩子的能力设置不同的难度,并进行协助。

"运沙包"这一游戏能促进婴幼儿哪些认知能力的发展?

2. 融合教育环境能促进婴幼儿社会性的发展

婴幼儿社会性发展是指婴幼儿以其生物性特征为基础,在与社会环境相互作用的过程中学习社会角色,逐步掌握社会规范,形成社会技能。早期社会性体验不仅在一定程度上能决定婴幼儿将来能否与他人建立良好的关系,也会在今后的成长过程中影响他们心理和行

---

① 本案例由武汉市青山区武钢珈因早教基地陈洁老师撰写。

② 朱莉·布拉德.0—8 岁儿童学习环境创设(第 3 版)[M].陈妃燕,苏丹,译. 南京:南京师范大学出版社,2020:4.

③ 本案例由武汉映月儿童心理咨询经营部尹玲老师撰写。

为的发展。

（1）融合教育环境能促进婴幼儿亲子关系的发展

亲子关系是指父母与其亲生子女、养子女或继子女之间的关系。特殊婴幼儿不懂得如何运用语言准确地向父母或者教师表达自身的真实想法，而融合教育环境的创设能够让家长和教师对特殊婴幼儿有更多的理解。融合教育强调了人与人之间的接纳和平等。弹性调整自己的心态、接纳不同的人是融合教育的核心精神。[①] 特殊婴幼儿在自身发展的过程中，不懂得如何与他人相互沟通交流，很多特殊婴幼儿的家长缺乏对融合教育知识的了解，也不懂得如何与特殊婴幼儿进行沟通。因此，在托育机构创设良好的融合教育环境，尤其是精神环境能促进特殊婴幼儿亲子关系的发展。

（2）融合教育环境能促进婴幼儿同伴关系的发展

在托育机构中，有的婴幼儿与同伴交往会存在一些问题，成为交友困难的婴幼儿。许多普通婴幼儿会拒绝与特殊婴幼儿交往。在受到普通婴幼儿的拒绝以后，特殊婴幼儿的心理受到影响，不利于培养同伴间的良好关系。融合教育环境的创设为普通婴幼儿和特殊婴幼儿提供多种机会，引导普通婴幼儿与特殊婴幼儿正常交往，促进同伴关系的发展。比如，托育机构在户外提供富有童趣的戏水池、沙池、黏土制作场地及材料，可以促进普通婴幼儿与特殊婴幼儿在玩中学习、玩中交往。

（3）融合教育环境能促进婴幼儿亲社会行为的发展

亲社会行为是人们在社会交往中表现出的合作、分享、谦让、安慰、帮助，甚至为了他人利益作出牺牲等一切有利于社会和谐的行为及倾向。[②] 婴幼儿亲社会行为是先天和后天相结合、个体与环境相互影响的结果。婴儿的亲社会行为并非习得后的简单复制，其行为内容具有创造性、形式丰富化的特点。[③]

研究表明，1 岁左右的婴儿已有了亲社会行为的萌芽，尽管这种萌芽可能是模仿或强化的结果；同伴复杂游戏的参与、同伴交往的机会、区分自我或他人的能力等可能影响婴幼儿的合作行为和其他的亲社会行为。[④] 托育机构应努力创设安全、适宜、温馨的融合教育环境，特别是人际交往环境，以促进特殊婴幼儿的发展。比如，安全优美的户外环境能使婴幼儿心情舒畅，托育机构可对园区进行适当的改造。同时，户外场地的坡道、楼梯的扶手、卫生间的

---

① 高志娟. 案例解析幼儿园特殊儿童融合教育［J］. 教育导刊，2013（9）：24－26.

② 李丹，陆文婧. 0—3 岁儿童社会情绪与社会行为发展的研究综述［J］. 上海师范大学学报（基础教育版），2008（3）：8－14.

③ 代学峰. 浅析婴幼儿亲社会行为及影响因素［J］. 东方企业文化，2014（1）：333.

④ 李丹，陆文婧. 0—3 岁儿童社会情绪与社会行为发展的研究综述［J］. 上海师范大学学报（基础教育版），2008（3）：8－14.

便池、游戏区的玩具等也应精心设计,以便特殊婴幼儿能与同伴生活、学习和游戏。[①]

3. 融合教育环境能促进婴幼儿情绪情感的发展

情绪情感是婴幼儿心理活动的驱动器,支配、制约着婴幼儿的心理活动,婴幼儿的活动情绪色彩很浓。情绪直接指导着婴幼儿的行为,驱动、促使其去做某个行为或不做某个行为。[②] 对婴幼儿来说,健康积极的情感包括自信、信赖、合群、求知、求美等。托育机构可以开展以情感教育为核心的"爱心教育"活动。比如,"关心生病的小朋友""下雨了小鸡小鸭怎么办""给爷爷奶奶过生日"等,提升婴幼儿关心别人的良好移情能力。

> 两岁半的暖暖是一个非常文静的小姑娘,从小就有听力障碍,一直佩戴助听器。为了让暖暖能与普通孩子一起成长,爸爸妈妈带着暖暖入托。由于听力障碍,暖暖性格内向,不爱与人沟通,常常发呆,只喜欢芭比娃娃,到哪都带着它。

对于这样的特殊群体,教师根据不同的发展需要创设温馨丰富、多元的教育环境,努力让普通婴幼儿和特殊婴幼儿都能享受到优质的教育。在托育机构中应如何创设能促进普通婴幼儿与特殊婴幼儿全面发展的融合教育环境?[③]

二、托育机构融合教育环境的分类

环境是促进婴幼儿健康发展的重要资源,对婴幼儿的发展起着不可替代的作用。从婴幼儿的活动形式角度看,托育机构环境可以分为:语言环境、运动环境、劳动环境、游戏环境。从构成内容的特质性差异角度看,托育机构环境可分为物质环境和精神环境两大类。我们在这里重点关注托育机构的物质环境和精神环境。[④]

物质环境是指托育机构内对婴幼儿发展有影响的各种物质要素的总和,包括园舍建筑、园内装饰、场所布置、设备条件、物理空间的设计与利用、各种材料的选择与搭配等。

精神环境指托育机构内对婴幼儿发展产生影响的一切精神因素的总和。主要包括教师的教育观念与行为、托育机构人际关系、机构文化氛围等。

(一) 托育机构融合教育物质环境的创设

托育机构融合教育物质环境指托育机构内影响普通婴幼儿与特殊婴幼儿身心发展的物化形态的教育条件。

① 成福红. 谈谈融合教育环境的创设[J]. 幸福家庭,2021(8):87-88.
② 姚凯南. 婴儿的情绪发展及情绪障碍[J]. 中国儿童保健杂志,2003(12):389-393.
③ 本案例由武汉市青山区武钢珈因早教基地蔡敏老师撰写.
④ 夏宇虹,王荷香,王琳洁. 学前教育学[M]. 天津:天津大学出版社,2018:289.

托育机构融合教育物质环境的基本要素包括园舍建筑、活动场地、教学器材、玩具、学具以及绿化等有形的内容，为托育机构实现保育和教育两大功能提供了物质基础。

（二）托育机构融合教育精神环境的创设

在物质环境达到一定水平后，精神环境就成了影响婴幼儿成长和发展的关键因素。托育机构融合教育的精神环境主要指的是机构内人际关系及一般的心理气氛等。具体体现在教师与婴幼儿、婴幼儿与婴幼儿、教师与教师、教师与家长间的交往方式等。它虽然是无形的，但却直接影响着婴幼儿的情感、交往行为和个性的发展。

美国心理学家卡尔·罗杰斯（Carl R. Rogers）在长期的心理治疗的实践基础上，提出了"非指导性"教学原则。他反对传统教学中那种忽视学生要求、替代学生思考的"指导性"教学模式，认为教师的主要角色是充当学生学习活动的咨询者和促进者，教师的根本任务不在于传授知识，而在于建立一个积极、接纳、无威胁的学习环境来促进学生的自我指导。[①]

婴幼儿在安全、宽松的心理环境中才能轻松愉快，无压抑感。照护者应为普通婴幼儿和特殊婴幼儿创设一个安全温馨、充满爱、尊重和包容的良好心理环境。

三、对婴幼儿发展有影响的融合教育环境理论

（一）生态系统理论

布朗芬布伦纳（Urie Bronfenbrenner）是人类发展生态系统理论的创始人，美国著名的人类学家和生态心理学家。他在1979年出版了《人类发展生态学》一书，提出了著名的人类发展生态学理论，指出了环境对于个体行为心理发展有着重要的影响。

布朗芬布伦纳提出了个体发展模型。他认为，自然环境是人类发展的主要影响源；环境（或自然生态）是一组嵌套结构，发展的个体处在从直接环境（像家庭）到间接环境（像宽泛的文化）的几个环境系统的中间或嵌套于其中。每一系统都与其他系统以及个体交互作用。布朗芬布伦纳的理论强调环境不仅包括孩子周围的环境，还包括影响孩子发展的大的社会、文化环境。

（二）最少限制环境理论

"最少受限制环境"是1975美国福特总统签署并颁布的《全体残障儿童教育法案》中提出

---

① 王红彬，黄忠侨. 从皮亚杰到罗杰斯——由比较看两位心理学家的教育研究范式[J]. 外国中小学教育，2003(11)：22-23.

的。"最少受限制环境"是该法案安置有特殊教育需要儿童的一项基本原则,其核心就是要让学前特殊儿童尽可能与普通儿童一起生活、学习,即将学前特殊儿童与主流社会的限制减少到最低程度。①

特殊儿童应尽可能安置在有普通儿童的环境中;确定教育安置和制订个别化教育方案的基本原则是根据对象的生理、心理条件和认知水平,选择最适合其受教育的、满足其各方面需要而又相对最低限度的隔离式教育环境。

(三) 抱持性环境理论

唐纳德·温尼科特(Donald W. Winnicott)是英国精神分析学家,他提出了一个有助于心灵疗愈和成长的"抱持性环境"理论。② 温尼科特认为,抱持性环境指的是既可以在婴幼儿的自体满足中给予其认可,也可以在婴幼儿经历了挫折时给予其保护的一种环境。抱持性环境是充满关爱、肯定,同时又给予支持、包容的照护环境,给婴幼儿提供安全的心理土壤,使得他们能够逐渐忍受由于未整合的经验带来的焦虑和不适。③

创设抱持性环境的大前提就是教师、家长可以及时积极地回应孩子,当孩子遇到困难时,给孩子一个鼓励的眼神或者是一句肯定的话;教师、家长给孩子解开谜团,让他们不再困惑。教师、家长给孩子创造一个相应的抱持性环境之后,孩子可以从教师、父母那里获得最真挚的安慰和肯定,自身也不会陷入自我怀疑的地步。婴幼儿因为困难或者挫折受到打击之后也会更容易恢复。

上述理论表明了托育机构多元化的环境对婴幼儿发展的影响。其同时也是人本主义思想在托育机构中的真正体现。

第二节　托育机构融合教育物质环境的创设与利用

融合教育物质环境是指托育机构内对普通婴幼儿与特殊婴幼儿教育发展有影响作用的各种物质要素的总和,包括园舍建筑、园内装饰、场所布置、设备条件、物理空间的设计与利用、各种材料的选择与搭配等。

---

① 周念丽. 学前融合教育的比较与实证研究[M]. 上海:华东师范大学出版社,2008:52.
② 姚莉. 基于温尼科特"促进性环境"视角的师生关系探析[J]. 教育理论与实践,2019(33):43-45.
③ 田学英. 温尼科特客体关系理论对建构良好师生关系的启示[J]. 现代教育科学·普教研究,2015(3):29-31.

一、托育机构融合教育物质环境对婴幼儿发展的价值

(一) 适宜温馨的融合教育环境能激发婴幼儿的审美情趣

托育机构作为婴幼儿学习、生活的场所,首先应该创设一个适宜、温馨的教育环境,给婴幼儿美好的体验和熏陶。在托育机构环境创设中要关注融合教育,注重特殊婴幼儿与普通婴幼儿的共同发展。心理学研究表明,客观事物的美能使人产生积极愉快的情感,从而消除人的情感障碍,使人对客观事物产生心理上的亲和性,即对客观事物产生接纳、喜爱并依恋的情感。[①] 因此,托育机构须要按照美的规律及婴幼儿的特点来创设环境,从而使环境对婴幼儿发展起到美化和陶冶功能。在托育机构环境创设中,无论是整体规划布局还是某一局部的装饰,都应力求结构的合理、色彩的协调,从而使婴幼儿受到美的滋养,萌发美感和审美情趣,激发婴幼儿积极的情感体验。

(二) 直观的融合教育环境能培养婴幼儿良好的行为习惯

托育机构环境影响作用的大小取决于婴幼儿对环境的接纳程度,而婴幼儿的接纳程度又取决于环境创设是否尊重和顺应了婴幼儿的身心发展规律。婴幼儿的心理活动富于直觉行动性和形象性,他们还不善于进行抽象思维,因而还不能对所有外界刺激都作出反应。这就要求教师本着生动、形象、直观的原则,进行符合婴幼儿心理特点、为他们所喜爱和接受的生动形象的环境创设,引导婴幼儿去感受环境,从而利用环境影响婴幼儿。

(三) 良好的融合教育环境是婴幼儿最丰富、最形象的信息来源

人对客观世界形成一定的认知、态度、行为,实质上是接受外界信息刺激的结果。人类接收的信息大致可分为两类:直接经验和间接经验。婴幼儿认识上的直觉行动性特点决定了他们的身心发展主要依赖于直接经验的获取。研究表明,婴幼儿获取的直接信息的内容越丰富,其发展越好。因此,托育机构物质环境的创设,应包含丰富的信息。

二、托育机构融合教育物质环境创设的原则

(一) 零拒绝原则

零拒绝原则指保证所有适龄的特殊儿童都能在公立学校得到免费适当的教育。在托育机构融合教育物质环境的创设中,须增加特殊婴幼儿与普通婴幼儿的交往,禁止将任何一个特殊婴幼儿排除在教育之外。

[①] 夏宇虹,王荷香,王琳洁.学前教育学[M].天津:天津大学出版社,2018:293.

天天是一个非常可爱的小男孩,2岁10个月,先天性运动发育迟缓,平衡能力差,不能单独上下楼梯、跑和跳跃,语言表达和理解能力弱。他几乎每天在康复中心做训练和按摩。父母希望孩子进入托育机构进行早期融合教育。天天属于插班生。知道他是一个运动发育迟缓的孩子后,我非常纠结:接受这样一个孩子,意味着我们将要付出更多的劳动,承担更多的责任,还可能吃力不讨好,要面临未知的风险。但是,见到孩子的父母以后,我打消了很多顾虑。天天的父母非常愿意家园合作。天天的表现更让我原本提在嗓子眼儿的心回归了原位。他不仅没有奇怪的行为,还会友好地对人微笑。虽然这种微笑有点儿不合时宜,但比我想象的好得多。

良好的早期融合教育和训练有利于特殊婴幼儿得到最大程度的补偿,潜力得到最大程度的激发,身心得到最大限度的发展,使更多的特殊婴幼儿到入学年龄时进入普通幼儿园学习,这对他们的终身发展有着重要意义。[①]

(二)安全健康原则

托育机构的环境设计要有利于婴幼儿的身心健康,使他们在温馨的环境中快乐健康地成长。《国务院办公厅关于促进3岁以下婴幼儿照护服务发展的指导意见》中指出,按照儿童优先的原则,最大限度地保护婴幼儿,确保婴幼儿的安全和健康。遵循婴幼儿的成长特点和规律,促进婴幼儿在身体发育、动作、语言、认知、情感与社会性等方面的全面发展。

为了确保婴幼儿安全、有效地开展各种活动,托育机构不能使用含有毒物质、有放射性或会释放有毒气体的装饰材料和物品,严禁使用含有害物质或释放有害气味的化学材料制作教具、玩具和装饰物等;应确保材料、工具、物品、设施等安排的合理性和使用的安全性;不要让婴幼儿单独接触和使用具有潜在危险的工具、物品等;水、火、电、煤气等相关设备器材的安装保管都要严格遵守安全规定;应将急救工具和安全设备放置在合适的位置;组织婴幼儿开展户外或操作活动时,应预先做好保护措施。

玉林,2岁4个月,轻微脑瘫,性格内向,不与人交流,基本不说话(会说话),走路摇摇晃晃,跌跌撞撞,常常走着走着就会摔倒。开学有一段时间了,张老师发现玉林总是喜欢一个人安静地待着,从未开口讲过话,最多也只是用点头、摇头、微笑、流泪来回应所有的一切。张老师对玉林给予了特别关注。陪着她去厕所,减少了她摔跤的次数。有一天,张老师的微信收到一条特别的语音消息,是玉林的妈妈发来的。张老师清晰地听到一个稚嫩的声音,正说着游戏活动时教师教的手指游戏儿歌。那一刻,张老师才知道原来玉林会讲话,不仅如

此,她的发音甚至比班上大多数孩子还要清晰准确。

在帮助玉林融入集体,走路减少摔跤,开口说话的过程中,张老师既关心了她的身体健康,又关注到了孩子的心理健康,让玉林感受到了教师的爱。[1]

(三) 适宜性原则

婴幼儿融合教育的出发点和归宿是促进婴幼儿在现有水平基础上获得最大程度的发展。托育机构环境创设的适宜性应包含两层含义:一是年龄的适宜性;二是个体的适宜性。首先,婴幼儿身心发展的特点应与发展需要相适宜;其次,环境创设应适应婴幼儿的个体差异。环境作为联系教师和婴幼儿的重要纽带,可以说是婴幼儿的"第三位老师"。在婴幼儿融合教育中,环境创设应该关注 0—3 岁婴幼儿的最近发展区,关注其年龄特点和身心发展水平。

天天是一个 1 岁 11 个月的小男生,有轻微的注意缺陷障碍。每天来园的路上,天天都是蹦来跳去的,爷爷总是紧紧抓着他的手,生怕一不小心他就跑了。晨检时,天天不配合,不伸手,不张嘴,有时还会往地上一躺。在班上,天天也不愿意和其他孩子一起玩,经常一个人在几个活动区中跑来跑去,不能专心玩某个玩具,还总把玩具放在嘴里咬。集体活动时,天天会咬自己的衣服或指甲,旁边有其他孩子的时候,也会张口咬其他孩子。他不愿意坐在椅子上,让他坐他就哭,还满教室跑。[2] 在托育机构,对特殊婴幼儿,教师如何因材施教?

托育机构的环境创设应能激发婴幼儿的好奇心,引起他们的求知欲,启发婴幼儿去思考、探索。比如,在活动室里设置美工角,准备一些手工材料与工具,如纸张、画笔、糨糊、废旧物品、纸盒、碎布、纽扣、毛线等,让婴幼儿在美工角自由创作。又如,利用各种不同质地的材料组成一幅画面,让孩子们用手去触摸,通过触摸感知粗糙、细腻、坚硬、柔软、厚薄等不同的感觉,引发婴幼儿对以往生活体验的联想,提升婴幼儿思维能力的发展。

(四) 早期干预原则

早期干预的概念是 20 世纪 60 年代末期美国提出的,主要是针对处境不利儿童采取补救性、补偿性的教育,这种补偿性的教育称为早期干预。[3]

早期干预是指对低年龄的可能或已经偏离正常发育水平的儿童所实施的预防、鉴别、治疗和教育。这里的"早期干预"一是指针对 7 岁以前的儿童所实施的干预,二是指在儿童出现

---

① 本案例由武汉市青山区武钢珈因早教基地隋容老师撰写。
② 本案例由武汉市青山区武钢珈因早教基地罗娜老师撰写。
③ 张炼.早期干预实践的原则探索[J].中国特殊教育,2005(8):34-27.

特定症状的早期甚至是在症状出现以前就进行的干预。[①]

早期干预主要从预防、鉴别、治疗和教育四个方面来开展。通过早期干预，可以防止一些障碍的发生；可以防止已有疾病和伤残的恶化，尽可能减轻儿童的障碍程度；通过早期干预还可以及早发现功能缺陷，并采取有效措施，实现缺陷补偿；最后，开展早期干预是促进特殊儿童身心健康、融入主流社会的必要环节。[②]

因此，在婴幼儿早期融合教育环境创设中，应注重营造与家庭氛围相似的宽松、安全、温馨的环境，为婴幼儿提供生活、学习、娱乐的场所，充分利用环境提升婴幼儿的能力，培养其参与活动的兴趣。比如，创设多种形式的角色游戏场所，让这些婴幼儿在娃娃家活动中主动地学习基本的生活自理能力等。[③]

对婴幼儿而言，自然环境、社会互动是促进他们学习与发展的积极力量，特殊婴幼儿也不例外。托育机构的物质环境的创设应考虑特殊婴幼儿的需要，在功能室的设置中预设婴幼儿个别化学习的教室。

六六，男孩，2岁10个月，比较受父母宠爱，但由于父母工作忙，孩子的生活和教育都是爷爷安排的。

有一天午睡时，教师发现六六两个手伸出被子玩，且自顾自说着什么。在教师走到旁边轻声提醒后，六六仍然念念有词。由于当时大多数孩子都已经睡着，所以教师坐在六六的床边轻轻安抚他，六六很快入睡了。到了下午，教师特意把六六叫到身边小声询问。六六立即表现得很紧张，眼神躲闪不愿意看老师，两手揪着自己的衣服。教师立即抱起六六，拿着他喜爱的玩具陪伴着他玩了一会儿。教师表扬了六六这段时间的进步，且表达了对六六的喜爱。在玩的过程中，六六用很快的语速对教师说："今天晚上会有流星雨！"教师高兴地说："真的吗？"六六当时很开心地点头。看着六六的情绪逐渐放松，教师当即肯定了六六的语言回应。放学时，教师把六六的爷爷叫到旁边，沟通起了今天发生的事情。爷爷说，六六平时在家和家人有很多的话，但是出去后就一句话都不说。

对于有这种表现的婴幼儿，教师要排除其是否有选择性缄默症。如是的话，越早干预越好。如果婴幼儿保持缄默多年，他们对外界的这种反应就会变成一种习惯，将会对他们的学习、社交、情绪等多方面的发展造成不良影响。我们须要降低婴幼儿的焦虑，增强其自信心和自尊，而不是仅仅强调让婴幼儿开口说话。所有对于婴幼儿开口说话的期许在降低婴幼

①② 兰继军，李国庆，柳树森.论全纳教育的教育原则[J].中国特殊教育，2003(6)：10-14.

③ 周逸君.学前特殊教育的教学原则和有效策略[J].现代特殊教育，2001(3)：32-33.

儿焦虑之前都是不被需要的。[①]

托育机构的环境不应仅是教师创设的。婴幼儿必须成为活动的参与者，而非旁观者。可以让婴幼儿参与活动室的建构角、美术角的设计与管理等，使他们在活动中得到锻炼。因此，教师创设的环境要针对婴幼儿的年龄特点，激发婴幼儿的好奇心和求知欲。

总之，在环境创设的过程中，要细心组织，认真安排，制订周密详细的计划，坚决消除一切安全隐患，要让婴幼儿拥有一个安全舒适、轻松愉快的环境。

三、托育机构融合教育物质环境创设的内容

创设合适的融合教育物质环境，能够让特殊婴幼儿与普通婴幼儿更好地交往，能够有效促使特殊婴幼儿的心理健康发展，能够使特殊婴幼儿更好地与他人接触，适应社会。

托育机构融合教育物质环境主要包括室内环境创设和室外环境创设两部分。

（一）托育机构室内融合教育环境的创设

在托育机构中，许多婴幼儿会度过他们醒着的大部分时间。

室内环境在托育机构的教育过程中起到重要作用。活动室环境与婴幼儿的生活密切联系，绝大部分的生活和教养活动都发生在活动室里。所以，要在活动室中为婴幼儿创设良好的生活、学习环境，给予他们归属感。

托育机构的空间可以营造家的氛围。让婴幼儿产生安全感后，他们才能更好地在这个环境中接受教育。因此，要能给婴幼儿提供一个适宜的生活活动环境，保证孩子们在托育机构健康快乐地生活和学习。

2019年10月，国家卫生健康委印发的《托育机构设置标准（试行）》中第十三条指出：托育机构的建筑应当符合有关工程建设国家标准、行业标准，设置符合标准要求的生活用房，根据需要设置服务管理用房和供应用房。托育机构应有婴幼儿生活用房，如用餐区、睡眠区、游戏区、盥洗区、储物区等。

当婴幼儿随家长进入托育机构，首先映入眼帘的是生机盎然的景色，绿绿的草地、多彩的花朵、各种可爱的小动物……清新的自然气息能让孩子产生好感，以积极的态度去参加后续的教育活动。其次，托育机构除了应避开噪声污染较高的地区外，还要注意在室内空间环境创设时采取适当的隔音措施。再者，托育机构在装修时要选择无毒无害的环保材料，在装修完工后应开窗通风3—6个月，并且采取净化空气手段，确保苯、甲醛等有害物质得到清除。

---

① 本案例由武汉市青山区武钢珈因早教基地吴海燕老师撰写。

1. 托育机构室内活动环境

（1）活动场所

托育机构须根据婴幼儿好动的天性，设置宽敞的室内活动场地，光线明亮，没有压抑感。场地布局一定要有序，配有游乐设施，突出安全性，有基本的安全措施，并与其他教养活动场所相近，方便婴幼儿到达其他区域。

（2）各功能房

托育机构的教养场所要有足够的室内空间和各种配套的功能房，以便开展相应的教学活动。教室不仅要宽敞明亮，还要儿童化，体现温馨和舒适。休息室和盥洗室要保证安全卫生。玩具不宜摆放过高，应适宜婴幼儿取放，锻炼他们的独立性和责任感。使用易于搬动和重新组合的家具，能训练婴幼儿的手脚肌肉以及想象力。

（3）区角活动区域

区角活动是供婴幼儿自主选择的学习空间，它能够极大地满足婴幼儿的兴趣和需要。根据不同的训练目的和课程设置，要将托育机构的室内空间分割成不同功能特点的区域。动态活动区域需要较大的空间，还可以有秋千、皮球等相对较大型的运动器械和玩具。静态活动区域可配合可操作的小玩具、书籍、地毯、录音机等。

2. 托育机构室内融合教育环境布置的策略

托育机构室内融合教育环境布置的核心思想应该是"融合性"——与大自然周期性变化相融合，与人类社会周期性变化相融合，使普通婴幼儿和特殊婴幼儿相融合。

（1）创设与季节变换相融合的环境

托育机构进行室内环境布置时，首先应与自然相融合。自然界的四季，每一季均有一个基本色调——春季浅绿色、夏季深绿色、秋季金黄色、冬季雪白色。

进行室内色彩布局时，每一个室内空间应先选定某一颜色作为基调，如大厅—蓝色、活动室—绿色、寝室—粉红色、走廊—黄色等。为确保色彩的和谐，同一室内空间应选择相近色彩来配置，且宜选用浅色调，如粉红、浅蓝、淡黄等。

可以通过室内各处环境的布置，使婴幼儿和家长感到亲切与放松。如在门厅里随季节变化摆放各类盆栽，在走廊里为婴幼儿提供种植和养殖的区域，在楼梯上悬挂、摆放不同季节的"符号"。室内的这些与季节同步的变化比自然界的四季更迭要明显得多，因此也更容易引起婴幼儿的关注。

（2）创设满足普通婴幼儿与特殊婴幼儿需要的融合环境

在环境的创设中要考虑普通婴幼儿与特殊婴幼儿活动环境的融合。创设一个符合融合教育课程要求的物质环境是保障婴幼儿保教活动实施的前提条件。如班级环境创设中可以考虑教学环境的结构化,明确区分学习区域,一方面减少视觉和声音的刺激,让特殊婴幼儿能专注于学习活动,另一方面,让特殊婴幼儿知道在什么样的环境下进行活动,丰富他们的情感体验,提升他们的社会适应能力等。在托育机构,特殊婴幼儿需要的是特殊的辅助,但是他们不需要特殊的隔离,特别是对具有社会功能障碍的孤独症谱系障碍婴幼儿尤其如此。因此,须创设满足普通婴幼儿与特殊婴幼儿需要的融合教育环境。

(二) 托育机构室外融合教育环境的创设

1. 室外融合教育环境的创设

托育机构室外融合教育环境是构成托育课程体系的一部分,是令婴幼儿享受阳光与空气,得到身心放松的美好天地。总的要求是:安全、具有较强可探索性与可想象性,可使婴幼儿的基本运动能力得到充分锻炼,绿化与美化适宜。

创设良好的托育机构的室外环境,须要教师从婴幼儿的需求与本园的特点出发,通过合理的规划与设置,整合现有资源,开拓新空间,在面积有限的户外场地中发挥最大的教育功能,促进婴幼儿发展。

(1) 设计出符合婴幼儿需求的户外世界

0—3岁是个体生长发展的关键时期,这个年龄段的婴幼儿开始认识世界、感知世界。托育机构的室外环境应能促进婴幼儿在身体发育、动作、语言、认知、情感与社会性等方面的全面发展,环境应尊重婴幼儿的需求与特点,有利于引发和支持婴幼儿与环境积极的互动。室内外环境自由联通,充分满足婴幼儿进行自主性游戏和探索活动的需要。环境中的材料要适宜多样,数量充足,能让婴幼儿从多种角度获取经验,充分与环境发生积极有效的互动,使婴幼儿的主体性得到发挥。

(2) 设计出适合融合教育的户外游戏环境

教师要善于利用户外空间设计婴幼儿的运动及游戏方式,在活动过程中促进普通婴幼儿和特殊婴幼儿的融合、游戏体验和情感表达。

托育机构户外活动区的布局应科学合理,如在小丘附近尽量不要安置有障碍的娱乐设备,可以设立沙地、草地等平坦的项目区。整个户外空间不用坚硬的地面,可以选择易清洁的地胶、橡胶等较软的材质,户外也可以为孩子设立休息区,体现出托育机构的人文关怀。

托儿所、幼儿园应设室外活动场地,并应符合下列规定:[1]

---

[1] 中华人民共和国中央人民政府.住房和城乡建设部关于发布行业标准《托儿所、幼儿园建筑设计规范》局部修订的公告[EB/OL].(2019-08-29)[2023-04-27].http://www.gov.cn/xinwen/2019-09/07/content_5428122.htm.

每班应设专用室外活动场地,人均面积不应小于 2 平方米,各班活动场地之间宜采取分隔措施。

应设全园共用活动场地,人均面积不应小于 2 平方米。托儿所室外活动场地人均面积不应小于 3 平方米。城市人口密集地区改、扩建的托儿所,设置室外活动场地确有困难时,室外活动场地人均面积不应小于 2 平方米。

2. 托育机构室外融合教育环境布置的策略

(1)创设安全丰富且适宜的自然环境

托育机构的基本责任是保障婴幼儿在园期间的安全健康。因此,创设室外游戏场地,首先应消除场地中可能存在的不安全因素,保证场地的安全性。其次,要符合婴幼儿的年龄特点和个体差异,营造属于婴幼儿活动的空间。再次,室外场地边界要有围护和遮拦设施,材料的选择应注意无尖角和断口。最后,场地要素的细节设计要符合婴幼儿的年龄特点、心理发展水平及身体尺度。

(2)满足婴幼儿户外学习的需要

0—3 岁的婴幼儿在行为和能力等方面的表现还不稳定,也不全面。因此,教师应从 0—3 岁婴幼儿的年龄特点来了解婴幼儿户外活动的情况。户外活动可以让婴幼儿充分享受新鲜空气和阳光,对婴幼儿的气管、黏膜和皮肤的发育,增强适应气候的能力,促进婴幼儿大动作的发展大有益处。教师应根据婴幼儿户外学习的需要创设良好的户外环境。

通过婴幼儿的户外活动,教师可以发现 0—3 岁婴幼儿之间的水平差异,通过合理的保教安排、课程内容及保教方法的选择,使婴幼儿的能力获得最大限度的发展,并最终成为适应社会,平等参与社会的完整意义上的人。[①]

托育机构不仅需要净化、美化、儿童化的环境,更须要根据婴幼儿的身心发展特点与融合教育的需要,合理布局园舍,科学配置资源,为婴幼儿提供充分的操作和展现的空间,使托育机构的环境发挥最大的育人功效,让有不同需要的婴幼儿都能享受到教育的公平,收获成功与快乐。

第三节 托育机构融合教育精神环境的营造

精神环境是生活环境的重要组成部分,对婴幼儿性格、习惯等的形成具有潜移默化的作

---

① 周念丽.学前融合教育的比较与实证研究[M].上海:华东师范大学出版社,2008:65.

用。婴幼儿须要在被关爱、被尊重的环境中生活和游戏,这样的环境能使婴幼儿感到安全、温暖和愉快。也只有这样,婴幼儿才能积极、主动地活动与学习、探索与创造,从而获得最佳的发展。

一、托育机构融合教育精神环境创设的意义

托育机构创设融合教育环境的目的在于让特殊婴幼儿掌握社会技能,让他们能尽快得到发展性的进步,潜能得到最大发挥,另外还能让他们快乐、安全、拥有被平等对待的机会。

(一) 托育机构融合教育的精神环境

托育机构融合教育的精神环境是指托育机构的人际关系心理氛围等。它虽然是无形的,但却直接影响着婴幼儿的情感、交往行为和个性的发展。

托育机构的精神环境主要包括良好的人际环境,以及良好的一般日常规则与行为标准。人际环境的核心是建立融合、温馨、健康的人际关系。它具体包括教师与婴幼儿之间的关系、婴幼儿同伴间的关系、教师与教师之间的关系、教师与家长的关系四个方面。

(二) 托育机构精神环境对婴幼儿发展的意义

1. 良好的精神环境决定婴幼儿潜能的发挥

精神环境有时比物质环境更重要。精神环境一般指由人际关系、文化观念等因素交织在一起形成的氛围。这种氛围决定着人的"自我"是否能被挖掘、发展和完善;决定着人的先天潜能是否能最大限度地得到实现;决定着人的创造能力、应变能力以及其他能力是否能够有效地形成。[①]

研究表明,生活在温暖、支持气氛中的婴幼儿,容易形成积极的个性特征、良好的交往技能;积极健康的融合教育精神环境能促进婴幼儿在身体发育、动作、语言、认知、情感与社会性等方面的全面发展。

2. 良好的精神环境对婴幼儿行为产生积极的影响

从心理学的角度看,良好的心理环境能对婴幼儿的行为产生积极的影响。只有为婴幼儿提供一个能使他们感到安全、温暖、可信任的、能鼓励他们探索与创造的融合教育环境,婴幼儿才能活泼愉快地生活,积极主动地活动和游戏,获得最好的发展。

《陶行知教育名篇》中谈到民主的教师必须有:一是虚心;二是宽容;三是与学生同甘共苦;四是跟民众学习,跟小孩子学习;五是肃清形式、先生架子、师生的严格界限。教师要积

---

① 夏宇虹,王荷香,王琳洁.学前教育学[M].天津:天津大学出版社,2018:316.

极营造教育的民主氛围,改变居高临下的传统习惯,做真正的"孩子王"。[①] 在托育机构建立融洽、和谐、健康的人际关系,教师应该做到"八多",即对婴幼儿多支持、多肯定、多接纳、多表扬、多鼓励、多关注、多信任以及多给他们自由和自主。这样,才能营造出积极健康的心理环境。

新学期开学,我们班来了一位 13 个月的小宝贝,叫诚诚。他还不会说话,也不会走路。他的家长看着别的差不多大的宝宝会叫"爸爸""妈妈",能够走走爬爬十分羡慕。经过两个月的训练,我发现孩子还是不会走路,就算扶着桌子站立,腿都好像没有力气,站不住。

与家长沟通才得知,诚诚三个月的时候,家长就发现他的头部没有力气,不能够自己抬头。带到医院去检查后,医生给出的结果是轻微脑瘫。脑瘫导致孩子在各方面发展都赶不上同龄孩子。诚诚家长之所以没有和教师说明情况,是因为觉得孩子还比较正常,就有点回避。经过家园共同努力,诚诚终于不需要支撑物,蹒跚走起路来,扑向妈妈的怀抱。[②]

3. 和谐的精神环境能够激发婴幼儿良好个性品质的形成

婴幼儿正处于人格发展的重要阶段。这一阶段既可以反映出婴儿期人格发展的情况,也可以预示将来发展的趋势。培养婴幼儿的个性品质,要从建立良好的生活习惯着手,如饮食、睡眠、如厕、自理能力训练等。环境在培养婴幼儿良好个性品质的过程中具有潜移默化的熏陶作用。

著名教育家苏霍姆林斯基说过:"世界上没有才能的人是没有的,问题在于教育者去发现每一个学生的禀赋、兴趣、爱好和特长,为他们的表现和发展提供充分的条件和正确的引导。"[③]托育机构教师应该关注到普通婴幼儿和特殊婴幼儿的发展需要,多看孩子们的闪光点,适时地肯定和鼓励,营造开放型、温馨的师生关系。教师在指导婴幼儿学习、生活、游戏的过程中激发婴幼儿良好个性品质的形成。比如,托育机构要求婴幼儿学会自己的事情自己做,自己拿勺子吃饭,进餐不挑食;户外运动锻炼婴幼儿的意志等。

二、托育机构融合教育精神环境的营造策略

(一) 营造师幼间的和谐关系

和谐的师幼关系是高质量保育教育的前提,能为婴幼儿提供良好的情感氛围,使婴幼儿

---

① 周宜.运用陶行知理论建构幼儿园中班游戏活动中师幼关系研究[J].才智,2019(34):55.
② 本案例由武汉市青山区武钢珈因早教基地夏菲老师撰写.
③ 唐玉婷.构建和谐、平等的师生关系[J].小学科学(下半月刊),2013(10):46.

有安全感,情绪愉快,参与活动的积极性高。在和谐的师幼关系中,通过与教师的交往,婴幼儿能习得分享、合作、同情、谦让等社会性行为,有助于婴幼儿积极地适应托育机构和将来幼儿园及学校的学习和生活。和谐的师幼关系有助于家长积极支持托育机构的工作,帮助婴幼儿适应托育机构的生活,获得积极的情感体验。

在托育机构促进良好的师幼关系,应注意以下几个方面。

1. 正确把握角色定位,发挥婴幼儿的主体性

首先,教师应该在活动中真正关注婴幼儿,察觉不同需要的婴幼儿的要求和反应,捕捉他们在活动中发出的有价值的信息,及时调整教育行为。教师的角色定位要更多地趋向于婴幼儿的支持者和合作者。

其次,教师要成为婴幼儿心声的倾听者,婴幼儿行为的观察者和分析者,交往机会的提供者。活动中,教师要时刻关注婴幼儿的兴趣和幼儿所关注的问题,引导婴幼儿主动积极、富有个性地发展;用心关注婴幼儿的情绪、情感和需要,做婴幼儿的大朋友,使他们能"亲其师,信其道"。

2. 开展多种形式的活动,提高师幼互动的频率

通常情况下,托育机构开展教学活动的基本形式是集体活动。为了关注特殊婴幼儿,在活动中,教师要注重与婴幼儿个别交流的频率,加强婴幼儿之间的交流。由于孩子能力的差异,活动时间有限,再加上其他的一些无关刺激的干扰,往往真正能进行师幼互动的次数、互动的人数都是不多的。

教师应多采取分组教学及个别化教学的形式。在分组教学中,人数减少,相应的无关刺激也有可能相对减少,那么婴幼儿与教师之间、婴幼儿与婴幼儿之间的互动机会成倍增加。教师可以充分关注到每一个婴幼儿,进而更加有效地促进师幼之间的合作互动。

3. 创设宽松的环境,营造积极有效的师幼互动氛围

在活动中,教师要鼓励婴幼儿与环境互动,促使他们在与环境的相互作用中不断发展。比如,在墙面环境创设方面,许多托育机构更多的是重视墙面的装饰性,忽视了婴幼儿的参与。在合作模式下,婴幼儿可以参与环境的布置,保持环境秩序和整洁,充分运用环境中的各种条件、材料进行自主活动。这样可以使婴幼儿产生小主人的自豪感和责任感。

"宝宝之家"在去年开学初接收了一名1岁9个月的宝宝,叫柔柔。在宝宝入托前的接待工作中,教师和柔柔妈妈沟通过。教师发现,柔柔不会自己吃饭,要多加照看护理。在和柔柔妈妈进一步深入交谈后,教师才知道他们家是北方人,妈妈比较爱吃面食,平时以面条等为主食;柔柔小时候,无人看管,请了一名保姆,保姆给孩子添加辅食后,一直都以面条为主食。柔柔慢慢大了,不愿意吃米饭,咀嚼能力很差,晚餐多以流食为主,依然是喂食。随着孩子长大,妈妈开始担心,提醒保姆让柔柔自己吃饭,但是效果不明显,保姆也就放弃了。入托前的状况是:柔柔不吃米饭,进餐时须要教师全程喂食。

一方面,教师每天和柔柔妈妈进行沟通,告诉妈妈柔柔有了哪些变化,须要家长配合做什么。另一方面,在托育机构,教师和柔柔建立亲密关系,喂饭的时候,先用汤汁拌一些软烂的饭喂。经过一个漫长和耐心的过程,柔柔遇到自己喜欢的食物可以开始自己进食了。①

4. 回应有特殊需要的婴幼儿

特殊婴幼儿是社会的弱势群体,关爱是特殊教育的前提、特殊教育的基础。由于某方面的发展障碍以及缺乏有效的支持和服务,特殊儿童更容易遭受学业失败,很少能获得社会认可。他们可能被同伴排斥,比普通婴幼儿更频繁地成为受欺负者。在托育机构,教师应该关注特殊婴幼儿的行为变化,了解他们的需求并积极回应。

2岁5个月的明明进入托班,他只能说"老师""好""不要"等几个词。很多时候,他都无法清楚表达自己的想法。明明的身材略胖,且身体有先天性的缺陷,走起路来摇摇晃晃的。同龄孩子很容易完成的爬、跑等动作,对他而言显得特别吃力。明明的父母年纪比较大,加上工作又忙,明明主要由爷爷奶奶照料。他常常好几天穿着同一件衣服,有时候身上还有轻微的味道。这样的孩子很容易遭受其他孩子的异样眼光,孩子们都不愿意和他坐在一起:"老师,他身上臭臭的;老师,他怎么什么都不会做呀……"当孩子们对特殊婴幼儿有偏见时,教师应该如何引导呢?

特殊婴幼儿有可能是处于智力能力范围两端的孩子,或者是那些成长过程中受到诸如学习障碍、肢体缺损或其他残障困扰的孩子。这样的孩子须要教师积极与其父母联动,共同努力,形成教育的合力。

特殊婴幼儿非常需要关注、爱与耐心。要做到这些,可能会令教师疲惫,特别是当孩子只能取得有限的进步的时候。

(二) 营造和谐的同伴关系

婴幼儿同伴关系是指年龄相同或相近的婴幼儿之间的一种共同活动、相互协作的关系,或者主要指同龄人之间或心理发展水平相当的个体间在交往过程中建立和发展起来的一种

---

① 本案例由武汉市青山区武钢珈因早教基地吴斌老师撰写。

人际关系。

和谐的同伴关系可以促进婴幼儿社会化,发展婴幼儿良好的情绪情感及社会交往能力,可以使婴幼儿形成良好的品德。同伴关系的外在表现形式即同伴交往。同伴交往对婴幼儿全面发展有着深刻的影响。

特殊婴幼儿在日常生活中常常因为没有正常的同龄玩伴而缺少对话和交流。他们性格内向、退缩、不合群,社会适应能力、交往能力弱,缺乏自信心。普通婴幼儿对特殊婴幼儿也常常缺乏关心、同情。因此,在托育机构进行融合教育是一条能够促进特殊婴幼儿与普通婴幼儿共同发展的良好途径,能克服一些专门的特殊教育机构无法解决的问题,促进特殊婴幼儿的全面发展。

九月份,班级里迎来了2岁1个月的宝贝阳阳。小家伙白白胖胖,长得比同龄宝宝高出一大截。阳阳入托后,教师发现他对某些声音特别敏感,例如,空调启动声、割草机声等。录音机一响,他就会捂着耳朵皱着眉,嘴里"哇哇呀呀"冲过来把录音机关掉。他不主动与人交流,不愿意和同伴坐一起,只要目光一接触他眼睛,他就立刻转走。

游戏时,教师邀请普通婴幼儿乐乐当着阳阳的面将小汽车放进纸盒里。阳阳动手能力差,看到小汽车藏起来了,便哼哼唧唧用手不停拍打纸盒。此时,教师再鼓励乐乐走到阳阳身边,帮助阳阳打开纸盒,取出小汽车递给阳阳。这样一来,阳阳不再躲避同伴,而是伸手接过小汽车。

当阳阳接过乐乐手中的小汽车后,教师拿出一个毛绒玩具,要阳阳给乐乐。阳阳没有排斥,把毛绒玩具一把塞给乐乐。乐乐是个有礼貌的孩子,连忙说:"谢谢阳阳。"教师让阳阳伸出小手和乐乐的小手碰一碰,带着阳阳和同伴进行初步的社交反应训练。

阳阳是个特殊孩子,须要教师用更多的爱去照亮他,让同伴的力量去影响他。这样,才能让孩子在"看星星"的路上不再孤独。[①]

(三) 营造教师与家长间的和谐关系

家长和教师都是教育者,家长是婴幼儿的第一任教师。一直以来,家园合作是托育机构开展托育工作必不可少的一部分,因为它能有效地促进婴幼儿身心全面发展。

托育机构与家庭是婴幼儿生活与学习的两个重要环境。婴幼儿每天从家庭到托育机构,又从托育机构到家庭,这两个环境之间自然发生了联系。这种联系是否有利于婴幼儿身心健康发展,取决于这两个环境对婴幼儿施加的教育影响在方向上是否一致。如果来

---

① 本案例由武汉市青山区武钢珈因早教基地姚俊老师撰写。

自不同的环境的影响在方向上是一致的,那么就可以互相支持,形成影响婴幼儿发展的合力。如果来自不同环境的教育在方向上是不一致的,那么就会减弱和抵消各自的教育影响。

家庭与托育机构对于婴幼儿的学习与发展的影响具有不同的特点,家园共同配合,才能为婴幼儿身心健康发展创造有利的条件。教师创设机会和条件是家园互动的前提条件。只有教师和家长默契配合,家园共育的水平才能共同提高。

(四) 建立良好的家园合作关系

家庭作为支持托育机构教育工作的外部因素之一,是托育机构应当注意利用的宝贵资源。一般来说,家长都很关心子女的学习和教育,他们也乐于支持和配合托育机构的教育工作。良好的家园合作关系,可以使托育机构从家长那里获得多种支持,包括人力和物力的支持。家长对托育机构工作的支持,不仅仅限于配合教师,做好对自己孩子的教育工作,保证教育工作的一致性和一贯性,还可以表现在提高教育工作的效果上,直接参与托育机构的教育活动,丰富托育内容等方面。

龙龙,男,2岁,在托育机构里比其他孩子明显好动,主要表现在:活动时不能听教师的指令,坐不了多长时间就晃动椅子,注意力不容易集中。与家长沟通后得知,孩子在家表现任性、冲动,稍不顺意,就大喊大叫,甚至在地上打滚,精力特别充沛。医生诊断是注意缺陷多动障碍,也就是小儿多动症。

针对龙龙的情况,教师坚持正面鼓励,积极强化,逐步养成龙龙专心学习和做事的习惯。比如,教师把他安排在身边的座位上,以便在进行活动时能随时进行关注和指导,及时进行表扬、鼓励,以利于强化。另外,教师为龙龙设计游戏活动,提升龙龙的自控能力;与龙龙家长密切沟通,形成家园合力;建议家长纠正急躁、粗暴的缺点,不要动不动就打孩子,要多看一看孩子的优点和长处;适当控制孩子的饮食。经过一段时间的家园配合,龙龙的情况有了明显的好转。

家园合作能够使家长了解托育机构的活动内容,理解融合教育的原则与方法,支持托育机构的工作,使托育机构的教育能够更好地实施,同时也能够提升家庭教育的质量。

但是,这一合作是否成功还受许多方面的影响。其中,教师在与家长沟通时,恰当的语言是架设与家长沟通的第一桥梁。这项工作做好了可以优化教师资源,提高保教服务质量,提升托育机构的核心竞争力。否则,会造成教师与家长的隔阂,严重阻碍托育机构的生存与发展。

思考题：

1. 谈谈托育机构融合教育物质环境创设的基本要求。

2. 在托育机构中,如何创设融合教育的精神环境?

3. 在托育机构,如何对特殊婴幼儿做到"零拒绝原则"?

4. 在托育机构中创设和谐的同伴关系对婴幼儿全面发展有何影响?

第八章　婴幼儿融合教育中的家园共育

☞　**教学导航**

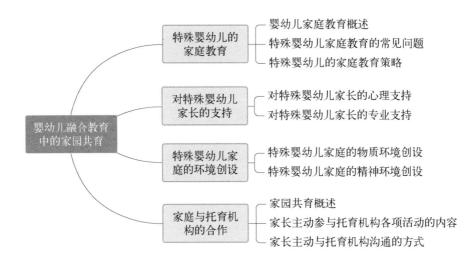

☞　**学习目标**

1. 了解特殊婴幼儿家庭的教育策略，以及物质环境和精神环境创设的基本要求。

2. 掌握对特殊婴幼儿家长的心理支持和专业支持的方法，给予适当的家庭教育指导。

3. 能根据不同特殊婴幼儿和家长的实际情况，组织开展多种形式的家园共育活动。

第一节　特殊婴幼儿的家庭教育

家庭是人生的第一所学校，家长是孩子的第一任教师。在家庭生活中，父母对孩子的教育和影响，对其良好行为习惯、思想品德、价值观的形成，健全人格培养等都具有基础性作用。家庭教育是学校教育和社会教育的基础，良好的家庭教育是孩子成人成才的基础。婴幼儿时期的家庭教育被称为"人之初"的教育，在人的一生中起着奠基的作用。

一、婴幼儿家庭教育概述

(一) 婴幼儿家庭教育的含义

2021年10月,第十三届全国人民代表大会常务委员会第三十一次会议通过《中华人民共和国家庭教育促进法》。该法所称"家庭教育",是指父母或者其他监护人为促进未成年人全面健康成长,对其实施的道德品质、身体素质、生活技能、文化修养、行为习惯等方面的培育、引导和影响。家庭教育以立德树人为根本任务,培育和践行社会主义核心价值观,弘扬中华优秀传统文化、革命文化、社会主义先进文化,促进未成年人健康成长。[①]

家庭教育也有广义和狭义之分。广义的家庭教育,是家庭成员之间相互实施的一种家庭教育。在家庭里,长幼之间、平辈之间相互施加的影响,还有外聘的家教等,都是家庭教育。狭义的家庭教育,则是指在家庭生活中,由家长,即由家庭里的长者(其中主要是父母)对其子女及其他年幼者实施的家庭教育和影响。[②]

0—3岁婴幼儿的家庭教育主要是指在家庭生活中,父母或其他家庭成员对0—3岁的婴幼儿身心各方面的发展产生影响的一切教育活动。[③] 0—3岁婴幼儿身心各方面的发展才开始萌芽,受家庭教育的影响较为明显。在与婴幼儿的互动中,父母或其他家庭成员发挥主导作用,家长的一言一行都潜移默化地影响着婴幼儿德、智、体、美等诸方面的发展。所以说,0—3岁婴幼儿家庭教育是整个家庭教育事业的有机组成部分,并为其他各阶段家庭教育的开展和实施奠定基础。

(二) 婴幼儿家庭教育的特点

0—3岁婴幼儿家庭教育是个体成长最初阶段的教育,它对个体的影响极为特殊且难以替代,表现出有别于其他时期家庭教育的特点。

1. 基础性和启蒙性

家庭是个体生命的摇篮,是人出生后接受教育的第一个场所,即人生的第一个课堂。家长是孩子的第一任教师,即启蒙教师。家长在家庭中教会孩子最基本的生活能力,脱离家庭教育的孩子会出现不同程度的心理缺陷或性格障碍。因此,家长对0—3岁婴幼儿所实施的家庭教育具有基础性和启蒙性。

正如意大利著名教育家蒙台梭利所说,人生的头三年胜过以后发展的各个阶段,胜过3

---

① 中国政府网.中华人民共和国家庭教育促进法[EB/OL].(2021 - 10 - 23)[2022 - 04 - 09]. http://www. gov. cn/xinwen/2021-10/23/content_5644501. htm.

② 赵刚.家庭教育指导师(0—6岁)[M].北京:高等教育出版社,2019:2.

③ 王红.0—3岁婴幼儿家庭教育与指导[M].上海:华东师范大学出版社,2020:3.

...

岁直到死亡的总和。[①] 4岁之前是脑和智力发展最迅速的时期，也是进行早期智力开发的最佳时期。孩子在这个时期受到良好的家庭教育，能有效地促进早期智力的发展，并延续至人的一生。

2. 生活性和灵活性

生活性是婴幼儿家庭教育的显著特征，生活教育的内涵是教育生活化、生活教育化。在家庭生活中处处存在着教育契机，家长要通过言传身教，让孩子学会生活，养成良好的生活习惯，形成正确的生活态度，掌握初步的生活技能。

婴幼儿家庭教育在时间、空间和形式上是灵活的，不受时间、地点、场合、条件的限制。家长对孩子实施的家庭教育是在有意和无意、有计划和无计划、自觉和不自觉之中进行的。家长只要有教育的意识，就可以随时随地通过自身的言行对孩子进行引导和教育，方法灵活，形式多样。

3. 示范性和感染性

示范性主要表现在家长日常生活的一言一行之中。家长的示范是对孩子最有效的教育。婴幼儿的模仿性强，与家长之间拥有天然、亲密的血缘关系且朝夕相处，更喜欢也更容易模仿家长。在婴幼儿家庭教育中，家长要注意言谈举止的示范和榜样作用，坚持正面教育，积极的言传身教影响尤为重要。

感染性是情感的一个重要特点，指一个人的喜怒哀乐等情感能引发别人产生同样的或与之相联系的情感。在婴幼儿家庭教育中，家长对孩子的这种情感上的感染作用，像无声的语言一样起着潜移默化的教育作用。孩子对家长的言行举止往往能心领神会，在处理身边的人与事的关系和问题时，很容易受到家长态度的影响。

二、特殊婴幼儿家庭教育的常见问题

家庭中诞育特殊婴幼儿，对于父母是一个很大的打击，家庭成员之间的关系也面临着巨大的考验。这主要是因为特殊婴幼儿身心发展障碍的问题具有持续性和多面性，其衍生出来的不同特殊需求会导致家庭资源持续消耗，家庭成员的压力也由此而来。因此，特殊婴幼儿家长在家庭教育方面也常常会出现一些问题。

（一）特殊婴幼儿家长未能正确对待孩子的特殊问题

特殊婴幼儿的教育与康复是一个漫长而艰辛的过程，很多家长对此缺乏正确的认识，不

---

① 张家琼，李丹. 0—3岁婴幼儿家庭教育与指导［M］. 北京：科学出版社，2015：7.

能正视孩子的发展障碍和特殊问题，对孩子缺乏关爱，家庭教育缺失。有的家长把特殊婴幼儿视为负担和累赘，认为孩子是自己永远抹不掉的阴影，感觉这一辈子被毁了；有的家长长期处在否认、自责、焦虑、抱怨、愤怒、绝望、抑郁等负面的情绪中，自暴自弃，自怨自怜；有的家长甚至一辈子也无法接受孩子的特殊问题。

对于一个家庭来说，孩子存在缺陷是不幸的。家长因逃避问题而失去了对特殊婴幼儿应有的关爱和耐心，不利于积极面对孩子的特殊需要，无法担当起家庭教育的重任。

涵涵，3岁，听力障碍。佩戴人工耳蜗一年多，做过一个月的听觉康复，有一定的听觉察知能力。起初，涵涵的听觉察知主要处于无意注意阶段。主要借助一些乐器（例如：手鼓、双响筒、锣等）进行引导训练。一段时间后，涵涵处于听觉察知有意注意阶段。涵涵的情绪不稳定，常常哭闹，且没有规律，原因不确定。

涵涵平时主要由妈妈照顾，但是妈妈的态度消极、脾气暴躁，对孩子的引导和教育缺乏耐心，常常对涵涵大吼大叫。教师多次与涵涵妈妈交流孩子的引导方式和教育方法的问题，但是没有得到家长的回应和反馈。如果你是涵涵的老师，你会如何跟家长沟通呢？[①]根据涵涵现阶段的情况，你将怎样开展家庭教育指导工作？

（二）特殊婴幼儿家长教育观念陈旧

在教育思想上，很多特殊婴幼儿家长存在一些陈旧的教育观念。有的家长表面上接受了特殊婴幼儿的现状，却只在保障孩子生理需要的前提下任其发展；有的家长认为家庭教育即照顾，只满足特殊婴幼儿饮食起居最基本的生活需求；有的家长对孩子事事包办代替，百依百顺；有的家长过分地夸大特殊婴幼儿的缺陷，认为对孩子进行早期干预和康复训练于事无补，孩子的现状不可能得到改变，所以放弃治疗。家长的这些观念和行为显示出他们没有真正地接纳特殊婴幼儿，忽视了对特殊婴幼儿智力、生活自理能力的提升，以及特殊婴幼儿身心康复等方面的需求，从而延误了孩子的病情，错过对孩子进行早期干预的最佳时期。

（三）特殊婴幼儿家长教养方式不当

部分特殊婴幼儿家长存在一些不恰当的教养方式。有的家长把特殊婴幼儿关在家里，从不带孩子参加社交活动，也不进行康复训练，因为他们担心孩子外出会被别人嘲笑和欺负；有的父母在漫长又艰辛的康复治疗过程中逐渐失去信心，逐渐疏于对孩子的教育和干预；有的家长为了弥补特殊婴幼儿的问题和缺陷，一味地给孩子灌输各种知识，只重视早期

---

① 本案例由昆明学院附属幼儿园资源中心赵刘娟老师撰写。

智力开发,不重视对孩子的品德、情感、意志、兴趣和良好个性等非智力因素的培养。家长的这些不恰当教养方式,会导致特殊婴幼儿逐渐失去与人沟通和交往的能力,直接影响特殊婴幼儿的身心健康和未来发展。

(四)特殊婴幼儿家长缺少科学育儿方法和专业康复护理指导

大多数特殊婴幼儿家长掌握的科学育儿知识比较匮乏,缺少专业的康复护理指导。有的家长没有自主学习科学教育方法的意识,或者没有学习康复护理的时间和精力;有的家长因为有自卑的心理,不愿意看到其他人异样的眼光,也不主动与康复中心、特殊教育学校或其他公共教育机构进行交流和探讨;有的家长虽然参加了一些特殊教育专业机构开展的家长培训,但是部分家长培训的局限性比较大,不一定适合所有家庭;有的家长把特殊婴幼儿的早期康复训练等同于医学治疗,片面地认为经过康复治疗后的孩子就可以在某一方面拥有"正常"表现。如果特殊婴幼儿不能获得适合其身心发展的家庭教育,这将会对其未来的发展造成无法弥补的损失。

桐桐,2岁半,是一名孤独症谱系障碍幼儿。目前只会发出一些简单的语气词。桐桐喜欢独处,不会在意周围是否有其他幼儿,也不喜欢与其他幼儿有肢体接触。首先,教师对桐桐进行融合教育,增加桐桐与普通幼儿的社交机会;其次,教师帮助桐桐建立安全感,给她足够的时间去熟悉周围的环境和同伴,缓解焦虑;最后,教师培养桐桐的兴趣,选择与桐桐有共同兴趣的幼儿长期陪她玩玩具,在游戏中帮助桐桐建立与他人交往的安全感。

桐桐的社会性交往仅局限在托育机构内,由教师引导进行。回到家中,桐桐大部分时间是在与父母沟通,很少有与同伴交往的机会。因为父母担心把桐桐带出去玩,别人会有异样的眼光,也担心她和普通幼儿玩耍时会被别人欺负。因此,桐桐的社会适应能力很弱,很难对他人建立安全感。[①] 根据桐桐现阶段的情况,教师应如何开展家庭教育指导工作呢?

三、特殊婴幼儿的家庭教育策略

特殊婴幼儿的身心发展有异于普通婴幼儿。特殊婴幼儿的家长要清楚常规的教育方法和手段并不适合自己的孩子,他们需要一些专门的、特殊的家庭教育的方法和策略。

(一)家长要以平常心对待和教育孩子

人的社会化进程始于家庭,监护抚养子女是父母的责任和法定义务。特殊婴幼儿的家

---

① 本案例由昆明学院附属幼儿园资源中心黄蓉老师撰写。

长要抱有平常心,正视孩子的特殊性。

对待特殊婴幼儿,家长不要带有内疚心理,对孩子百依百顺,迁就溺爱,更不能把孩子当作负担和累赘,对其冷漠、歧视。家长要习惯"蹲下来"直视特殊婴幼儿的需求,注重与孩子平等地交流与沟通,缩短彼此之间的距离。家长与孩子之间的心灵交流,是治愈特殊婴幼儿自卑、消极、敏感的良药。

对于特殊婴幼儿的教育,家长要充分认识早期筛查和早期干预的重要性,还要不断地学习有关特殊教育的知识和技能,掌握与特殊婴幼儿沟通的方法和手段,借鉴他人的成功经验,促进特殊婴幼儿潜能最大化地挖掘。

(二) 家长要帮助特殊婴幼儿参与各种活动融入社会

家长要摒弃对特殊婴幼儿"圈养"的家庭教养方式,要尝试通过各种渠道,加强特殊婴幼儿与社会的联系,让他们尽快地融入社会。在社会适应方面,家长应有步骤地培养特殊婴幼儿的交往能力,例如,提升主动性、坚持性、自制力、自信心、自尊心、人际交往能力等。家长要带领特殊婴幼儿积极地参与各种社会活动,帮助孩子建立自信心,引导孩子体验与他人交往的快乐,提高孩子的社会交往能力。

在帮助特殊婴幼儿融入社会的过程中,家长要注意:不要把孩子突然带到陌生的环境中。因为特殊婴幼儿在陌生环境中往往会感到不安,他们的情绪可能会突然变得暴躁,甚至会出现攻击他人的行为。家长应先带特殊婴幼儿在最熟悉的环境中进行人际交往,例如:所居住的小区、经常去的超市或附近的公园等。

(三) 家长要重视特殊婴幼儿的心理健康教育

对于特殊婴幼儿而言,良好的心理品质和健全的人格,比获取知识更重要。家长不但要关注特殊婴幼儿的身体变化,更要重视孩子的心理健康发展,及时了解孩子的心理动态。

面对孩子自卑、消极的心态,家长要以积极、乐观的状态进行耐心的引导和教育,培养孩子良好的个性品质;面对孩子经常出现的情绪变化或心理问题时,家长要及时给予心理疏导,帮助孩子塑造良好的行为习惯。家长要坚持正面教育,用乐观向上的心态感染孩子,积极地向孩子灌输自信乐观、坚强勇敢的生活态度。

另外,家长可以培养有益于特殊婴幼儿身心健康的兴趣和爱好,还可以跟孩子讲一些身残志坚的名人故事和励志绘本,依靠榜样的力量来激励特殊婴幼儿通过自己的努力克服困难,拼搏进取。同时,家长也要重视特殊婴幼儿的日常生活规范训练,提升其生活自理能力,必要时还要进行一定的挫折教育,为他们今后能尽快地面对现实而做好准备。

(四)家长要加强特殊婴幼儿的早期康复训练

家长一定要清楚自己孩子的情况,对症下药,选择合适的康复训练方法。家长要针对孩子的特殊性选择专业的教育机构和康复训练机构,让特殊婴幼儿尽早接受专业的治疗,以免错过最佳的康复期。家长还要与专业机构密切配合,与教师不断地探讨适合自己孩子的教育和康复训练方法,提供合乎自己孩子特殊需求的教学内容,并进行相应的早期康复训练。

家长在家里也要有针对性地开展家庭训练,对特殊婴幼儿同步进行相应的康复训练和早期家庭教育,实现家园共育,双管齐下,尽可能为孩子提供康复、矫正帮助。例如,对视觉障碍婴幼儿及早进行定向行走训练、方向辨别和盲文训练;及早为听觉障碍婴幼儿佩戴助听器,进行听说能力训练和手语训练;对智力障碍婴幼儿进行家庭生活能力训练;对情绪与行为障碍婴幼儿进行异常情绪行为的矫正训练等。

在特殊婴幼儿家庭教育中,无论采用哪种方法、进行哪种训练项目,都只是手段,其目的是促进特殊婴幼儿的能力发展,提高他们的社会适应性。

因宫内缺氧面临窒息,丁丁一出生就被诊断为重度脑瘫。在5份病危通知书和"将来非瘫即傻"的预言面前,妈妈选择将他留下,并起名丁(dīng)丁(zhēng)。妈妈希望儿子能像《诗经》里"伐木丁丁,鸟鸣嘤嘤"中描述的一样,在这个世界留一点声响。

从6个月起,妈妈就带着丁丁到智力专科门诊去检测智力,每年都做,连续做了12年。丁丁1岁时检查的结果是智力没有问题,只是运动神经受损。妈妈长松一口气,她相信只要智力正常,儿子也能独立生活。为了帮助丁丁锻炼肢体协调能力,妈妈每天都会让儿子练习撕纸,再锻炼他独立使用筷子。从丁丁3岁起,妈妈就开始带着他到相关医院做康复训练。她白天上班,晚上骑着自行车带儿子按摩,每两天一次,风雨无阻,从不间断。妈妈还把自己培养成了按摩师,一有时间就给丁丁按摩手脚,午休时间也要跑回家陪儿子玩撕纸游戏。

妈妈坚信,丁丁是一个普通的孩子,只是动作比别人慢了点。丁丁虽然患病,但是这也造就了他的专注力。妈妈从小便严格要求丁丁。在她看来,普通人会的东西,丁丁都要努力尝试,努力就会有收获。丁丁的成长证明了这句话。4岁多的时候,丁丁终于能够稳稳地走路,不再摔跤了;5岁半的时候,他学会了跳跃;7岁的时候,他成了一名小学生。然后上初中、高中……

后来,丁丁以660分的高考成绩被北京大学录取。环境科学专业本科毕业后,他又转入北京大学国际法学院,完成了硕士学位的学习。毕业后,丁丁进入一家知名网络公司法务部工作。一年后,渴望继续深造的他又被哈佛大学法学院录取。29岁的时候,丁丁获得了哈佛大学法学院法律硕士学位,同年成功受聘于一家大公司,成为该公司的法律顾问。

这 29 年,这对母子更愿意将其看作一场一起奔跑的马拉松。他们希望通过自己的故事,给同样境遇的孩子和家长一些鼓励,让他们有信心走下去。[①]

第二节　对特殊婴幼儿家长的支持

家长在特殊婴幼儿的一生中占有极其重要的地位,是特殊婴幼儿教育的重要力量。而陪伴特殊婴幼儿的成长是一个异常艰辛的过程。从发现孩子的异常行为到接纳孩子的特殊性,每一位特殊婴幼儿家长都承受着各方面的巨大压力,经历着坎坷的心路历程。了解特殊婴幼儿家长的心理需求,为他们提供多方位的心理支持和专业支持,有助于家长乐观地面对特殊婴幼儿。

一、对特殊婴幼儿家长的心理支持

(一) 及时关注特殊婴幼儿家长的心理需求

融合教育教师在日常工作中要重点关注特殊婴幼儿的生活和教育,也要及时关注特殊婴幼儿家长的心理需求。在面对特殊婴幼儿家长时,教师要以热情的态度和积极的心态与家长进行沟通与交流,认真倾听家长的感受和观点,理解家长的情绪和情感。同时,帮助他们解决心理困惑,减轻心理压力,给予足够的心理支持,使特殊婴幼儿家长感受到理解和温暖。

教师要让家长感知孩子的点滴进步,引导家长学习科学的亲子互动方法,学会观察,发现孩子在语言、动作、情绪控制、社会交往等方面的细微进步。[②] 在家园合作共育的过程中,家长通过观察可以切身体会到特殊婴幼儿的点滴成长,感受到自身的力量和生活的希望,获得心灵的慰藉。同时,家长也会更加信任教师,更加支持班级工作和托育机构的各项活动。

(二) 指导家长提升自我心理调适能力

特殊婴幼儿家长的内心深处时刻承受着对孩子一生的担忧,加上来自各个方面的压力,他们常常忽视了调适自己的心理状态。长期保持压抑状态,不但会影响家长的身心健康,也

---

① 央视网.[面对面]邹翃燕:母爱的奇迹[EB/OL].(2017-11-05)[2021-08-20].http://tv.cctv.com/2017/11/05/VIDEm3cKr5Qs5vWxoiVgiJ9N171105.shtml.

② 周念丽.特殊婴幼儿的心理发展与保教[M].上海:上海科技教育出版社,2019:168.

不利于特殊婴幼儿的早期干预和康复训练。

心理调适是指用心理技巧改变个体心理活动绝对强度,降低或加强心理力量,改变心理状态性质的过程。[1] 心理调适的方法有认知结构调节、情绪调节、意志调节、个体调节以及注意记忆调节等。教师在帮助特殊婴幼儿家长进行心理调适的同时,也要指导家长学习自我心理调适的方法,还可以鼓励和支持家长向专业的心理咨询机构寻求帮助。

(三) 引导家长树立坚持不懈的意志力

特殊婴幼儿的教育与康复是一个漫长、艰辛的过程,须要家长付出极大的耐心和体力。教师要做好特殊婴幼儿家长的思想工作,引导家长树立坚持不懈的意志力。

从发现孩子特殊性的那一刻开始,家长就要对孩子进行教育和康复训练,并持之以恒地坚持下去,仅靠零零散散、断断续续的教育和训练是不可能有成效的。如果特殊婴幼儿经过一段时间的康复训练后,没有达到家长预期的效果,家长可能就会逐渐失去信心,慢慢地降低参与度。因此,教师要帮助特殊婴幼儿家长树立康复的信心,为家长提供心理支持、专业支持和教育环境支持,帮助家长做好打"持久战"的准备。同时,家长在家庭生活中也要充分抓住每一个教育机会,尽最大的努力教育好孩子,并坚持不懈地进行康复训练。

(四) 支持家长参加多种形式的特殊婴幼儿家庭心理指导

如何保持积极的心态应对各个方面的压力,是特殊婴幼儿家庭中的每一位成员都须要面对的问题。教师要关注特殊婴幼儿家庭和家庭成员之间的心理问题,鼓励和支持他们参加多种形式的心理指导,例如,心理咨询、心理辅导、心理健康知识讲座等,鼓励家长正视现实、积极应对。积极的应对方式包括洞察与接受、寻求支持、表达情感等。教师可以建议特殊婴幼儿家长通过倾诉、学习、反思、注意力转移、帮助别人等方式释放内心的压力,积极面对生活中的困难。

只有家长以积极、乐观的心态面对困难,并在家庭生活中言传身教,以身作则,才能够潜移默化地影响特殊婴幼儿的生活信念,培养孩子独立、坚强、自信、勇敢的良好个性品质。

二、对特殊婴幼儿家长的专业支持

(一) 帮助特殊婴幼儿家长树立科学的育儿观

家长要树立科学的育儿观,充分认识"早发现、早诊断、早干预"的重要性。及早发现问题,有利于早诊断和早干预,还能够抓住婴幼儿早期教育的关键期,促进特殊婴幼儿潜能的

---

[1]　林崇德,杨治良,黄希庭.心理学大辞典[M].上海:上海教育出版社,2003:1402.

发展。

教师可以通过入户指导、家长讲座、线上宣传和家园共育栏等方式，向家长宣传"三早"原则，帮助家长了解婴幼儿发育的阶段性特点和尽早发现特殊婴幼儿问题的方法。如果家长反映孩子可能有某种障碍，教师要向家长提供相关的支持性信息，建议家长及时带孩子去医院检查，尽早向专业的康复机构寻求帮助，并指导家长树立医教结合的观念，积极参与专业培训和各种早期干预活动。

（二）树立融合教育理念，创设接纳与平等的教育环境

当前，融合教育已经成为特殊教育的发展趋势。有关研究表明，目前，我国托幼机构融合教育主要存在以下几个问题：一是婴幼儿照护者缺少对有特殊需要儿童的理解和接纳；二是婴幼儿照护者缺少实施学前融合教育的相关知识；三是托幼机构融合教育缺少社会、相关人员和法律支持。[①]

教师要通过多种途径，积极地向家长宣传融合教育理念，为特殊婴幼儿创设接纳与平等的教育环境。教师要让家长知道，融合教育是一种新型的教育模式和国际教育趋势，能够使特殊婴幼儿在最少受限制的环境中享受公平、公正受教育的权益，帮助他们尽早适应社会、融入社会。

不仅要在托育机构中进行融合教育，在特殊婴幼儿家庭中也要进行融合教育。教师要帮助特殊婴幼儿家长明确融合教育的要求，鼓励家长坦然面对现实，接受并适应有特殊需求的孩子，与其他家庭成员一起为特殊婴幼儿创设一个接纳与平等的家庭教育环境。

教师还要指导家长抓住生活中的契机，发现和运用特殊婴幼儿自身的需求，让婴幼儿通过各种不同的方式，在不同的情境中提升对人与人之间关系的认知能力。[②]

（三）家园共育，加强特殊婴幼儿的个别化教育指导

特殊婴幼儿是一个非常复杂的群体，只有依据个体的实际身心条件、年龄特征、发展水平、个性特点等，有针对性地进行个别化的教育与训练，才能收到较好的效果。

家庭要与托育机构合作共育，加强对特殊婴幼儿的个别化教育指导。家庭对融合教育的支持与协作，就是参与特殊婴幼儿的教育与心理的评估和诊断，参加个别化教育计划的制订、实施、评估与修改。托育机构要对每一个特殊婴幼儿有全面的了解和正确的评估，在此基础上确定其特殊教育的需要。教师要充分考虑特殊婴幼儿之间的差异，根据不同特殊婴

① 彭英.幼儿照护职业技能教材（基础知识）[M].长沙：湖南科学技术出版社，2020：136.
② 王红.0—3岁婴幼儿家庭教育与指导[M].上海：华东师范大学出版社，2020：173.

幼儿的身心条件、接受能力、知识水平等,制订适合不同个体的个别化教育计划。教师还要认真考虑个体在认知、动作、社会适应性等方面的内部差异,与家长不断地探讨适合的教育方法,有计划、有步骤、有针对性地进行个别化训练和家庭教育指导。

(四) 特殊婴幼儿家长之间的相互支持

很多家长对孩子进行早期干预和缺陷的补偿与矫正。他们从束手无策到自我摸索和四处求助,再到和特殊教师合作,最后成为专业人员。家长的不懈努力为融合教育的发展提供了巨大的行为支持。[①]

特殊婴幼儿家长在遇到困难时,可以主动寻求社区帮助和国家支持,也可以依靠自己的力量组成专门团体,相互抱团取暖,成立特殊婴幼儿家庭互助会或特殊婴幼儿家长联盟,建立特殊婴幼儿家长微信群,创设沟通与交流的平台。特殊婴幼儿家长彼此之间倾诉苦恼,可以获得情感上的共鸣,化解心理压力;在经验交流中,可以获得值得借鉴的教育方法和有益经验;通过分享资讯,可以充分利用教育、医疗、就业等福利性资源,提升家庭教育整体水平,引发社会大众对特殊婴幼儿家庭教育的关注。

第三节　特殊婴幼儿家庭的环境创设

家庭是0—3岁婴幼儿最早接触的、最为直接的环境,既是婴幼儿生活、游戏和学习的重要场所,也是他们早期教养的重要资源。家庭环境是影响婴幼儿成长的重要因素,对婴幼儿的身体发育、行为习惯、思想品质、心理健康等各个方面都具有重要影响。

一、特殊婴幼儿家庭的物质环境创设

家庭物质生活环境涉及家庭的衣、食、住、行等方面。[②] 在家庭生活中,为特殊婴幼儿提供一个"最少限制环境"非常重要。

(一) 为特殊婴幼儿创设有安全保障的家庭环境

在物理环境中,潜在危险来自尖角、边、凸出物、凹凸不平、钩角、夹缝、障碍物以及悬浮物,这些会对学前特殊儿童造成一系列的危险及伤害。[③]

① 毛荣建,刘颂,孙颖.特殊幼儿学前融合教育[M].北京:知识产权出版社,2019:12.
② 朱家雄,孙立双.学前儿童家庭与社区教育[M].北京:北京出版社,2014:37.
③ 周念丽.学前融合教育的比较与实证研究[M].上海:华东师范大学出版社,2008:53-54.

特殊婴幼儿家长要有较高的安全意识,杜绝一切安全隐患。在家里,家长要清除易绊倒婴幼儿的物品,保证通道无障碍;地面要铺设防滑垫、海绵地砖等,做到地面、墙面、物品表面没有尖锐的硬角、粗糙的锯齿面和突出的金属;玩具和部件要足够大,确保不会被孩子误吞咽;避免孩子接触到危险物品,例如:细小物品、尖利器、长绳子、热水瓶、医药品、清洁剂和电源插座等。特殊婴幼儿的各种生活用品和玩具一定要符合安全标准,材料无毒,坚固耐用。

同时,特殊婴幼儿家长要经常进行家庭安全隐患排查,消除居室和周边环境中的危险性因素,防止意外伤害发生。家长要保持客厅、厨房、浴室等地面干燥,以防孩子滑倒受伤;要经常检修并更换生活物品和玩具,以保证其完好无缺;要在易发生危险的地方加装宝宝防撞条、柜门安全保护锁、门窗防夹手软垫、安全电源插座保护盖等;窗户要有保护措施,玻璃不易碎。为了防止尘螨、甲醛等有害物质对孩子产生伤害,家长不要给孩子使用毛毯,不要给孩子玩毛绒玩具,房间内不要铺地毯,不要摆放新买的家具。

(二)为特殊婴幼儿创设清洁卫生的生活环境

每日的清洁卫生和消毒工作,可以减少特殊婴幼儿疾病发生,防止传染病感染。室内空气的清洁主要采用开窗自然通风的方法,保持室内空气新鲜无异味。房间要勤打扫,主要采用湿式扫除法,防止尘土飞扬被特殊婴幼儿吸入。注意清扫卫生死角,要做到干净、整洁、无尘,以防止细菌滋生。每个房间都要放置随手可得的宝宝尿布和干湿纸巾,喂食区域要及时清扫和消毒。

特殊婴幼儿家长要注意选择易清洗的家具和生活材料。孩子的日常生活用品要单独专用,衣物要选用婴幼儿专用的洗衣液或洗衣皂单独清洗,玩具要做到定期清洗与消毒。应根据玩具的不同材质选择不同的清洗和消毒方法,根据玩具的使用频率确定消毒的次数,例如,牙胶玩具应该天天消毒,布制玩具和塑料玩具每周都要消毒。

(三)为特殊婴幼儿提供适宜的活动空间

特殊婴幼儿最好居住在朝南的房间,这样的房间冬暖夏凉、日照充足、通风良好,也便于家长清楚地观察孩子。房间布置要温馨,墙面、家具和生活物品要悦目但不能给婴幼儿太多视觉刺激,可以使用软家具和不同质地的生活物品。室内的温度和湿度要适宜,要经常开窗透气,尽可能使用自然光,必要时可以拉上窗帘。

特殊婴幼儿的活动场地要做到干净、整洁,物品有固定的摆放位置,孩子有足够的活动空间。家长要充分考虑特殊婴幼儿的年龄特点和个别化教育的特殊性,选择与孩子身高匹配、大小适中的家具,放置平稳,方便移动,以适应特殊婴幼儿的需要。家长还要为孩子提供数量充足的、充满各种感官刺激的、具有趣味性的玩具和材料。这样,可以促进特殊婴幼儿通过视、听、触摸等多种感觉活动与环境充分互动,丰富婴幼儿的认识和经验。

(四) 为特殊婴幼儿选择有助于能力提升的生活用品

培养特殊婴幼儿的生活自理能力,是特殊婴幼儿家庭教育的重要组成部分。家长要了解婴幼儿生活用品的具体功能,根据特殊婴幼儿的年龄特点来选择适合个别化教育、有助于婴幼儿能力发展的生活用品。

在日常生活中,家长要鼓励特殊婴幼儿自己使用生活用品,从小培养孩子的自我服务意识,训练特殊婴幼儿的生活自理能力。例如,选择便于特殊婴幼儿抓握的奶瓶、小勺、小碗和水杯等,帮助孩子尝试自己喝奶、吃饭和喝水,锻炼他们的小手肌肉群和手眼协调能力;选择适合特殊婴幼儿排便的坐便器,款式大小要适宜,外观形象要可爱,这样可以吸引孩子主动排便,训练他们从小养成自己如厕的好习惯;选择适合特殊婴幼儿穿脱的衣服,选购透气性强、宽松舒适的棉质衣物,这有利于孩子的身体发育,还可以为他们提供模仿和学习穿脱衣服的机会。

另外,家长还要根据特殊婴幼儿个别化教育的需要,为孩子选择有助于康复、矫正的辅助用品。例如,及早为听觉障碍婴幼儿佩戴助听器,与他们共同学习一些生活中常用的手势语;为肢体障碍婴幼儿安装假肢或使用手摇车,为其进入正常的教育机构学习创造条件。

二、特殊婴幼儿家庭的精神环境创设

家庭精神生活环境主要包括家庭成员的品德修养、行为规范、家庭成员之间的关系、兴趣爱好等。[①] 良好的家庭精神环境,有益于孩子的身心健康发展,有助于培养特殊婴幼儿对他人的信任感,促进其社会性情感的发展。

(一) 树立科学的特殊儿童观

尊重儿童生长规律是家庭教育的前提,尊重和保护儿童权利是家庭教育的基础。家长要正确认识特殊婴幼儿,知道孩子是独立的权利主体,应该享有与他人平等的权利,包括生命权、受保护权、发展权、参与权等。特殊婴幼儿还享有受国家、社会、学校、家庭保护,不受歧视、虐待和忽视的权利。

家长要树立科学的育儿观,充分认识早期筛查和早期干预对特殊婴幼儿一生发展的重要性,理解这一阶段孩子的身体及心理所发生的巨大变化,并能够根据婴幼儿身心发展规律

和孩子自身的个体差异采取科学的家庭教养方式,选择合适的康复训练方法。

(二) 营造接纳平等、温馨和谐的家庭氛围

相对于普通孩子,特殊婴幼儿的心灵更敏感、更脆弱,更渴望得到家庭的温暖。营造良好的家庭氛围是特殊婴幼儿健康成长的重要条件。家长在家中要为特殊婴幼儿创设接纳、平等的家庭环境,营造温馨、和谐的家庭氛围,积极地进行情感交流,让孩子感受到父母及整个家庭的关爱。

家庭成员之间的关系,特别是父母之间的关系,会形成一种家庭心理气氛。这是家庭环境对特殊婴幼儿最直接、最明显的影响因素,不仅影响其社会性发展,也影响其心理健康。如果家庭成员之间相互尊重、理解、关心、谦让,父母互敬互爱,遇事乐观,积极向上,那么特殊婴幼儿也能够妥善地面对消极情绪和各类问题。

(三) 建立融洽亲密的安全型亲子依恋关系

家长对特殊婴幼儿的态度、采取的教育措施,在很大的程度上决定着孩子的发展。特殊婴幼儿不具备独立生存和生活的能力,缺乏安全感,需要家长的悉心照护,给予足够的关爱。当特殊婴幼儿需要关心和照顾的时候,家长要及时回应并满足孩子爱抚、亲近、搂抱等情感需求,建立安全型亲子依恋关系。

陪伴很重要。家长要多花费时间和精力,陪伴特殊婴幼儿参与各种早期干预活动,在家也要多与孩子一起进行康复训练。同时,家长还要掌握与特殊婴幼儿沟通的方法,学习亲子沟通的技巧,以支持、尊重、鼓励的态度,通过表情、肢体、语言等多种方式与孩子平等地交流,耐心倾听,努力理解,以积极的心态分享孩子的感受,与特殊婴幼儿建立开放的沟通模式和融洽亲密的亲子关系。

(四) 创设丰富的语言环境

家庭环境对婴幼儿的语言发展起着举足轻重的作用。0—3岁是婴幼儿学习发音的关键期,2—3岁是婴幼儿掌握基本语法和句法的关键期。到3岁时,婴幼儿已经基本上掌握了母语的语法规则系统。家长要把握婴幼儿语言发展的关键期,为特殊婴幼儿创设丰富的语言环境。作为孩子最佳的语言老师,家长要提高自身语言表达的素养,提供正确的语言示范。在日常生活中,家长要加强与特殊婴幼儿的沟通与交流,随时随地与孩子多讲话,坚持用普通话与孩子交流,注意发音准确、语速适中、用词简洁,引导孩子倾听、感知、理解和模仿语言。

对于听力障碍婴幼儿,家长要积极寻求早期干预,主动参与儿童的语言训练,充分利用

游戏,鼓励孩子与同伴之间多交往,发展特殊婴幼儿的听力和语言交往技能。在良好的语言环境中,特殊婴幼儿才敢与他人进行交流,其语言能力才能得到最好、最快的发展,从而逐步提高社会适应能力。

伟伟,2岁8个月,唐氏综合征。据伟伟妈妈描述,妊娠期产检并未查出异常。伟伟出生后生长发育迟缓,1岁才会坐,有特殊面容。父母碍于颜面,害怕旁人嘲笑,2岁前伟伟常被留在家里,很少出门接触外界事物。伟伟胆小,别人大声说话时,他就会抱头躲在桌子下面,害怕与人身体接触。1岁3个月时,伟伟父母听取医生的建议,在儿童医院对伟伟进行康复训练,日复一日,年复一年,收效甚微。伟伟父母因为此事关系紧张,甚至考虑离婚。[①] 根据伟伟现阶段的情况,你会建议家长营造怎样的家庭精神环境以帮助伟伟呢?

第四节　家庭与托育机构的合作

我国著名的教育家陈鹤琴先生说过,幼稚教育是一件很复杂的事情,不是幼稚园一方面可以单独胜任的,也不是家庭一方面可以单独胜任的,必定要两方面共同合作方能得到充分的功效。[②] 对于0—3岁婴幼儿教育而言,家庭教育和托育机构教育是两个重要的组成部分,它们之间是相互配合的关系。托育机构要加强与家长的联系,充分发挥家长在教育中的作用,促进和保证婴幼儿的全面发展。而家长也只有与托育机构相互配合,才能使托育机构和家庭开展的各种活动有机结合、和谐统一,从而保证对婴幼儿教育的一致性和有效性。

一、家园共育概述

(一) 家园共育的含义

家园共育,即家庭和幼儿园共同遵循孩子的身心发展规律,为孩子创造适合其成长的教育环境。[③] 在0—3岁婴幼儿的教育过程中,并不是由家长或教师单方面地进行照护和教育工作,而是托育机构与家庭、教师与家长相互配合,共同创造适合婴幼儿成长的生活环境和教育环境,共同促进婴幼儿身心和谐发展。

《国务院办公厅关于促进3岁以下婴幼儿照护服务发展的指导意见》中指出:发展婴幼

---

① 本案例由昆明学院附属幼儿园托育中心王姗老师撰写。

② 马莉.学前儿童家庭教育[M].长沙:湖南师范大学出版社,2016:210.

③ 谷沛.家园共育[M].北京:清华大学出版社,2020:54.

儿照护服务的重点是为家庭提供科学养育指导,并对确有照护困难的家庭或婴幼儿提供必要的服务;加强对家庭的婴幼儿早期发展指导,通过入户指导、亲子活动、家长课堂等方式,利用互联网等信息化手段,为家长及婴幼儿照护者提供婴幼儿早期发展指导服务,增强家庭的科学育儿能力。[①]《托育机构保育指导大纲(试行)》中要求:托育机构应当与家庭、社区密切合作,充分整合各方资源支持托育机构保育工作,向家庭、社区宣传科学的育儿理念和方法,提供照护服务和指导服务,帮助家庭增强科学育儿能力。[②]《中华人民共和国家庭教育促进法》中指出:婴幼儿照护服务机构、早期教育服务机构应当为未成年人的父母或者其他监护人提供科学养育指导等家庭教育指导服务。[③]

(二) 家园共育的意义

1. 有利于促进婴幼儿身心全面发展

家庭与托育机构合作共育,是提高教育质量的需要,也是促进婴幼儿身心全面发展的需要。特殊婴幼儿的发展受到家庭、托育机构、康复机构、社会等多方面的综合影响,要想促进特殊婴幼儿在德、智、体、美等各个方面的发展,就必须协调好各个教育要素及其相互之间的关系。通过家园共育,特殊婴幼儿家长可以和教师之间建立良好的合作关系,相互协作,共同促进,使托育机构和家庭开展的各种活动都能够有机结合、和谐统一。

2. 有利于提升家长的综合素养

家庭与托育机构合作共育,有利于提升家长的教育水平和综合素养。特殊婴幼儿家长通过参与托育机构的各种家园共育活动,可以更好地认识到自己作为教育者的角色,深入地了解家庭教育的重要性,增强教育孩子的责任感和自信心。同时,家园共育还有助于转变特殊婴幼儿家长的教育观念,帮助家长走出教育误区,树立正确的教育理念和教养态度,掌握科学的育儿方法。随着家长对特殊婴幼儿教育的深入了解,他们对孩子的学习、游戏、早期干预和康复活动的参与越来越多,增进了亲子关系的同时,还提高了家长自身的素质、思想道德水平、育儿水平等,也促进了家庭教育质量的提高。

3. 有利于提高园所的教育品质

家长是教师最好的合作者。两者为了一个共同的目的而携手合作,教育效果将事半功

---

① 中国政府网. 国务院办公厅关于促进3岁以下婴幼儿照护服务发展的指导意见[EB/OL].(2019 - 05 - 09)[2021 - 04 - 10]. http://www.gov.cn/zhengce/content/2019-05/09/content_5389983. htm.

② 中国政府网. 国家卫生健康委关于印发托育机构保育指导大纲(试行)的通知[EB/OL].(2021 - 01 - 12)[2021 - 04 - 10]. http://www.nhc.gov.cn/rkjcyjtfzs/s7785/202101/deb9c0d7a44e4e8283b3e227c5b114c9. shtml.

③ 中国政府网. 中华人民共和国家庭教育促进法[EB/OL].(2021 - 10 - 23)[2022 - 04 - 09]. http://www.gov.cn/xinwen/2021-10/23/content_5644501. htm.

倍。作为重要的教育力量,家长和孩子一起参与园所的各种活动,不仅可以调动特殊婴幼儿参与活动的积极性,增进亲子感情,还有利于班级活动和家长工作的顺利开展。同时,家长在参与园所活动的过程中,可以深入了解教师对婴幼儿的照护和教育情况,以及园所的管理情况,并提出自己的个人看法。通过家长的参与、支持和监督,园方认真倾听、分析和采纳家长的建议与意见,能够改善工作方式,不断提高园所的管理水平和服务品质。有了家长的信任与支持,园所各项工作才能够更好地推进;有了家长的认同和赞誉,园所才能够获得更好的社会声望和知名度,建立优质的口碑。

4. 有利于整合教育资源,形成教育合力

家庭与托育机构合作共育,能够促进托育机构教育的民主化和家庭教育的科学化。要把教师教育与家长教育结合起来,把托育机构教育与家庭教育、社会教育结合起来,为特殊婴幼儿创设一个立体的、多维的融合教育环境。托育机构通过开发和利用家长资源,可以发挥家长的特长,丰富园所的教育活动内容,有利于提升托育机构的教学水平。托育机构通过对家长开展家庭教育指导,可以提升家长科学育儿的能力,提高家长配合园所教育的自觉性。家园共育有利于整合家长教育资源,发挥各种教育资源的优势,形成教育的合力,取长补短,从而实现家园双赢。

特需家庭是近 10 年来越来越被关注的群体,几乎每所幼儿园都会有几个甚至几十个特需儿童。他们可能有孤独症谱系障碍、多动症倾向,有的发育迟缓、有情绪障碍……有一些特殊儿童的问题是先天性的,还有很多是因为不当的教育方式造成的。后者受家庭教育的影响很大。

从某种意义上讲,现在的幼儿园还扮演着“医院”的角色。这给教师的工作造成了很大困扰,对教师的要求也越来越高。无论教师还是家长都要学会向内看,看见自己的情绪和期待,并学会自我负责。

一、教育即预防医学,医学即治疗教育

教育即预防医学,医学即治疗教育。这句话越来越适用于现代家庭。预防就是“治未病”,也是治疗的最高境界,而对孩子“治未病”最好的方式莫过于其父母保持身心健康。当今社会,孩子的缺失已经不再局限于吃喝拉撒睡等物质和身体层面,更多属于心理层面。当父母过度关注孩子身体营养的时候,反而容易造成其营养过剩,甚至导致疾病。事实上,我们须要关注孩子的心理发展,而供给孩子心理营养的是父母,父母首先要成为孩子的重要他人。

二、父母应成长为真正的成年人,而不是披着成年人外衣的“巨婴”

很多时候,父母因无意识或心理匮乏,无法给予孩子无条件的接纳、爱、鼓励、认同、赞美、理解、支持、尊重等心理营养,反而无意中带给孩子各种伤害:忽略、指责,以及负面情绪,导致孩子精神缺失。孩子一方面在积极发展自我,另一方面还要应对父母因心理匮乏而带来的种种压力。这些孩子无法用言语形容的"精神垃圾"和"家庭软暴力"都有可能成为孩子成长过程中的障碍。因此,特需家庭的教育需求已经不仅限于教育范畴,教师还须要具备一定的治疗教育常识,一方面帮助孩子自我发展,另一方面让家长学习正确的教育理念,帮助孩子自我成长。

三、家园共育如何支持特需家庭

父母一定要清楚孩子的问题是先天产生还是后天养育不当导致。如果是后天养育不当导致的,一定要珍惜孩子的最佳矫治时间,父母要投入大量的时间参与家园共育工作。教师也要多观察此类孩子,并在教研会上讨论,或邀请专家参与,为孩子制订适合其发展的成长方案。

不能因为孩子是特需儿童就对其过度照顾。因为这样做有可能会扼杀孩子成长的机会。长此以往,孩子就会被贴上标签:"我是孤独症!""我是多动症!""我发育迟缓!"这些都不利于孩子社会化人格的发展。

当然,教师也要有足够的耐心去对待这些孩子。通过观察和帮助特需儿童,教师不仅可以收获更多的知识和技能,还可以丰富自己的生命,甚至更有效、更全面地推动家园共育在中国的发展。①

二、家长主动参与托育机构各项活动的内容

(一) 认识融合教育和家园共育

家长要认识融合教育,了解融合教育对特殊婴幼儿发展的重要性。融合教育面向全体婴幼儿,为不同的婴幼儿提供一个良好的共同发展和全面发展的教育环境,培养孩子从小关心他人的同理心,尊重个别差异,并认同自我价值。融合教育是一种综合性教育,不仅在托育机构中要进行融合教育,在家庭中也可以进行融合教育。

融合教育中的家园共育,既须要家园双方认识到融合教育的重要意义,又须要双方具备开展融合教育的能力,通过不同途径和平台为特殊儿童与正常儿童的教育融合创造条件。②特殊婴幼儿融合教育中的家园共育,是托育机构与特殊婴幼儿家庭、普通婴幼儿家庭之间,教师与特殊婴幼儿家长、普通婴幼儿家长之间相互合作,创造适合特殊婴幼儿与普通婴幼儿共同成长的融合教育环境。

---

①　谷沛.家园共育[M].北京:清华大学出版社,2020:78-80.
②　王智云.学前融合教育中的家园共育[J].学前教育研究,2018(12):67.

（二）了解特殊婴幼儿身心发展规律和特点

尊重婴幼儿的身心发展规律和特点是教育的重中之重。家长要学习婴幼儿身心发展的相关知识，深入了解孩子身体、心理发展的一般规律，知道孩子在不同的月龄有着怎样的特点及变化，遵循婴幼儿成长特点和规律，促进孩子在身体发育、动作、语言、认知、情感与社会性等方面的全面发展。

除此之外，特殊婴幼儿家长还要清楚，每一个孩子都是独特的。由于受到各种因素的影响，个体之间的发展存在差异性。所以，不要把特殊婴幼儿与普通婴幼儿进行比较，以免造成家长的心理焦虑和对孩子的心理伤害。

（三）学习婴幼儿家庭教育的有关知识

婴幼儿大部分时间是在家庭里度过的，因此家长要树立正确的教育观，重视婴幼儿的家庭教育。家长平时要多关注托育机构的宣传栏和各类网络平台，学习有关婴幼儿家庭教育和融合教育的内容，了解相关的理论知识。可以采用多种方式与托育机构的教师和家庭教育专家沟通，获取婴幼儿家庭教育方面的信息。

除此之外，特殊婴幼儿家长还可以经常向康复机构的教师和专业机构中的特殊教育专家请教，听取他们对特殊婴幼儿的家庭教育活动提出的有针对性的建议和指导，并在家里相应地开展家庭康复训练。特殊婴幼儿家长可以主动学习一些促进特殊婴幼儿能力发展的家庭教育知识，还可以借鉴他人的成功案例，获得有益的教育经验。

三、家长主动与托育机构沟通的方式

《托育机构管理规范(试行)》第十三条指出：托育机构应当建立与家长联系的制度，定期召开家长会议，接待来访和咨询，帮助家长了解保育照护内容和方法；托育机构应当成立家长委员会，事关婴幼儿的重要事项，应当听取家长委员会的意见和建议；托育机构应当建立家长开放日制度。[①] 托育机构要通过多种方式开展家长工作，家长也可以通过多种形式主动与托育机构进行"对话"，与教师多沟通。通过有效的家园互动，可以加深彼此之间的了解和理解，密切家长、教师与孩子之间的关系，实现家园同步教育。

（一）与教师沟通的方式

1. 书面沟通方式

家长可以通过书面沟通的方式，将自己在家庭教育中的困惑与教师进行交流。教师也

---

① 中国政府网.国家卫生健康委关于印发托育机构设置标准(试行)和托育机构管理规范(试行)的通知[EB/OL].(2019－11－13)[2021－04－10].http://www.gov.cn/zhengce/zhengceku/2019-11/13/content_5451664.htm.

可以把婴幼儿在托育机构中的情况和有关的活动信息传递给家长。

（1）家园联系本

家园联系本是一种重要的家庭教育指导形式，由家长与教师共同记录婴幼儿的成长表现。家长采用书面通信的方式与教师保持联系，相互交流婴幼儿在家、在园的表现，交换对孩子的评价，征求彼此的意见和建议，共同探讨教育婴幼儿的形式。如果孩子有特殊的喂养需求，家长要另行提供书面说明。

家园联系本使用稳定，针对性强。托育机构为每个婴幼儿配备一本家园联系本，教师要填写个性化的评语和建议，有的是每周填写，有的是每两周或每个月填写一次，定期与家长沟通婴幼儿的发展情况。家长也相应填写孩子在家的表现和家长反馈，有针对性地与教师沟通，保持家庭教育与托育机构教育的一致性。一学期下来，家园联系本还可以作为孩子的成长档案进行保存。

（2）社交软件

随着通信技术的发展，网络沟通已经成为人们互动交流的重要方式，反映了信息时代家园共育的新需求、新特点。现在，应用比较广泛的社交软件已经成为人们沟通交流的重要媒介，其优点是能够传输的信息量大、方便快捷。

家长可以通过短信和社交软件与教师进行文字沟通，也可以轻松地与教师进行在线聊天、视频通话、文件共享等多种互动。有的班级还开设了班级线上社群，保障了家园沟通的实效性。

（3）书信、电子邮件

书信适用于个别化沟通。不在孩子身边的家长可以采用书信或电子邮件的形式与教师交流。家长身在外地也能够及时了解孩子近期的身心发展情况和在园表现，尽可能地关心孩子，多做一些教育工作。家长还可以通过送感谢信、锦旗的方式，表达对托育机构和教师的感激之情。

2. 谈话沟通方式

（1）入园、离园接送面谈

每天早晨送孩子入园时和下午接孩子回家的时候，家长可以与教师进行简短的交谈，这是与教师沟通最方便的方式。家长和教师可以简短地当面介绍一下孩子在家或在园的表现，也可以针对近期产生的一些问题进行简单交流，便于家园密切配合。家长和教师可以及时关注孩子在日常生活中可能出现的问题，使一些细小的问题能够得到及时解决。

（2）电话交谈

电话交谈是教师与家长利用现代化的通信工具进行沟通、交流最为频繁的方式。电话交谈的特点是省时省力、灵活方便、快捷高效。

家长在教育孩子的过程中遇到问题时，也可以用电话与教师进行联系，及时沟通、交流，一起想办法进一步解决问题。注意不要在教师带班的时间内长时间打电话交谈，以免影响班级工作的正常开展。

除了用于家长与教师的日常联系之外，电话沟通对处理紧急、突发事件非常有利。托育机构在晨午检和全日健康观察的过程中，如果发现婴幼儿身体、精神、行为异常，应及时电话通知家长。

（3）专门约谈

有的父母由于特殊原因很少来园。在电话交谈不方便的情况下，教师就会约请家长来园进行交谈。有个别约谈和小群体约谈等方式。教师会向家长介绍孩子近期的变化，听取家长对托育机构的意见，还会与家长共同商讨今后配合教育的具体措施。

专门约谈一般针对婴幼儿发展过程中出现的比较严重的问题。例如，针对某一个孩子最近频繁出现攻击性行为的反常情况，教师约谈家长，其目的是了解孩子反常行为的原因，为孩子提供教育帮助。

"果果不能脱鞋子、袜子呀，快把它们穿起来！"教师每天都提醒果果很多次。午睡时，果果也总是把所有的衣服都脱掉。教师帮他穿上后，过一会儿他又脱掉了。

教师与果果妈妈针对这个问题进行了面谈。妈妈说，可能是因为家里铺着泡沫地垫，果果进家门后就会脱鞋脱袜，躺在沙发上玩，没想到在托育中心也是这样。当天回到家，妈妈就把地垫收起来了，教育果果不能随便脱鞋子和袜子，要换上拖鞋才能坐在沙发上玩，只有洗澡的时候才能把衣服全部脱掉。在托育中心，教师一旦发现果果不合时宜地脱衣服就制止，个别化训练时也对什么情况下可以脱鞋子、脱袜子、脱衣服等进行了强化。一个星期之后，果果就改掉了爱脱鞋袜的习惯，睡觉也会穿着内裤睡了。

由此可见，婴幼儿生活习惯的矫正离不开家长与教师的配合。因此，当教师发现特殊婴幼儿一些生活习惯问题的时候，应该积极地与家长沟通，取得家长的重视与配合。[①]

3. 家庭沟通方式

（1）家访

家访，也叫家庭访问，是指教师亲自到婴幼儿家中与家长进行沟通的方式。家访是进行个别化家庭教育指导的一种常用的有效方法。

---

① 本案例由昆明学院附属幼儿园托育中心苏慧老师撰写。

教师家访的目的,是了解孩子在家庭中的真实情况,了解家长的教养态度和家庭教育方法,了解家庭和周围环境对婴幼儿身心发展的影响,并针对婴幼儿的具体表现,与家长共同商量教育措施。家访体现了教师对婴幼儿的亲切关怀,对家长的尊重与理解,有助于更好地完成班级教育工作。

(2)入户指导

入户指导主要是指教师到特殊婴幼儿家庭进行上门随访和指导。在充分了解特殊婴幼儿的出生情况、家庭情况、发育水平等基本信息的基础上,教师向家长宣传早期干预的重要性,给家长提出专业的建议,鼓励家长保持积极心态。

晋晋是一个3岁的小男孩,语言方面不能完整地说一句话或简短的句子。指导教师进入晋晋家后,发现晋晋由妈妈在照顾。他不爱说话,爱捡地上的东西吃,不愿意与陌生的人接触。入户指导的教师从妈妈那得知,爸爸妈妈因为工作的原因,不能长时间陪伴在孩子的身边。晋晋2岁半前在农村老家由祖辈照顾,但是祖辈的照顾方式不合理,因干农活经常不能给孩子定时进餐,所以孩子在地上捡到什么吃什么,作息时间也不规律。长时间的作息不规律导致晋晋存在明显的发育迟缓。

针对入户了解到的晋晋在认知、运动、语言、体格发育等方面存在的异常,入户指导教师为晋晋家庭提供知识辅导,运动、语言能力学习等服务,引导晋晋的家长给孩子创造良好的家庭环境。[①] 如果你是晋晋的入户指导教师,你会如何跟家长沟通呢?将怎样开展入户指导工作?

(二) 与托育机构沟通的方式

1. 关注宣传平台

(1)家园联系栏

家园联系栏也叫家长园地、家长宣传栏、家园共育栏,一般设置在班级过道的墙面上,是家长了解托育机构和班级工作的重要窗口。家园联系栏一方面可以让家长了解到班级情况和各种活动的安排,另一方面,家长可以观看到科学育儿的内容。例如,有关婴幼儿身心发展的知识、家庭营养知识、家庭教育的方法、新的教育理念与实践等内容。

(2)网络平台

随着信息技术的迅速发展和民众信息素养的提高,网络成为托育机构展示和宣传的重要平台。家长可以通过托育机构的官方网站、微信公众号、微博、美篇等,了解托育机构近期

---

① 本案例由昆明学院附属幼儿园托育中心张谷雨老师撰写。

的活动、婴幼儿照护和早期教育知识,以及相关的教育政策与法规等。特殊婴幼儿家长还可以关注高品质的早期干预微信公众号、特殊孩子家长互助微信群。

2. 参加学习会议

（1）家长会

家长会是托育机构普遍采用的一种家庭教育指导的重要方式,有班级家长会和全园家长会等,一般定期举行。班级家长会由班主任主持召开,主要向家长介绍全班的基本情况、婴幼儿身心发展特点、新学期的目标、保育照护内容、活动安排及重要通知等,并对家长提出相应的要求,征求家长的意见和建议,并就托育机构的工作进行家园交流与互动。特殊情况下,托育机构和班主任会采用办公软件召开线上家长会。

（2）家长学校

家长学校是近年来兴起的新型家园沟通方式,是对家长和其他家庭成员进行系统教育和训练的途径,主要帮助家长树立正确的教养观念,创设良好的家庭教育环境,学习家庭教育知识,提高家庭教育水平。家长学校的形式可以灵活多样,除了常用的家长讲座之外,还可以安排各种形式的家长沙龙。

家长讲座是定期举办的关于家庭教育的讲座或报告会,例如,专题讲座、早教专家讲座、残障儿童专家讲座等。托育机构会邀请儿童保健专家、心理学专家、教育专家来园讲座,用先进的教育理念和通俗易懂的事例让家长理解家庭教育的理念与方法。

家长沙龙也叫家长座谈会、经验交流会,是家长学校的一种新形式,主要让家长在自由轻松的环境氛围中充分发表自己的见解,倾听其他家长、教师和教育专家的看法。家长沙龙一般时间短、效果好,能够充分发挥家长自我教育的作用。

（3）教育咨询

教育咨询也叫家教咨询,是一种面对面的家庭教育指导方式,由家长提出家庭教育中遇到的疑难问题,由园长、有经验的教师、专业工作人员或专家给予解答。多种形式的教育咨询能够帮助家长了解孩子在家庭教育中有代表性的问题,分析原因,并根据个别需要给予教育指导。

家长接待日是教育咨询的一种方式。在每周的固定时间由各班的主班教师接待本班来咨询的家长。根据本班婴幼儿的年龄特点和班级活动,主班教师解答家长疑问的针对性会更强一些。

3. 参与班级管理

（1）家长委员会

家长委员会一般由班级推荐出来的家长代表组成,每学期召开会议,参与讨论托育机构的部分工作计划和大型活动的方案,提出婴幼儿在托育机构活动的建议。事关婴幼儿的重要事项,托育机构应当听取家长委员会的意见和建议。

家长代表参与托育机构的管理,可以增进家园之间的交流互通,充分体现家长的参与权、知情权、发言权和评价权,真正达到家园共育的目的。

（2）家长课堂

家长课堂是指利用家长资源,例如,家长的职业、爱好、特长等,邀请家长走入托育机构的教室跟孩子们开展教育教学活动。

家长课堂是家园共育工作中较高层次的合作体现,须要得到教师的指导和配合。教师在教学计划中遇到与家长资源有关的教育内容时,可以提前与相关家长沟通联系,确定时间,并一起讨论、备课,开展班级的教育教学活动。"妈妈老师""爸爸老师"讲授的内容更具有趣味性和创造性,很受孩子们的欢迎。家长课堂不仅扩展了教育资源,还能让家长体验到教师职业的辛苦,提高家园合作共育的有效性。

（3）家长志愿者

家长志愿者也叫家长义工、家长助教。家长代表来园参与班级一日生活活动,会大大地提高孩子的学习积极性,也可以使家长学会如何引导和教育孩子。

对托育机构而言,家长志愿者可以有效地缓解教师人手紧张的问题,扩充教育资源,分担教师管理班级的压力,提高班级管理的效益。

4. 参加家长开放活动

（1）家长开放日、成果发布会

家长开放日是指托育机构在特定的时间里邀请家长到班级观摩孩子的半日活动开展情况。而成果发布会一般在学期末开展,主要向家长做学期教育教学的汇报表演。

家长通过参与开放活动,可以了解托育机构的办园理念、物质环境、精神氛围、教育特色以及班级教师的生活照护和教育教学等情况。在观摩集体教育活动和教学展示的时候,家长可以真实感知孩子在班级中的表现,将自家孩子的发展状况与班级中其他婴幼儿进行横向比较,全面了解和把握孩子的发展水平。同时,特殊婴幼儿家长也可以客观理智地发现孩子存在的不足,有针对性地进行家庭教育,并采取适宜的教育措施。

（2）亲子活动

亲子活动是家园共育的重要渠道,也是亲子之间相互沟通、共同学习、一起成长的载体。托育机构开展各种类型和形式的活动,邀请家长一起来参加,有利于增进家长与孩子之间的感情,培养婴幼儿良好的个性,也有利于家长与教师相互了解,从而达到家园共育的理想目的。

（3）全园大型活动

除了班级的亲子活动之外，家长还可以和孩子一起参加托育机构的大型活动，例如，结合节庆活动开展的中秋亲子游园会、儿童节联欢会等活动，结合季节性活动开展的亲子郊游、采摘、参观等活动，以及亲子趣味运动会、亲子才艺秀等活动，还有宝宝生日会、社区亲子表演活动等。

丰富多彩的家长开放活动可以让家长、孩子、教师更加充分地接触，促进相互之间的了解，增进彼此之间的感情，从而进一步促进婴幼儿的身心健康发展。

思考题：

1. 简述特殊婴幼儿家庭教育的常见问题及教育策略。

2. 作为融合教育教师，对特殊婴幼儿家长要给予哪些支持？

3. 在托育机构中，可以开展哪些融合教育的家园共育活动？

第九章　婴幼儿融合教育中的社区支持

☞　**教学导航**

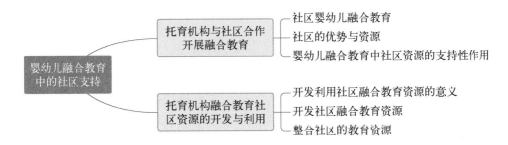

☞　**学习目标**

1. 了解社区参与婴幼儿融合教育的意义。
2. 了解在托育机构中可利用的婴幼儿融合教育社区资源。

第一节　托育机构与社区合作开展融合教育

　　融合教育最初是一种对特殊儿童进行教育安置的建议,它主张不要把障碍儿童孤立于封闭隔离的教育环境中,而是要使他们真正地和正常发展的同伴一起接受各阶段的教育。[①]融合教育的最终目的是要让特殊儿童从心理上真正融入、适应并能积极地参与社会生活。让特殊儿童顺利回归社区是他们迈进社会独立生活的第一步。这一过程须要特殊儿童和社区双方的互动。一方面,特殊儿童要有主动参与社区生活的意识;另一方面,社区也要主动地采取措施,创造条件,积极接纳特殊儿童,并利用自身的资源为他们提供服务。[②] 因此,国家卫生健康委 2019 年 10 月印发的《托育机构设置标准(试行)》第十条指出:"发挥城乡社区公共服务设施的婴幼儿照护服务功能,加强社区托育机构与社区服务中心(站)及社区卫生、

---

① 方俊明.融合教育与教师教育[J].华东师范大学学报(教育科学版),2006(3):37－42.
② 刘昊.社区中的教育资源对于推行全纳教育的作用[J].中国特殊教育,2003(6):7－10.

文化、体育等设施的功能衔接。"

一、社区婴幼儿融合教育

托育机构、家庭和社区是婴幼儿成长的重要环境,在婴幼儿成长过程中均发挥着独特而不可替代的作用。托育机构教育是主导,家庭教育是基础,社区是家庭教育和机构教育的补充和延伸,只有三方互相配合、协同共育才能建构婴幼儿身心和谐发展所需的生活场所与教育环境。

(一)社区婴幼儿融合教育的意义

1. 建构全环境生态系统,促进普特婴幼儿全面发展

杜威(John Dewey)在20世纪初开始研究社区教育对儿童发展的价值和作用。他提出"学校是社会的基础"的思想,把教育和社会二者紧密连接起来。紧接着,曼雷(F. L. Manley)和莫托(C. S. Mott)在杜威思想的引领下将学校与社区连接起来,让学校成为社区的一种资源,社区成为学校的环境,学校与社区协同共育,成为社区教育的先声。到20世纪50年代,"社区教育"开始被联合国重视和倡导,大部分发达国家也开始推广社区教育,使其逐渐成为一种国际性的教育形式。[①]

在我国城市中,社区已经成为现代人们生活的主要场所。人们在社区中享受着公共资源,社区也成为婴幼儿最初学习、生活、游戏和社交的重要场所。

婴幼儿融合教育主张让特殊婴幼儿和普通婴幼儿一起接受早期教育。这是当前特殊教育发展的趋势。社区是婴幼儿托育机构教育生态的重要组成部分,婴幼儿融合教育是一项对特殊婴幼儿和普通婴幼儿均有效的教育。[②] 婴幼儿托育机构应该积极主动地与社区形成良好的互动关系,婴幼儿托育机构须要有新的思想、理论、模式和途径,即建立一个跨界融合、开放共生且能够将机构与社区各种教育要素紧密融合的教育生态系统。[③] 这一发展模式的目的是打破婴幼儿教育的环境壁垒,以社区为依托,通过机构、社区、家庭三者之间的高质量互动来促进婴幼儿的全面发展,[④]是以开放的理念来挖掘三方教育资源,形成教育合力,共同促进婴幼儿身心健康发展,形成优质的婴幼儿融合教育生态系统。

2. 提升托育机构融合教育质量

在婴幼儿融合教育的过程中,托育机构、家庭、社区三者发生疏离、割裂甚至冲突时,婴

---

① 张妮妮,王思奇,孟洁. 社区学前教育资源的开发与利用[J]. 大连教育学院学报,2019(12):68-72.
② 杨希洁. 关于学前全纳教育有效性的思考[J]. 中国特殊教育,2005(9):3-7.
③ 张岩. "互联网+教育"理念及模式探析[J]. 中国高教研究,2016(2):70-73.
④ 吴冬梅. "社区+"幼儿园发展模式探究[J]. 学前教育研究,2019(2):93-96.

幼儿在成长过程中获得的经验就将是零散、割裂甚至是矛盾的。而当三者能够进行有效的互动时，婴幼儿所获得的经验就可以在其整个经验系统中流动起来，这就为婴幼儿的发展提供了更大的可能性。三者应该通过互动与合作为婴幼儿构建一个全方位的发展环境。社区参与婴幼儿融合教育，依托其自身优势，可以对托育机构、家庭和社区各项教育资源进行整合。

意大利著名幼儿教育家蒙台梭利认为，教育的基本任务应让幼儿在适宜的环境中得到自然的发展，而教师的主要职责在于为幼儿提供一个适宜的环境。[①] 托育机构中的空间和人际资源是有局限的，而社区的空间相比机构的空间更大，人际资源也更加丰富。在婴幼儿融合教育中，孩子更应该与真实的环境和人互动。社区是特殊婴幼儿走出家门接触的第一个社会环境。除了家庭，婴幼儿融合托育机构可以最便利地利用的资源就是社区。

3. 促进社区功能的完善

社区是婴幼儿未来生活的主要场所，社区的环境是婴幼儿融合教育机构生存和发展的基础。[②] 人是社会关系的产物，除了早期建立的母婴依恋关系外，人的一生中还要建立各种各样的社会关系。随着社会的快速发展，硬件条件不断完善和提升，社会公共资源正在以开放的姿态包容特殊儿童，着力实现高质量的融合教育，让全社会支持特殊儿童与普通儿童一起生活、学习，包括参加学前教育、基础教育和高等教育。[③] 婴幼儿融合教育的实现需要的不仅仅是口号上的支持，更是实质性的理解、辅助、交往和社会支持，而这些往往都会突破教育体制内的教育活动。[④] 在此情况下，托育机构同社区融合是一种必要的实践路径。

作为社会中的一员，每一位普通的公民都有责任和义务去保护弱势群体，尽力帮助社区中婴幼儿融合教育机构中的特殊儿童。特殊婴幼儿是社区中的成员，社区发展须要将其纳入考虑范围。

(二) 社区婴幼儿融合教育的关键要素

社区与托育机构合作，将其力量和机构资源进行整合，让全社区关注并参与婴幼儿融合教育，二者形成深层次的合作与互动，依赖两个关键要素。

1. 社区婴幼儿融合教育中的师资队伍

师资队伍是社区婴幼儿融合教育中的第一个关键要素。婴幼儿融合教育机构的教师不

① 张妮妮,王思奇,孟洁. 社区学前教育资源的开发与利用[J]. 大连教育学院学报,2019(12)：68-72.
② 王晓燕. 论社区参与在学校发展中的作用[J]. 当代教育论坛,2006(8)：15.
③ 朱楠,王雁. 融合教育背景下特殊教育学校职能的改变[J]. 中国特殊教育,2011(12)：3-8.
④ 彭兴蓬. 融合教育的价值追求及社会支持系统的建立[J]. 教育研究与实验,2012(3)：73-77.

同于普通婴幼儿教师,其接触的教育对象有正常发展中的婴幼儿,也有智力障碍、精神障碍或身体器官障碍的婴幼儿,这对在融合托育机构的教师提出了更高的要求。教师要在融合教育理念下让所有婴幼儿都获得平等的教育机会,尊重婴幼儿的生存权、发展权,让所有儿童体会到生命的意义。

但是,融合教育专业教师数量不足已成为制约我国现阶段婴幼儿融合教育发展的重要因素。为了弥补这种不足,我国一些社区在婴幼儿融合教育过程中,结合本社区特点及需求,积极与医院合作,开展特殊儿童医学鉴定、评估,让医院康复治疗师和婴幼儿融合教育机构教师在实践中成长。[①] 同时,社区还聘请专业康复教师或特殊教育专家组成巡回指导团,入户帮助有特殊婴幼儿的家庭,为家长提供相关教育支持。[②] 教师、家长、社会工作专业人员之间通力合作,通过经常性的反馈与交流,为婴幼儿提供动态性的、目标为导向的反馈与评估,及时解决家庭教育的实际问题,让特殊婴幼儿在熟悉的环境接受专业的指导和教育。这种社区支持在一定程度上缓解了融合教育师资不足的问题。

2. 社区婴幼儿融合教育中的协同管理

协同管理是社区婴幼儿融合教育的又一个关键要素。传统的教育机构管理被认为是机构内的家务事,完全由机构负责,但在一些学前教育完备发达的国家,学前教育机构则被认为需要与家庭、社区共同合作,并鼓励家庭和社区成员参与学前教育机构的教育和管理。[③] 第一,社区对婴幼儿融合教育机构进行支持。社区的支持可以提升婴幼儿融合教育机构的社区认同感、归属感,使得融合教育机构"走出去"服务社区居民变得更可行。第二,社区中的后勤、医疗、食堂、安保等服务系统与婴幼儿融合教育机构进行关联,不同单位之间签订合作协议,提升机构管理的科学性、专业性和规范性。第三,社区中的婴幼儿融合教育机构可以尝试同有相关专业的高校合作,为融合教育机构的发展规划、科研管理、后勤管理等寻求相应的帮助;也可同高校美术专业的师生合作,为婴幼儿融合教育机构规划和设计玩具、器械、场地,以及优化改造建筑墙面;还可以同教育与心理或特殊教育专业的师生合作,开展婴幼儿学习的相关课题研究。

二、社区的优势与资源

社区中的教育资源对于融合教育的开展发挥着巨大的作用。目前,对于"社区"这个概念比较一致的看法是:社区就是聚居在一定地域之内,发生各种社会关系和社会活动,有特

① 任平,陈立. 近二十年国内学前融合教育研究进展[J]. 内江师范学院学报,2017,32(5):128-133.
② 梁巍. 聋儿社区家庭康复中的早期教育策略[J]. 中国听力语言康复科学杂志,2004(2):55-56.
③ 张鸿宇. 美国家园合作国家标准评介与借鉴[J]. 教育探索,2017(4):104-108.

定的生活方式,并具有成员归属感的人群所组成的相对独立的社会实体。我国对于社区的定位比较注重地域性和行政规划的划分,一般定位为区(县)以下的行政辖区,在城市就是区、街道,在农村就是乡镇、村。①

(一) 社区中的教育资源对推行融合教育的作用②

社区教育资源是包括文化资源、人力资源、物资资源等的庞大的资源系统。利用社区教育资源可以扩展婴幼儿融合教育机构与家庭、社区等的合作,为融合教育的推行发挥积极有效的作用。

1. 宣传作用

推行融合教育首先必须使广大的群众了解和接受融合教育的理念。而对于很多人来说,这还是一个全新的理念。这就要求加强宣传。宣传工作历来是我国社区工作的一项重点,各级社区行政机构在这方面拥有大量的经验,有着一套行之有效的方法。社区可以发挥宣传优势,通过各种宣传形式促进人们对融合教育理念的了解和认同。

2. 对各种资源的调动、统筹作用

社区拥有丰富的资源。要做到对这些资源的充分利用,须要打破以往社区中条块分割的垂直形式的管理体系,建立一个跨部门的横向综合协调部门来联系和协调社区内的各个单位和个人。这样的部门只有以社区为依托才能更好地发挥其功能。在推行融合教育的过程中,要注意利用已有的社区教育机构,比如我国很多城市已经建立起来的社区教育委员会等。在没有建立起社区教育委员会的社区,各行政组织即街道办事处、居委会、村委会等机构应该承担起统整和协调各种资源的职责。

3. 对课程开发和教学方式的改造作用

推行融合教育使得教育对象的异质性增大。这要求课程必须增强适应性。婴幼儿须要与自己的年龄以及身心发展特点相适应、形式活泼生动、内容简洁实用、与日常生活密切联系的课程。对于那些身心发展存在着缺陷的特殊婴幼儿来说尤其如此。所以,设计和开发与婴幼儿日常生活紧密联系的课程是增强课程适应性的有效途径。社区作为婴幼儿生活的大环境,为这种课程的开发提供了丰富的资源,如图书馆等设施、社区成员之间的人际关系、社区开展的各种活动、社区的风土人情等。

4. 对婴幼儿社会化的作用

促进包括特殊婴幼儿在内的所有婴幼儿的社会化顺利进行,使他们更快更好地融入社

---

①②　刘昊. 社区中的教育资源对于推行全纳教育的作用[J]. 中国特殊教育,2003(6): 7－10.

会,是融合教育的目的之一。按照社会学的理论,人的社会化就是个体适应社会的要求,在与社会的交互作用过程中,通过学习与内化社会文化而胜任社会所期待、承担的角色,并相应地发展自己的个性的过程。不难看出,婴幼儿的生活环境中的社会文化因素对他们的社会化进程具有重大意义。在实施融合教育的过程中整合利用社区中的文化资源,使婴幼儿无论是在学校、家庭或是在社区里都受到一致的潜移默化的影响,这样能够保证本社区特有文化对婴幼儿产生的影响的一贯性,保证婴幼儿社会化发展的全面性和连续性。对于特殊婴幼儿来说,融合教育摒弃隔离式的教育方式,让他们在家庭生活和学校学习之外的很大一部分时间里都是在社区里活动,社区中的文化因素在他们的生活环境中占据了主要部分。所以对于特殊婴幼儿来说,社区的教育资源对他们的社会化进程发挥的作用与其对普通婴幼儿社会化的作用是同样重要的。

(二) 社区中的教育资源为托育机构融合教育服务

社区中的教育资源主要分为精神性资源和物质性资源。其中,物质性教育资源包含自然物质资源和社会物质资源,精神性教育资源包括社区意识、社区归属感、良好的社区氛围、社区的文化传统等。[①] 从婴幼儿融合教育的视角看,社区中的教育资源主要有以下几种形式。

1. 社区中的信息资源

网络时代为教育提供了更广阔的资源平台。婴幼儿融合教育托育机构可以利用网络资源进行教育的输入和输出。社区居民可以通过社区托育机构的网站、托育机构的自媒体平台、社区群等分享教育资源。信息资源的交流和共享是婴幼儿融合教育发展的重要前提。

2. 社区中的文化资源

当代教育家鲁洁在《教育社会学》一书中对社区文化的解释为:社区文化是区别于其他社区的独特的行为系统、明显的居住形式、特殊的语言、一定的经济体系、一种特定的社会组织,以及某一种宗教信仰和价值观念等。[②]

具体来讲,社区文化资源包含社区民众传统的风尚习俗、品德习惯、价值观念、生活方法和经历、审美观点、网络文化等。婴幼儿融合教育首先要让婴幼儿融入本社区的文化之中。在教育过程中,成人应有意识地融入社区文化的内容,不断对婴幼儿进行熏陶,帮助他们融

---

① 张妮妮,王思奇,孟洁.社区学前教育资源的开发与利用[J].大连教育学院学报,2019,35(4):68-72.
② 邓猛.融合教育实践指南[M].北京:北京大学出版社,2019:20.

入本社区的生活。[①] 社区文化资源具有丰富性、广泛性和综合性特点。充分利用社区的各项资源,对婴幼儿融合教育事业的发展和婴幼儿个体发展都具有重要的作用。

3. 社区中的物质资源

社区中的空间结构的布局和社区的设施设备规划,比如社区中的娱乐、学习、休闲等便民场所和物质设施等都具有一定的社会性。居民的活动都可以在社区里满足。其中,农贸市场、超市、医院、银行、图书馆、少年宫、公园及其周边环境和内部的设施设备等是与早期教育经常发生联系的社会机构或设施。它们构成社区婴幼儿成长发展的社会物质背景,同时也是在社区开展早期融合教育所必需的物质资源和环境资源。

4. 社区中的人力资源

社区的居民中有各类人才可以为特殊婴幼儿提供专业帮助,比如社区居委会成员,社区、学校的教育工作者、管理者,专家学者,幼儿家长,以及其他有专业特长的居民等。另外,离退休人员也有时间和精力为特殊婴幼儿提供服务。通过组织活动发挥他们的专业特长和知识优势为特殊婴幼儿服务,可以在很大程度上弥补当前师资力量、服务人员的不足。社区中的人力资源还包括一些有一定社会影响力的群众组织。这些组织能够利用它们的组织系统和社会影响为融合教育作出贡献。

5. 社区中的组织管理资源

社区早期教育的组织管理资源包括社区内的教育管理部门、教育事业单位、社会教育团体等机构。他们的组织管理功能会对当地社区的资源开发和利用起到非常大的影响。社区内的行政组织,即街道办事处、居委会、村委会等也是一种组织管理资源,它们在对社区内的单位和个人进行协调的过程中发挥重要作用。

三、婴幼儿融合教育中社区资源的支持性作用

社区教育资源的作用不是自发产生的,必须采取适当的措施充分挖掘其教育价值。

(一) 支持社区婴幼儿融合教育的开展

1. 制度性整合: 推进社区婴幼儿融合教育规范化发展

社区婴幼儿融合教育的开展必须依靠党和政府的领导,须要进行制度性整合。党和政府对社区各部门和单位具有行政约束力,可运用政策、法律和法规将社区各部门和单位纳入统一的管理轨道,能够以社区建设的总体规划为依据来进行社区教育的总体决策;能

---

① 刘昊. 社区中的教育资源对于推行全纳教育的作用[J]. 中国特殊教育,2003(6): 7-10.

够形成职责明确、齐抓共管的领导体制;能够建立健全保障机制,制定相应的政策和法规,实现社区教育的规范化、制度化。社区要建立和完善支持机制,形成为特殊婴幼儿服务的社区网络,协调社区内的各个单位,最大限度地调动社区资源为特殊婴幼儿提供教育、康复等服务。

2. 功能性整合:促进社区婴幼儿融合教育协调发展

促成社区中各种组织机构间的集合、协调和互动,形成社区婴幼儿融合教育协调统一的功能整体,从而支持社区早期教育活动的开展和目标的实现。

就集合而言,就是把社区中各种组织机构联系到一起,把社区中的各种教育因素联系到一起,发挥整合作用。例如,社区居委会和托育机构相联系,托育机构与幼儿园相联系,托育机构与社区景点相联系。只有这样,才能为社区婴幼儿的早期教育提供良好的环境和机会,满足家长的育儿需求。

就协调而言,就是社区中的各个行政机构和教育机构之间、各个教育机构之间、各种教育因素之间互相配合,既分工又合作,既发挥各自的积极作用又在配合中形成合力,共同汇成一股强大的影响力,对婴幼儿及其家长的教育产生持久而深刻的影响。

就互动而言,就是教育与社区相互促进。社区教育促进社区发展,社区发展推动社区教育,实现教育与社会的结合,教育与社会的一体化,有效地实现教育目标。

(二) 支持托育机构融合教育不断创新

托育机构是社区的一部分,在托育机构开展婴幼儿融合教育须要得到社区的大力支持。社区融合教育资源的整合与优化对托育机构的改革产生着深远的影响。

1. 凸显托育机构在社区中的地位

托育机构是社区学前教育的一大资源,是教育资源整合与优化的中心点。托育机构既依托社区,运用社区的教育资源,又服务社区,是社区学前教育的重要实体。托育机构具有重大的社会价值,在其他教育资源的支持、配合下对家庭和社会作出贡献。每一名婴幼儿连接着一个或几个家庭,他们的成长决定着家庭生活的质量,决定着家庭是否和谐幸福。而家庭又是社会的最基本的单位,可以说,在托育机构开展融合教育牵动了全社会。在托育机构开展婴幼儿融合教育对构建和谐家庭和稳定的社会秩序起着积极的作用。

2. 支持托育机构教育理念的更新

传统观念中,托育机构与社区相脱离,是一个封闭的、有"围墙"的场所。在社区教育资源的整合与优化中,必须抛弃这种传统的观念,转向更加开放的教育观念。托育机构开展融合教育,应与社区沟通,需要社区的参与,为社区服务。托育机构不仅要对教育部门负责,还要对社区负责,充分考虑社区发展的实际和需求。在社区学前教育资源整合与优化的过程中,托育机构婴幼儿融合教育必然要走出封闭的象牙塔,以开放的观念融入社区。

第二节　托育机构融合教育社区资源的开发与利用

社区是婴幼儿生活的重要场所之一,在婴幼儿成长的过程中扮演着非常重要的角色。近年来,我国颁布了一系列政策法规,谈及学前教育机构与社区合作共育的重要性,并提出了指导意见。学前教育机构也在积极地实践探索,不断丰富与社区共育的路径和形式。

2019年国务院印发《关于促进3岁以下婴幼儿照护服务发展的指导意见》,强调优先支持普惠性婴幼儿照护服务机构,并要求进行属地管理。

婴幼儿融合教育机构与社区共同合作,是促进婴幼儿健康成长的重要途径。开发利用社区中的各种资源能够促进社区0—3岁婴幼儿融合教育的不断完善。

一、开发利用社区融合教育资源的意义

社区是多个家庭组成的大单元,在社区中开展以家庭为单位的托育活动,能更好地让托育服务在社区中发展并推广,尽可能满足居民对托育机构的需求,使居民尽可能消除对托育机构的顾虑,最大限度地满足人民群众多样化的教育需求。

(一) 有助于贯彻执行相关政策法规

2016年颁布的《中华人民共和国公共文化服务保障法》指出,国家支持公共文化服务与学校教育相结合,充分发挥公共文化服务的社会教育功能。[1] 2017年,国务院印发的《国家教育事业发展“十三五”规划》提到,要建立政府、学校、社会、家庭全面参与的协同育人工作机制。[2] 2021年9月,国务院新闻办召开新闻发布会,深入解读国务院印发的《中国妇女发展纲要(2021—2030年)》和《中国儿童发展纲要(2021—2030年)》,强调在加快构建新发展格局中同步推进妇女儿童事业高质量发展,强调家庭、学校、社会和网络对儿童全方位全过程的综合保护,强调必须构建学校、家庭、社会协同育人的良好机制。在发布会上,教育部基础教

① 中国人大网.中华人民共和国公共文化服务保障法[EB/OL].(2016−12−25)[2022−06−16].http://www.npc.gov.cn/npc/c12435/201612/edd80cb56b844ca3ab27b1e8185bc84a.shtml.

② 国务院.国务院关于印发国家教育事业发展“十三五”规划的通知[EB/OL].(2017−06−07)[2023−05−06].http://www.gov.cn/zhengce/content/2017-01/19/content_5161341.htm.

育司司长吕玉刚表示,希望有关方面加强社区家庭教育指导服务站点建设,为家长提供公益性家庭教育指导服务。①

我国颁布的一系列相关政策法规,都对托育机构运用社区资源开展活动的价值和途径进行了分析,为早期融合教育机构与社区开展合作提供了保障。

(二) 有助于拓展早期融合教育机构的教育资源

特殊婴幼儿平时的活动范围受很多的局限。他们长期生活在一个相对封闭的环境中,对外界主流社会缺乏接触,也较难适应。为了让他们将来能在社会上更加自如地生活,成人应带他们走进社区、认识社区,熟悉自己生活的环境,引导他们和成人一起亲身实践。

开发社区资源是托育机构课程建设的途径之一。社区资源具有内容丰富、形式多样、价值多元、使用灵活等优势,为机构课程注入了新鲜血液,能弥补机构内教育资源的缺乏,拓展课程资源的范围,改变课程脱离婴幼儿生活实际的状况,同时彰显区域特色。

(三) 有助于婴幼儿身心和谐发展

婴幼儿的成长是其与身边环境互动的结果,是教育机构、家庭和社区等多重因素共同影响的结果。每一种社区资源对婴幼儿的发展都有其独特的教育价值。通过将社区资源引入托育机构教育,让婴幼儿在和不同的人、物和环境的互动过程中认识世界、探索世界,有助于婴幼儿全面和谐发展。

(四) 有助于提高教师利用社区资源的能力

科学整合和有效运用社区资源对托育机构的教师来说,既是机遇又是挑战。教师首先须要了解什么是社区资源,托育机构可利用的有哪些资源,以及如何利用等,然后精心设计和实施方案,同时协调好与家长及社区人员的关系。这样有利于教师不断提升自己的专业水平和交往能力。

二、开发社区融合教育资源

充分利用社区教育资源促进学前教育的发展,须要教师具有社区资源整合的意识,发挥他们的教育智慧去思考社区内各类资源的合理运用与整合,也须要社区为早期教育提供支持和便利。

---

① 中国教育新闻网.编织妇女儿童发展美好蓝图——解读《中国妇女发展纲要(二〇二一—二〇三〇年)》《中国儿童发展纲要(二〇二一—二〇三〇年)》[EB/OL]. (2021 - 09 - 28)[2022 - 06 - 15]. http://www.jyb.cn/rmtzgjyb/202109/t20210928_624375.html.

（一）社区资源的整合分析

社区内的超市、学校、银行、图书馆、派出所等公共活动区域是社区重要的教育资源。托育机构可以对这些资源进行记录和分类,再把这些资源记录交给教师,便于教师针对每个资源进行分析,根据不同资源为不同年龄、不同特征的婴幼儿设计有针对性的教学活动。托育机构也应让家长明白利用社区资源开展婴幼儿融合教育的重要性,从而使家长更好地配合托育机构开展各项工作。此外,社区人力资源也是社区重要的教育资源。可以发掘教育、卫生、社会等领域的专家和具有成功教育经验的家长参与本社区托育机构的融合教育,分享育儿经验,普及婴幼儿融合教育的基本理念和方法。

（二）教师对社区资源的了解与利用

教师对社区资源的理解,根据每个婴幼儿的实际情况设计融合教育活动的情况及对社区各类关系的定位等会影响社区资源的利用。

社区资源具有分散性、动态性等特点。托育机构若对社区可用资源和分布情况了解不足,就会导致社区资源运用的随意性和盲目性。因此,托育机构应该要求教师积极主动去搜集、构建社区资源库,将搜集和调查到的社区资源进行分类,更好地为开展活动服务,设计更有针对性的活动。

由于社区资源是不断更新的,教师对资源的收集、构建也不是一蹴而就的。教师须要保持对资源的敏感性。此外,形形色色的社区资源并不是拿来就可以用的。托育机构应秉承以婴幼儿及家庭为本的教育理念,筛选出最适宜的活动素材。将社区资源作为辅助教学的手段,能够使课程教学符合婴幼儿的身心发展规律,贴近婴幼儿的生活,丰富婴幼儿的生活经验,让婴幼儿真正成为学习的主人。

三、整合社区的教育资源

有人做过粗略的统计,街道办事处具有 100 余项工作职能,它与我们的日常生活息息相关。[①]

（一）政府支持,鼓励社会各界参与

街道或居委会作为所辖行政区划社区教育的组织者、实施者、监督者,调用各类学前融合教育资源开展各种文化、娱乐、服务活动。

例如,位于福建省泉州市丰泽区的东湖街道是市区文化体育活动中心,辖区面积 5 平方

---

① 颜晓燕.社区学前教育资源整合与优化的探索[D].福州:福建师范大学,2003.

公里,辖区社会单位 119 家,拥有著名的文化体育设施,富有多样的教育资源。在街道党工委、办事处的齐抓共管下,东湖街道走共驻共建、资源共享之路。第一,与市妇幼保健院挂钩,实行对孕产妇的产前产后建档及跟踪管理,提高优生率,建立婚育知识长廊,宣传优生优育的科学常识。第二,构建辖区各文体单位设施——体育中心、市图书馆、市青少年宫、健身中心等社区文化网络。第三,通过文明市民学校、社区托育机构中的家长学校,引导家长参与家庭文化、广场文化、楼道文化、院落文化等多种形式的文化活动,扩展婴幼儿的生活视野,充实婴幼儿的生活内容,提高家长的文化素养和育儿素质。

这种政府牵头、社会参与、双向服务的范式,带有较强的行政管理和统筹社区早期教育资源的色彩,易于街道办事处发挥主导作用。其一,政府牵头。它由地方政府的派出机构——街道办事处或社区居委会为主导,将社区学前教育作为一项重要工作纳入工作目标体系中,在一定限度内调动社区各类教育资源。相关职能科室成立社区教育委员会按行政方式规划布局,统筹调配教育资源,布置检查,协调统一各项工作。其二,社会参与。动员辖区各界参与,发挥社会各界的资源优势,积极开展普及优生、指导优育、宣传优教等活动。其三,双向服务。力求形成共建、共管、共享的格局,提高服务各界、服务儿童、服务家长的质量。

(二) 社区资源在融合教育中的应用

托育机构中,教师主要可以在以下几个方面应用社区资源。

1. 艺术的启蒙

教师可以引导家长带领婴幼儿观察社区内花草树木的季节变化,不同节日社区及机构内装饰材料及颜色的变化。婴幼儿从身边的色彩变化中感知颜色,获得最初的艺术启蒙。

2. 自然常识

教师可以利用社区内的自然资源和公共场所对特殊婴幼儿进行科学常识的引导。

3. 语言发展

托育机构内的婴幼儿走出相对封闭的环境来到相对开阔的社区,能活跃思维,提升语言表达能力。

4. 社会交往

婴幼儿托育机构及家庭的活动场地有很大的局限性。把婴幼儿带到社区场地活动,能够帮助他们开阔视野,增强与社会的连接。社区内的公共场所中,婴幼儿活动空间的使用主体通常是本社区中居住的婴幼儿。他们通过各类活动增加了相互见面的机会,增进了交流。婴幼儿在成人的陪伴下,能在最真实的情景中进行社会交往和模仿学习。

5. 健康安全

对婴幼儿来说,社区内的公共场所是离家最近的活动空间,可以通过步行的方式轻松到达。这大大提升了婴幼儿活动时的安全性。而社区儿童公共场所中不同的活动场地以及多个场地之间的联系可以满足婴幼儿从几分钟到几个小时不等的活动需求。因此,托育机构可以利用社区里的活动场地、器材、设施来丰富婴幼儿体育活动的内容和形式。

社区资源与机构活动的结合能弥补机构内空间的不足。对社区公共场所资源的开发和利用为婴幼儿提供更多活动机会的同时,将认知自然、强化体能、学习沟通等方面的教育融入活动之中,给托育机构中的特殊婴幼儿提供了更丰富的学习内容,为他们将来融入社会打下良好的基础。

思考题:

1. 早期融合教育的实施需要哪些人员的参与?

2. 社区开展婴幼儿融合教育的优势体现在哪里?

3. 托育机构的教师在融合教育中如何整合社区资源,提升照护质量?

附　录

2010年2月,全国妇联、教育部等部门颁布了《全国家庭教育指导大纲》(以下简称《大纲》)。多年来,《大纲》在指导家庭教育理论研究,规范家庭教育内容,提高家庭教育指导服务科学性、针对性和实效性等方面发挥了重要作用。党的十八大以来,习近平总书记就家庭教育作出一系列重要指示,特别指出家庭教育最重要的是品德教育,是如何做人的教育。为深入贯彻落实习近平总书记的重要指示精神,强化品德教育在家庭教育中的核心地位,适应新时代家庭教育发展的新需求,全国妇联、教育部、中央文明办、民政部、文化和旅游部、国家卫生健康委员会、国家广播电视总局、中国科学技术协会、中国关心下一代工作委员会等九部门于2019年5月颁布了《全国家庭教育指导大纲(修订)》,要求科学规范家庭教育指导服务行为,提升家庭教育指导服务水平,促进家庭教育事业全面发展。

《全国家庭教育指导大纲(修订)》[①](节选)
0—3岁儿童的家庭教育指导

1. 0—3岁儿童的身心发展特点

这是儿童身心发展最快的时期。儿童的身高和体重迅速增长,神经系统结构发展迅速;感知觉飞速发展;遵循由头至脚、由大动作至小动作的发展原则,逐步掌握人类行为的基本动作;语言能力迅速发展;表现出一定的交往倾向,乐于探索周围世界;对家长有强烈依赖感;道德发展处于前道德期。

2. 家庭教育指导内容要点

(1)提倡母乳喂养。指导乳母加强乳房保健,在产后尽早用正确的方法哺乳;在睡眠、情绪和健康等方面保持良好状态,科学饮食,增加营养;在母乳不充分的阶段采取科学的混合喂养,适时添加辅食。

(2)鼓励主动学习儿童日常养育和照料的科学知识与方法。引导家长让儿童多看、多

---

① 中国关心下一代工作委员会. 全国家庭教育指导大纲(修订)[EB/OL]. (2019-05-14)[2021-04-10]. https://www.zgggw.gov.cn/zhengcefagui/gzzd/zgggw/13792.html.

听、多运动、多抚触,带领儿童开展适当的运动、游戏,增强儿童体质。指导家长按时为儿童预防接种,培养儿童健康的卫生习惯,注意科学的饮食调配;配合医疗部门完成相关疾病筛查,做好儿童生长发育监测,学会观察儿童,及时发现儿童发展中的异常表现,及早进行干预;学会了解儿童常见病的发病征兆及应对方法,掌握病后护理常识;了解儿童成长的特点和表现,学会倾听、分辨和理解儿童的多种表达方式。

(3) 制订生活规则。指导家长了解儿童成长规律及特点,并据此制订日常生活规则,按照规则指导儿童的行为;采用鼓励、表扬等正面教育为主的方法,培养儿童健康生活方式。

(4) 丰富儿童感知经验。指导家长创设儿童充分活动的空间与条件,充分利用日常生活环境中的真实物品和现象,让儿童在爬行、观察、听闻、触摸等活动过程中获得各种感知经验,促进感官发展。

(5) 关注儿童需求。指导家长为儿童提供抓握、把玩、涂鸦、拆卸等活动的机会、工具和材料,用多种形式发展儿童的小肌肉精细动作和大肌肉活动能力;分享儿童的快乐,满足儿童好奇、好玩的认知需要,激发儿童想象力和好奇心。

(6) 提供言语示范。指导家长为儿童创设宽松愉快的语言交往环境,通过表情、肢体、语言等多种方式与儿童交流;提高自身语言表达素养,为儿童提供良好的言语示范;为儿童的语言学习提供丰富的机会,运用多种方法鼓励儿童表达;积极回应儿童,鼓励儿童之间的模仿和交流。

(7) 提高安全意识。提高家长有效看护的意识和技能,指导家长消除居室和周边环境中的危险性因素,防止儿童意外伤害发生。

(8) 加强亲子陪伴。指导家长认识到陪伴对于儿童成长的重要性,学会建立良好的亲子依恋关系,不用电子产品代替家长陪伴儿童,多与儿童一起进行亲子阅读;学习亲子沟通的技巧,与儿童建立开放的沟通模式;关注、尊重、理解儿童的情绪,合理对待儿童过度情绪化行为,有针对性地实施适合儿童个性的教养策略,培育儿童良好情绪;处理好多子女家庭的亲子关系、子女间的关系,让每个儿童都得到健康发展。

(9) 重视发挥家庭各成员角色的作用。指导家长积极发挥父亲在家庭教育中的作用;了解父辈祖辈联合教养的正面价值,适度发挥祖辈参与的作用;引导祖辈树立正确的教养理念。

(10) 做好入园准备。指导家长认识儿童社会性发展的重要性,珍视幼儿园教育的价值。入园前,指导家长有意识地培养儿童一定的生活自理能力及对简单规则的理解能力;入园后,指导家长与幼儿园教师积极沟通,共同帮助儿童适应入托环境,平稳度过入园分离焦虑期。

特殊儿童的家庭教育指导

（1）智力障碍儿童的家庭教育指导。指导家长树立医教结合的观念，引导儿童听从医生指导，拟定个别化医疗和教育训练计划；通过积极的早期干预措施改善障碍状况，并培养儿童社会适应能力；引导家长坚定信心、以身作则，重视儿童的日常生活规范训练，并循序渐进、持之以恒。

（2）听力障碍儿童的家庭教育指导。指导家长积极寻求早期干预，主动参与儿童语训，在专业人士协助下制定培养方案，充分利用游戏的价值，重视同伴交往的作用，发展儿童听力技能和语言交往技能，不断改善儿童社会交往环境，逐步提高儿童的社会适应能力；加强对儿童的认知训练、理解力训练、运动训练和情绪训练。

（3）视觉障碍儿童的家庭教育指导。指导家长及早干预，根据不同残障程度发展儿童的听觉和触觉，以耳代目、以手代目，提升缺陷补偿。对于低视力儿童，指导家长鼓励儿童运用余视力学习和活动，提高有效视觉功能。对于全盲儿童，指导家长训练其定向行走能力，增加其与外界接触机会，增强其交往能力。

（4）肢体残障儿童的家庭教育指导。指导家长早期积极借助医学技术加强干预和矫正，使其降低残障程度，提高活动机能；营造良好家庭氛围，用乐观向上的心态感染儿童；鼓励儿童正视现实、积极面对困难；教育儿童通过自己的努力，积极寻求解决问题的方法，以获取信心。

（5）精神心理障碍儿童的家庭教育指导。引导家长营造良好家庭氛围，给予儿童足够的关爱；加强与儿童的沟通与交流，避免儿童遭受不良生活的刺激；支持、尊重和鼓励儿童，多向儿童表达积极情感；多给儿童创造与伙伴交往的机会，培养儿童集体意识，减少其心理不良因素；积极寻求专业帮助，通过早期干预改善疾病状况，提升儿童社会适应能力和生活自理能力，促进疾病康复。

（6）智优儿童的家庭教育指导。引导家长深入了解儿童的潜力与才能，正确、全面地评估儿童；从儿童的性格、气质、兴趣、能力、外部条件等实际出发，因材施教，循序渐进地开发儿童智力，发展儿童特长；坚持德智体美劳全面发展，提高儿童的综合素质；正确对待儿童的荣誉，引导儿童正确认识自己和他人，鼓励儿童在人群中平等交流与生活。

参考文献

[1] 林崇德. 发展心理学[M]. 北京：人民教育出版社，2012.

[2] 鲍秀兰. 0—3 岁儿童教育的重要性[J]. 实用儿科临床杂志，2003(4)：243 - 244.

[3] 李莹，赵媛媛. 儿童早期照顾与教育：当前状况与我国的政策选择[J]. 人口学刊，2013，35(2)：31 - 41.

[4] 朱宗顺. 特殊教育史[M]. 北京：北京大学出版社，2011.

[5] 黄志成. 全纳教育：21 世纪全球教育研究新课题[J]. 全球教育展望，2001(1)：51 - 54.

[6] 周念丽. 学前融合教育的比较与实证研究[M]. 上海：华东师范大学出版社，2008.

[7] 王瑶，周念丽. 我国学前融合教育师资建设研究热点及趋势分析[J]. 教育观察，2020，9(8)：5 - 9.

[8] 周念丽. 融合保教对正常儿童心理发展的意义[J]. 幼儿教育，2003(3)：12 - 13.

[9] 陈莲俊. 浅谈学前融合教育的课堂教学原则[J]. 幼儿教育(教育科学版)，2006(Z1)：40 - 43.

[10] 梁海霞. 特殊儿童身心发展研究及家庭教育方法[J]. 家长，2021(9)：86 - 87.

[11] 邱学青. 学前儿童游戏[M]. 南京：江苏教育出版社，2008.

[12] 雷江华. 特殊儿童发展与学习[M]. 北京：高等教育出版社，2015.

[13] 奚岚，沙英姿. 让我们行动：0—3 岁残障及高危儿童医教结合早期康复模式的研究[M]. 上海：上海科学普及出版社，2015.

[14] 廖燕珏. 浅谈幼儿行为模仿及其应对策略[J]. 课程教育研究，2017(40)：26.

[15] 张凯，蒋惠妃. 英国融合教育政策与实践评述：对我国早期教育的启示[J]. 早期教育(教育科研)，2020(2)：12 - 16.

[16] 陈洁. 0—3 岁婴幼儿早期教养的实践与思考[J]. 幼儿教育研究，2016(6)：60 - 62，50.

[17] 朴永馨. 特殊教育辞典[M]. 北京：华夏出版社，2014.

[18] 盛永进. 特殊儿童教育导论[M]. 南京：南京师范大学出版社，2015.

[19] 雷江华. 学前特殊儿童教育[M]. 武汉：华中师范大学出版社，2008.

[20] 周念丽，潘紫剑. 特殊婴幼儿的心理发展与保教[M]. 上海：上海科技教育出版社，

2019.

[21] 周念丽.特殊婴幼儿早期发现和干预的意义探析——基于神经科学角度的审视[J].中国计划生育学杂志,2013,21(11):789-792.

[22] 唐敏,陈晓.0—3岁特殊儿童保教[M].上海:上海交通大学出版社,2021.

[23] 侯旭.自闭症儿童随班就读中家校合作的必要性及其策略[J].文教资料,2008(6):124-125.

[24] 王永固,王恩苹,贾磊,柴浩.孤独症幼儿共同注意的发展模式与早期干预[J].中国特殊教育,2016(6):59-64.

[25] 张福娟,杨福义.特殊儿童早期干预[M].上海:华东师范大学出版社,2016.

[26] 丹尼尔·P.哈拉汉,詹姆士·M.考夫曼,佩吉·C.普伦.特殊教育导论(第十一版)[M].肖非,等,译.北京:中国人民大学出版社,2018.

[27] 雷江华,方俊明.特殊教育学(第二版)[M].北京:北京大学出版社,2016.

[28] 张文京,严小琴.特殊儿童个别化教育:理论、计划、实施(第2版)[M].重庆:重庆大学出版社,2020.

[29] 肖非.关于个别化教育计划几个问题的思考[J].中国特殊教育,2005(2):8-12.

[30] 王燕华,付传彩.融合幼儿园中个别化教育计划的制订及实施[M].北京:北京大学出版社,2017.

[31] 毛荣建,刘颂,孙颖.特殊幼儿学前融合教育[M].北京:知识产权出版社,2019.

[32] 王辉.特殊儿童教育诊断与评估(第三版)[M].南京:南京大学出版社,2018.

[33] 韦小满,蔡雅娟.特殊儿童心理评估(第2版)[M].北京:华夏出版社,2016.

[34] 郑日昌,蔡永红,周益群.心理测量学[M].北京:人民教育出版社,1999.

[35] 雷江华.融合教育导论(第二版)[M].北京:北京大学出版社,2017.

[36] 王小燕,姚英民.Peabody运动发育量表的临床应用[J].清远职业技术学院学报,2010,3(3):11-13.

[37] 王素娟,李惠,杨红,史惟.Peabody运动发育量表[J].中国康复理论与实践,2006,2(12):181-182.

[38] 童连.0—6岁儿童心理行为发展评估[M].上海:复旦大学出版社,2017.

[39] 王辉,李晓庆,李晓娟.国内孤独症儿童评估工具的研究现状[J].中国特殊教育,2009(7):54-59.

[40] 刘靖,王玉凤,郭延庆,杨晓玲,贾美香.儿童孤独症筛查量表的编制与信度、效度分析[J].中国心理卫生杂志,2004,18(6):400-403.

［41］孙喜斌,张芳,黄鸿雁,张蕾.听力障碍儿童言语听觉评估方法［J］.听力学及言语疾病杂志,2009,17(4)：327－329.

［42］华爱华,黄琼.托幼机构0—3岁婴幼儿教养活动的实践与研究［M］.上海：上海科技教育出版社,2006.

［43］顾定倩.特殊教育现代化对教师素质提出新要求［J］.现代特殊教育,2020(9)：1.

［44］王和平.随班就读资源教师职责及工作绩效评估［J］.中国特殊教育,2005(7)：37－41.

［45］刘春玲,江琴娣.特殊教育概论［M］.上海：华东师范大学出版社,2008.

［46］常建文.融合教育资源教师素养刍议［J］.现代特殊教育,2020(7)：73－74.

［47］胡洪全,沈剑辉,谈秀菁.发挥社会服务功能,提高随班就读师资专业水平［J］.现代特殊教育,2020(7)：9－13.

［48］徐颖.学前儿童自闭症案例分析及教育途径［J］.读与写(教育教学刊),2017,14(5)：275.

［49］庞文.改革开放以来我国融合教育的演进脉络、经验反思与未来展望［J］.残疾人研究,2020(4)：51－60.

［50］朱燕芹.直面 宽容 关爱——融合教育背景下的特殊幼儿教育［J］.山西教育(幼教),2022(2)：78－80.

［51］林超.我国特殊儿童学前教育进展探析［J］.文教资料,2017(2)：139－140.

［52］王思斌.中国社会的求助关系——制度与文化的视角［J］.社会学研究,2001(4)：1－10.

［53］郑德元.平衡膳食与婴幼儿健康［J］.实用儿科杂志,1992(6)：293－294.

［54］戴旭芳.特殊儿童学校卫生学［M］.重庆：重庆大学出版社,2014.

［55］朱家雄,汪乃铭,戈柔.学前儿童卫生学(修订版)［M］.上海：华东师范大学出版社,2006.

［56］张海丽.学前儿童卫生与保健［M］.北京：北京理工大学出版社,2018.

［57］郦燕君.学前儿童卫生保健［M］.北京：高等教育出版社,2007.

［58］欧新明.学前儿童健康教育［M］.北京：教育科学出版社,2003.

［59］龙明慧.学前儿童卫生与保育［M］.北京：北京理工大学出版社,2018.

［60］荫士安.中国婴幼儿的生长发育与辅食添加现状［J］.中国儿童保健杂志,2004(6)：509－511.

［61］人力资源和社会保障部,中国就业培训技术指导中心.育婴员［M］.北京：海洋出版社,2009.

［62］董威辰.幼儿发展与膳食健康管理研究——评《婴幼儿膳食指导手册》［J］.中国酿造,

2020,39(8)：233.

[63] 欧萍,刘光华.婴幼儿保健[M].上海：上海科技教育出版社,2017.

[64] 雷切尔·Y.穆恩.美国儿科学会睡眠手册[M].崔玉涛,译.北京：化学工业出版社,
2020.

[65] 赵昌萍.婴幼儿喂养与护理[M].呼和浩特：内蒙古人民出版社,2009.

[66] 王冰.0—3岁婴幼儿日常照护[M].北京：北京师范大学出版社,2020.

[67] 李文藻,赵聪敏.婴幼儿睡眠与睡眠问题[J].重庆医学,2009,38(21)：2752-2753.

[68] 金星明.儿童心理行为及其发育障碍 第5讲 儿童少年睡眠障碍[J].中国实用儿科杂
志,2002(5)：312.

[69] 麦坚凝.婴幼儿常见睡眠障碍及对策[J].实用儿科临床杂志,2002(4)：364-366.

[70] 王惠珊.睡眠养育照护行为与儿童健康[J].中国儿童保健杂志,2021,29(5)：465-467.

[71] 王智云.学前融合教育中的家园共育[J].学前教育研究,2018(12)：67-69.

[72] 雷江华,刘慧丽.学前融合教育[M].北京：北京大学出版社,2015.

[73] 贾玉玲,等.幼儿园该不该收这样的孩子[J].幼儿教育,2002(3)：20-22.

[74] 张国栋,曹漱芹,朱宗顺.国外学前融合教育质量：界定、评价和启示[J].中国特殊教
育,2015(4)：3-8,23.

[75] 周念丽.0—3岁儿童观察与评估[M].上海：华东师范大学出版社,2021.

[76] 李甦.学前儿童心理学[M].北京：高等教育出版社,2013.

[77] 陈帼眉.学前心理学[M].北京：人民教育出版社,2011.

[78] 朱楠.特殊儿童发展与学习[M].武汉：武汉大学出版社,2016.

[79] 刘建梅,赵凤兰.特殊儿童早期训练与指导[M].上海：复旦大学出版社,2016.

[80] 钱峰,汪乃铭.学前心理学[M].上海：复旦大学出版社,2012.

[81] 左志宏.0—3岁婴幼儿认知发展与教育[M].上海：华东师范大学出版社,2020.

[82] 吴荔红.学前儿童发展心理学[M].福州：福建人民出版社,2010.

[83] 吴孟飞.幼儿心理与行为指导[M].天津：南开大学出版社,2020.

[84] 罗家英.学前儿童发展心理学[M].北京：科学出版社,2010.

[85] 段俊平.基于绘本阅读与自闭症儿童言语和行为发展作用的研究[J].新课程研究,2019
(S1)：44-45.

[86] 夏征农.辞海[M].上海：上海辞书出版社,2002.

[87] 朱莉·布拉德.0—8岁儿童学习环境创设(第3版)[M].陈妃燕,苏丹,译.南京：南京
师范大学出版社,2020.

[88] 夏宇虹,王荷香,王琳洁.学前教育学[M].天津:天津大学出版社,2018.

[89] 王红彬,黄忠侨.从皮亚杰到罗杰斯——由比较看两位心理学家的教育研究范式[J].外国中小学教育,2003(11):22-23.

[90] 陈晓梅.成功也是成功之母——试论"成功教育"的理论与方法[J].当代教育论坛,2004(5):68-69.

[91] 田国英,王佳欢.浅析《教育——财富蕴藏其中》对当今中国职业教育的影响[J].考试周刊,2016(37):154-155.

[92] 姚莉.基于温尼科特"促进性环境"视角的师生关系探析[J].教育理论与实践,2019(33):44-45.

[93] 田学英.温尼科特客体关系理论对构建良好师生关系的启示[J].现代教育科学,2015(3):29-31.

[94] 张炼.早期干预实践的原则探析[J].中国特殊教育,2005(8):34-27.

[95] 兰继军,李国庆,柳树森.论全纳教育的教育原则[J].中国特殊教育,2003(6):10-14.

[96] 周逸君.学前特殊教育的教学原则和有效策略[J].现代特殊教育,2001(3):32-33.

[97] 夏宇虹,胡婷婷.学前儿童行为观察与指导[M].长沙:湖南师范大学出版社,2019.

[98] 周宜.运用陶行知理论建构幼儿园中班游戏活动中的师幼关系研究[J].才智,2019:55.

[99] 唐玉婷.构建和谐、平等的师生关系[J].小学科学(下半月刊),2013(10):46.

[100] 赵刚.家庭教育指导师(0—6岁)[M].北京:高等教育出版社,2019.

[101] 王红.0—3岁婴幼儿家庭教育与指导[M].上海:华东师范大学出版社,2020.

[102] 张家琼,李丹.0—3岁婴幼儿家庭教育与指导[M].北京:科学出版社,2015.

[103] 彭英.幼儿照护职业技能教材(基础知识)[M].长沙:湖南科学技术出版社,2020.

[104] 朱家雄,孙立双.学前儿童家庭与社区教育[M].北京:北京出版社,2014.

[105] 马莉.学前儿童家庭教育[M].长沙:湖南师范大学出版社,2016.

[106] 谷沛.家园共育[M].北京:清华大学出版社,2020.

[107] 孙忠.新时代背景下融合教育高质量发展的区域设计与实践——以上海市静安区为例[J].现代特殊教育,2021(1):10-12.

[108] 方俊明.融合教育与教师教育[J].华东师范大学学报(教育科学版),2006(3):37-42.

[109] 刘昊.社区中的教育资源对于推行全纳教育的作用[J].中国特殊教育,2003(6):7-10.

[110] 张妮妮,王思奇,孟洁.社区学前教育资源的开发与利用[J].大连教育学院学报,2019,

35(4)：68-72.

[111] 杨希洁.关于学前全纳教育有效性的思考[J].中国特殊教育,2005(9)：3-7.

[112] 张岩."互联网＋教育"理念及模式探析[J].中国高教研究,2016(2)：70-73.

[113] 吴冬梅."社区＋"幼儿园发展模式探究[J].学前教育研究,2019(2)：93-96.

[114] 王晓燕.论社区参与在学校发展中的作用[J].当代教育论坛,2006(8)：15.

[115] 朱楠,王雁.融合教育背景下特殊教育学校职能的转变[J].中国特殊教育,2011(12)：
3-8.

[116] 彭兴蓬.融合教育的价值追求及社会支持系统的建立[J].教育研究与实验,2012(3)：
73-77.

[117] 任平,陈立.近二十年国内学前融合教育研究进展[J].内江师范学院学报,2017,
32(5)：128-133.

[118] 梁巍.聋儿社区家庭康复中的早期教育策略[J].中国听力语言康复科学杂志,
2004(2)：55-56.

[119] 张鸿宇.美国家园合作国家标准评介与借鉴[J].教育探索,2017(4)：104-108.

[120] 郑伟,张茂聪,侯洁.美国融合教育的政策特点与实施效果[J].比较教育研究,2019,
41(7)：99-106.

[121] 邓猛.从隔离到全纳——对美国特殊教育发展模式变革的思考[J].教育研究与实验,
1999(4)：41-44,73.

[122] 李香玲.美国早期融合教育的发展及其启示[J].早期教育(教育科研),2019(9)：2-6.

[123] 宋瑞杰,束漫.美国玩具图书馆 Lekotek 的特殊儿童服务[J].图书馆论坛,2018,
38(3)：16-22.

[124] 皮悦明,王庭照.英国融合教育四十年的实践特征、现实挑战及启示[J].中国特殊教
育,2019(8)：14-20.

[125] 郑伟,张茂聪.英国融合教育的政策特点及其成效研究[J].外国教育研究,2020,
47(5)：27-41.

[126] 王莉.英国教育系统中的全纳教育和特殊教育[J].文化创新比较研究,2020,4(34)：
190-192.

[127] 杨梅,袁李兰."全纳"还是"特殊"：英国关于全纳教育的争议[J].比较教育研究,
2017,39(3)：82-88.

[128] 缪学超,易红郡.主流学校还是特殊学校：近20年英国全纳教育进程中的政策导向与
家长选择[J].河北师范大学学报(教育科学版),2019,21(2)：86-92.

[129] 程凯. 全力推进学前融合教育加快发展[J]. 现代特殊教育,2021(13):1.

[130] 张玲,邓猛. 新时代我国融合教育发展的本土模式与实践特色——基于《"十四五"特殊教育发展提升行动计划》的解读[J]. 残疾人研究,2022(1):40-47.

[131] 袁丽,郑三元. 中美学前融合教育系统的比较研究[J]. 教育导刊(下半月),2021(7):89-96.

[132] 邓猛. 融合教育实践指南[M]. 北京:北京大学出版社,2019.

图书在版编目（CIP）数据

婴幼儿融合教育 / 夏宇虹, 高春玲主编. — 上海：
上海教育出版社, 2023.8
高等院校早期教育（0—3岁）专业系列教材
ISBN 978-7-5720-2163-3

Ⅰ.①婴… Ⅱ.①夏… ②高… Ⅲ.①婴幼儿 – 早期
教育 – 高等学校 – 教材 Ⅳ.①G61

中国国家版本馆CIP数据核字(2023)第139776号

责任编辑　钦一敏
封面设计　赖玟伊

婴幼儿融合教育
夏宇虹　高春玲　主编

出版发行	上海教育出版社有限公司
官　　网	www.seph.com.cn
地　　址	上海市闵行区号景路159弄C座
邮　　编	201101
印　　刷	上海龙腾印务有限公司
开　　本	787×1092　1/16　印张 15.25
字　　数	295 千字
版　　次	2023年9月第1版
印　　次	2023年9月第1次印刷
书　　号	ISBN 978-7-5720-2163-3/G·1931
定　　价	39.00 元

如发现质量问题，读者可向本社调换　电话：021-64373213